청소년문화 [2판]

박진규 · 윤여숭 · 조승희

최용환 · 최희선 · 하중래 공저

Youth Culture

학지사

2판 머리말

열려 있지만 닫혀 있기도 한 특정의 시공간 속에서 사람들이 자연과 상호작용하면서 만들어 낸, 지금도 만들고 있는 스토리텔링을 우리는 문화라 한다. 청소년문화? 이는 분명 문화로서 스토리텔링을 갖고 있다. 그리고 그 스토리텔링의 주체도 분명하다. 문화로서 독특한 스토리텔링을 갖고 있으며, 공간과 시간에 구애됨이 없이, 오히려 특정 시간과 공간을 뛰어넘어 그 스토리텔링의 주체(생산자와 소비자로서, 심지어는 적극적인 영향력을 끼치는 리더로서)가 청소년일 때, 우리는 이를 청소년문화라 한다.

오늘의 청소년은 그 어느 때보다 더 큰 영향력을 끼치고 있다. 지금의 청소년이 능력 면에서 이전의 청소년보다 월등하기 때문이라기보다는 최근의 사회적 환경이 청소년으로 하여금 더 큰 영향력을 발휘하도록 하고 있고, 큰 영향력을 발휘할 수 있는 수단을 청소년이 다른 여느 세대의 집단보다 더 쉽게 활용할 수 있기 때문이다.

그래서 청소년이 더 큰 영향력을 행사하는 오늘에는 청소년을 이해하지 못하면, 실패까지는 아니라 하더라도 사회에서 소외될 가능성이 높다. 또한 청소년을 개인이 아닌 집단으로서 이해해야 사회의 흐름을 읽을 수 있고, 사회에서의 적응도 쉬울 것이다. 청소년을 집단으로 이해하는 방법이 바로 '청소년문화'를 이해하는 것이다. 문화는 특정 집단이 살아가는 나름의 '삶의 행태(behaviors and patterns)'이기에, 청소년문화를 알면 청소년이 살아가는 모습이 보이기 때문이다.

이 책의 제1, 2장에서는 문화와 청소년문화, 그리고 청소년과 청소년기에 대한 기본 개념과 이론들을 정리하여 제시하였다. 제3장에서는 현재 학교에서의 청소년문화를 개괄적으로 조명하였다.

그리고 제4~13장에서는 청소년의 삶을 그들의 관심 혹은 특성별로 구분하여, 각 주제에 따라 청소년의 삶을 조명하였다. 친구집단 형성과 청소년문화(제4장), 청소년의 여가문화(제5장), 미디어와 청소년문화(제6장), 청소년과 스타(제7장), 가상현실에서의 청소년문화(제8장), 청소년의 언어문화(제9장), 청소년의 소비문화(제10장), 청소년의 성문화(제11장), 다문화 사회와 청소년(제12장), 새로운 청소년문화 창출을 위한 정책적 모색(제13장)이 이에 해당된다.

이 책은 대학교에 교양이나 지도사 자격과정으로 개설된 '청소년문화'의 주교재로 활용하도록 구성하였다. 특히 각 장은 '주요 내용' '주요 수업과제'로 시작하여, '토의/토론 주제' '추가 탐구 과제' '참고자료' '워밍업 수업자료' 등으로 구성하여 수업활동 전개에 도움을 주고자 하였다.

이 책의 출간에 도움을 주신 학지사 김진환 대표와 관계자들에게 감사드린다. 또한 현장에서 청소년을 보듬고 지키고 있는 많은 청소년지도자에게 동행과 동반의 표시로 이 책을 전하고 싶다.

끝으로, '청소년에게 더 행복할 수 있는 권리가 있음'에도 불구하고, 어른들의 관심과 지원 부족으로 현재 그들이 겪고 있는 역경을 여전히 자기들의 책임으로만 안고 지내는 이 시대의 청소년들에게 이 책을 희망의 메시지로서 공유하고 싶다.

'청소년의 새봄'을 준비하는
2024년 새봄에
저자 일동

차례

제**1**장

문화와 청소년문화

주요 내용

　문화와 청소년문화가 무엇인가에 대한 완벽한 답을 찾는다는 것은 쉽지 않아 보인다. 이 질문과 답에 관련하여 레이 클라크(Ray Clark)는 시각장애인이 코끼리의 각기 다른 부분을 만지고 나서, 자기가 만져 본 코끼리의 몸체에 따라 "코끼리는 이렇게 생겼다, 저렇게 생겼다."라고 주장하는 것과 같다고 하였다. 즉, 각기 코끼리의 서로 다른 부분을 만져 본 시각장애인의 관점에서 코끼리에 대해 말하는 부분은 맞지만, 그들 누구도 코끼리를 전체적으로 설명하고 있지는 못하고 있기 때문이다(정동빈, 남은희, 황선유, 이명관 역, 2004). 문화에 대해 정의 내리는 것도 이와 비슷하다. 여러 사람이 내리는 '문화의 정의'가 부분적으로는 맞지만, 그 정의는 문화를 전체로 설명하지는 못하기 때문이다.

　이런 한계에도 불구하고, 이 장에서는 문화와 청소년문화에 대한 기본 이해를 위해 문화에 대한 일반적인 뜻과 다양한 관점을 소개하여 살펴보고자 한다.

　이 장을 통해 우리는 "문화가 무엇인가?"에 대해 나름의 소견을 갖게 될 것이며, 더 나아가 "나는 어떤 근거로 문화이론의 특정 관점에 동조한다."라고 말할 수 있게 될 것이다.

주요 수업과제

- 문화와 청소년문화의 개념과 특징은 무엇인가?
- 문화에 대한 이론적 관점에는 무엇이 있는가?
- 우리나라 청소년문화의 특징은 무엇인가?

1. 문화의 개념과 특성

1) 문화의 정의

'문화'는 이제 우리가 일상에서 가장 많이 사용하는 말 중의 하나가 되었다. 한때 문화는 전통 클래식 음악이나 역사 흐름에 따르는 미술 양식 등의 고급 문화만을 지칭하는 것으로 받아들여졌다. 하지만 이제는 문화라 하면 미디어, 광고, 영화, 팝 음악 등의 대중문화는 물론이고 의식주, 운동, 취미활동, 요리 나 쇼핑과 같은 일상적 활동의 유형까지 포괄하는 것으로 널리 인식되고 있다.

그렇다면 문화란 무엇인가? 윌리엄스(R. Williams)는 문화에는 자연이나 과 학과는 구분되는 비교적 뚜렷한 다음의 세 가지의 뜻이 있다고 하였다(조애리, 강문순, 김진옥 역, 2008).

첫째, 고양된 인간 정신과 예술, 그 예술 활동의 결과로서의 문화다. 일상적인 대화에서 사람들은 문화를 깊은 정신계발, 지적이고 예술적인 활동의 실천이나 작품으로 받아들인다. 이런 경우 문화는 음악, 문학, 회화, 조각, 연극, 영화 등을 지칭하는 단어가 되고, 흔히 교양 있는 사람들의 세련된 활동을 뜻한다. 이렇게 문화가 내포하고 있는 세련됨 혹은 단아함 때문에 '문화'라는 말이 들어간 지역 이나 상호는 꽤 격조 있는 것으로 받아들여지기도 한다. '문화동' '문화거리' '문 화식당' '문화신문' '문화슈퍼' '문화의 밤' '문화시민' 등이 그 좋은 예라 하겠다.

둘째, 사람들이 살아가는 삶의 방식으로서의 문화다. 이는 우리가 일상을 살아가는 삶의 유형 모두를 문화로 보는 접근이다. 결국 우리의 삶이란 이미 만들어진 문화의 한 유형을 따라가는 것이며, 문화의 또 다른 유형을 만드는 과정이기도 하다. 특별히 인류학자는 이러한 관점에서 문화연구를 진행한다. 일찍이 인류학자 타일러(E. B. Tyler)는 "문화란 사회집단의 구성원들이 상호작 용하여 획득한 지식, 신앙, 예술, 도덕, 법률, 풍습 및 기타 모든 능력과 기능을 포함하는 복합적 총체다"(Tyler, 1958)라 정의했다. 이런 정의에 비춰 볼 때, 문화는 우리가 일상에서 부딪히는 문제를 효율적으로 해결하는 방식의 하나이며, 앞선 세대에 의해 만들어져 사회생활 곳곳에 퍼져 있어 공유되고 있다. 그리고 문화는 이어지는 세대 간에 끊임없이 전수되고 학습된다. 한국인의 의식주 하면 떠오르는 한복, 김치, 된장찌개, 한옥, 온돌 등은 이 관점에서 한국인의 삶의 방식을 나타내는 말이자, 그 자체가 바로 문화이기도 하다.

셋째, 과정과 발전으로서의 문화다. 문화의 사전적 의미는 사람이 본래 가지고 있는 이상을 실현해 나가려는 인간 활동의 과정 또는 성과를 말한다(한글학회, 1995). 이런 관점에서 문화는 당연히 자연과 구분된다. 자연이 저절로 이루어진 본연의 상태를 지칭한다면, 문화는 자연의 일정 부분에 인간의 의도와 작용이 가미되어 조작되고 변화된 상태를 말한다. 그리하여 문화란 자연 정복과 문제해결의 과정이자 개인이 조직의 규범을 체화해 나가는 사회화(한 개인이 개인 그대로 있지 않고 사회의 규범을 통해 학습된 상태)의 한 과정이다(김경복, 2005).[1]

지금까지 언급한 문화의 세 가지의 뜻 말고도 문화에는 더 많은 뜻이 함유되어 있다. 예컨대, 문화는 한 개인이 아닌 집단의 행위 양식에 초점을 두고 있다. 한 청소년이 음악을 들으며 공부하는 버릇이 있다면 이는 단지 그 사람의 개인적 습관일 뿐 문화라고 말할 수 없지만, 특정 집단의 청소년 다수가 이러한 습관을 집단적으로 나타내 보인다면 그때는 이를 청소년의 문화라 부를 수 있다. 아울러 우리가 매 순간 공기를 호흡하면서 공기의 존재 여부나 그 소중함을 깨닫지 못하고 있는 것과 마찬가지로, 문화는 우리가 모르는 사이에 개개인의 느낌, 일상적인 생활양식 등 모든 영역에서 자신의 생활을 영위하고 자신을 표현하는 데 필요한 요소다. 인간이 생존하기 위해서 물리적으로 '공기 속의 산소'가 꼭 필요한 것처럼, 사회적으로 삶의 의미를 찾기 위해서는(생존 차

---

[1] 문화는 한자로 '文化'로 쓴다. 이때의 '文'은 '글월 文' 자가 아닌, '꾸밀 文' 자로 읽어야 하며, '化'는 '사람 人' 자와 '칼 刀' 자가 합해진 글자로 봐야 한다. 이렇게 볼 때 문화란 사람들이 일정한 의도를 갖고 자연 상태에서 벗어나서 일정한 이상을 실현하는 과정이라 할 수 있다.

원을 넘어서) '인간관계 속에서와 문제해결 과정에서의 문화'를 꼭 필요로 한다.

문화를 좁은 의미와 넓은 의미에서 파악하기도 한다. 좁은 의미에서의 문화는 사회 구성원의 다수를 차지하고 있는 일반 서민의 일상적 생활 관행과는 동떨어져서, 특수 계층이나 소수의 부류가 즐겨 찾는, 고매하고 품격 있는 취미나 취향, 더 나아가 아주 특정인만이 즐기며 해낼 수 있는 예술적인 취향과 성과를 지칭한다. 또 넓은 의미에서의 문화는 사회 구성원을 일정한 기준, 즉 출신 지역, 민족, 세대, 계층, 학력 등으로 구분하여 집단화할 때, 각각의 집단이 다른 집단과 구분되어 갖는 삶의 총체적 유형을 지칭한다.

- **좁은 의미에서의 문화**: 특수 집단의 사람들이 일반 대중과 차별해서 추종하여 즐기는 생활에서의 멋, 우아함, 고매한 취미와 예술
- **넓은 의미에서의 문화**: 특정 사회(조직)의 구성원이 일반적으로 옳은 것으로 받아들이는 삶의 전반적 방식

2) 문화의 구성체계

특정 사회의 특성을 결정하는 사회관계는 1차적으로 개인 '나(I)'를 중심으로 전개된다. 한 인격의 주체자로서 '나(I)'는 물질(materials)로 대변되는 자연환경, 나 이외의 타인(others)으로 대변되는 사회환경, 형이상학적으로 그려지는 관념세계(meta-world)와 끊임없는 상호작용을 하면서 생활을 해 나간다. 결국 자연환경, 사회환경 그리고 관념세계가 행동의 주체자인 '나(I)'에게는 상호작용의 대상, 즉 객체가 됨과 동시에 나를 비춰 주는 거울이 된다.

사고와 행동의 주체자인 '나(I)'는 물질, 타인, 관념으로 이루어진 세계 속에서 각 대상에 1차적으로 반응하며 활동을 창출한다. 즉, '나(I)'는 새 물질 · 환경을 접함으로써 그것들을 소유하고 사용(이용)하며, 내 주변의 사람(타인)과 새롭게 만남으로써 그들을 상황에 맞게 적절히 대우하여 그들과 관계를 맺으

며, 형이상학적인 주제에 대해서는 사색(궁리)함으로써 나름의 가치를 만들어 내려고 한다. 각 객체와의 관계 속에서 '나(I)'는 특정한 상황 속에서 쓸모가 있는 기예, 태도, 이념을 터득하게 된다. 사회구성원으로서 각자는 비슷한 자연환경과 사회환경, 관념세계 속에서 서로 유사한 경험을 함으로써 유사한 지식을 얻고, 이 지식이 객관성과 일반성을 지니게 될 때, 이는 문화의 한 토대를 형성하게 되는 것이다. 그리고 각각의 환경 속에서 만들어진 문화적 토대가 공학, 태도, 이념 등을 형성하게 된다. 여러 환경 속에서 만들어진 문화적 토대가 공학, 행위규범, 이념 등으로 발전하기도 한다. 문화가 형성되는 과정과 관계를 그림으로 표시하면 [그림 1-1]과 같다.

우리는 문화를 몇 가지 유형으로 구분하여 설명하기도 한다. 첫째, 일반적으로 문화를 물질문화와 비물질(정신)문화, 중핵문화(core-culture)와 주변문화(sub-culture)로 구분한다. 구체성과 형태를 가진 물건들, 즉 연필, 여객기, 자동차, 스마트폰 등은 물질문화이며, 이와 대조적으로 추상성과 이념을 가진 상징적 언어, 즉 가치, 신념, 규범, MZ세대 등은 정신문화다.

그리고 특정 사회조직에서 지배집단 혹은 성인집단이 주로 향유하여 상당한 정도의 지속성과 영향력을 갖고 유지되는 문화를 중핵문화라 하고, 상대적

[그림 1-1] '나(I)'를 중심으로 하는 문화 형성의 과정과 체계

이지만 큰 영향력을 끼치지 못하여 중심이 되지 못하고 일부 소수집단에게만 독특하게 적용되며 일시적으로만 유지되는 문화를 주변문화 혹은 하위문화라 한다. 예컨대 청소년문화, 흑인문화, 청년문화는 성인문화, 백인문화, 기성세 대문화에 비해 상대적으로 중심이 되지 못하여 주변문화에 속하는 것으로 받 아들여져 왔다.

둘째, 문화의 그 내용적 특성에 따라 문화를 경험적 문화, 심미적 문화 그리 고 규범적 문화로 나누기도 한다. 자동차 운전법, 우주선 제조법과 같은 기술적 지식은 경험적 문화에 속하고, 음악, 미술, 무용 등은 심미적 문화에 속하며, 규 범, 제재, 선악의 기준 등은 규범적 문화에 속한다.

앞에서 언급한 문화의 유형을 정리하면 다음과 같다.

- **물질문화**(material culture): 정신적 문화요소가 표현되어 가시적 형태로(예 컨대, 자동차, 컴퓨터, 책상 등) 유지되는 문화
- **정신문화**(spiritual culture): 인간의 정신적 상태(예컨대, 가치, 신념, 제도 등) 로 유지되는 문화
- **중핵문화**(core-culture): 전통 있고 사회적으로 더 큰 권력과 영향력을 지닌 집단[예컨대, 미국의 WASP(White-Anglo-Saxon-Protestant) 집단 등]이 만 들어 유지하는 문화로 지배문화(hegemonic culture)라고도 함
- **주변문화**(sub-culture): 특정 소집단(예컨대, 청소년집단, 다문화집단 등) 혹은 하위 계층의 사람들이 만들어 유지하는 문화로 평민문화(common culture) 라고도 함
- **경험적 문화**(technical culture): 사물을 다루는 집단적 능력과 그 결과로 얻 어지는 재화
- **심미적 문화**(aesthetic culture): 문학, 예술, 철학 등과 같이 인간의 정신적 삶을 풍요롭게 하는 표출적 문화
- **규범적 문화**(norm culture): 사회 구성원을 조직하고 사회질서를 가능케 하

는 장치

3) 문화의 특성

문화는 그 자체가 살아 있는 하나의 유기체와 같은 것으로 다음과 같은 특성
을 지닌다.

(1) 문화는 인위적 작용의 결과다

문화는 자연적 상태에 상대되는, 인위적 작용의 결과를 말한다. 자연적 상
태(자연물)가 원래 저절로 이루어진 원초적 상태를 말한다면 인위적 상태(문
화)는 그 자연의 일정 부분에 누군가의 의도와 작용이 가해져서 새롭게 만들어
지고 변모된 연장물의 형태를 지닌다.[2] 자연물이 아닌 인위적 결과로서의 문
화는 시간의 경과에 따라 축적되고 전수된다. 이로써 인류 집단은 진화의 과정
을 밟아 왔고 삶이 풍요로워졌다.

(2) 문화는 집단적 생활양식이다

문화는 한 개인이 아닌, 특정 집단 구성원이 비슷한 상황에서 연대 혹은 동
일 행동하는, 집단적 생활양식이기도 하다. 처음에는 특정한 개인이 본인 취
향으로 시작한 개인의 생활양식이라 할지라도 추종자가 생기면 집단적 생활
양식이 되어 문화적 특성을 나타낸다. 일단 다수가 따르는 집단적 생활양식이
되면 그 주된 생활양식을 따르지 않는 개인이나 소수자는 소외감을 가질 수 있
다. 예컨대, 음악을 들으며 공부하는 버릇을 가진 학생이 있다면 이는 단지 그
학생의 개인적 습관일 뿐 문화라 말할 수는 없다. 하지만 다수의 청소년이 인

---

2) 이러한 관점에서 홀(E. Hall)은 인간과 역사에 대한 연구란 연장물을 통해 인간이 어느 정도 빠른
  속도로 진화해 왔는가를 구명하는 일이라고 하였다(최효선 역, 2000, p. 70).

기 코미디 TV 프로를 켜 놓고 그것을 보고 들으며 시험공부를 하는 풍조를 따
른다면 이는 면학방법의 새로운 단면을 보여 주는 것으로 청소년의 새로운 문
화라 할 수 있다(박진규, 2003, p. 16). 지역문화 혹은 특정 계층의 문화는 이러
한 과정을 거쳐 형성되고 전수된다.

(3) 문화는 의도적으로 발전시킨 사회제도다

문화란 특정 집단 구성원이 합의해서 그들 나름의 목적과 가치를 실현하기
위해 도출한 사회제도를 지칭한다. 사람은 무엇인가 가치 있는 목적을 달성하
려는 존재이자, 행동에 어떤 의미를 부여하려고 애쓰는 존재다. 이로써 집단
구성원은 자신의 생존을 유지하고, 개인의 자유를 확장하며, 사회 구성원 다수
의 평등을 확보하기 위한 규범을 만들어 낸다. 그 규범을 의도적으로 실현하기
위한 지속적이고 강제적인 장치가 바로 사회제도다. 모든 사회제도는 구성원
의 집단적 행위의 결과이며 문화의 한 유형이라 할 수 있다.

(4) 문화는 그 구성원들에게는 성역이 된다

혹자는 문화가 사회 구성원에게 성역(聖域)이 되고 있는 현상을 거미줄과 거
미의 관계에 비유하기도 한다. 처음 거미는 거미의 필요와 처한 형편에서 거미
줄을 만들어 내지만, 일단 거미줄이 완성되면 거미는 그 거미줄에 자신의 행동
반경, 심지어는 생명까지도 의존하게 된다. 문화가 만들어지는 과정과 일단 만
들어진 문화가 사회 구성원에게 미치는 구속력은 거미줄이 거미에게 미치는 영
향력과 비슷하다.

(5) 문화는 '정신의 세련성'과 '물질적 생활 도구'라는 뜻을 갖고 있다

대개 유럽, 특히 독일에서 '정신의 세련성'으로는 문화(cluture)를, '물질적 생
활 도구'로는 문화와 구별하여 '문명(civilization)'이라는 말을 사용한다. 특히
이러한 정신의 세련성의 결과로는 교육, 예술, 문학 등을 포함한다. 하지만 학

문적으로 '문화'라 하면 문화와 문명 모두를 지칭하는 것으로 이 경우 문화는
정신을 세련되게 하는 활동뿐만 아니라 일상생활의 평범하고 사소한 일들, 즉
인사, 식사, 느낌의 표출이나 억제, 다른 사람과의 일정한 거리의 유지, 이성교
제 또는 건강 유지 등까지 포함한다.

(6) 문화는 인간성이나 성격과는 다르다

문화는 사회환경에서 학습된다. 하지만 인간성(인성)은 모든 인간이 공유하
는 것으로서, 개인의 정신 요소 중 가장 보편적 수준을 나타낸다. 이 인간성은
유전인자를 통해 유전된다. 사람이 두려움, 노여움, 사랑, 기쁨 또는 슬픔을 느
낄 수 있는 능력, 다른 사람과 어울리려는 욕구, 놀이를 즐기고 운동하려는 욕
구, 주변 환경을 관찰하고 본 것에 대해 다른 사람에게 말할 수 있는 재능 등이
바로 보편적 인간성이 나타내는 특징이다. 하지만 개인이 이런 느낌을 어떻게
처리하고 표현하는가 하는 것은 집단에 따라 다르다. 그 표출·표현의 결과가
바로 문화가 된다. 인간성은 말처럼 그렇게 인간적인 것만은 아니다. 인간성
의 어떤 본질에는 동물과 같은 본성도 포함되어 있기 때문이다.

반면, 성격은 다른 사람과 구분되는 그 사람 특유의 정신적 특성을 말한다.

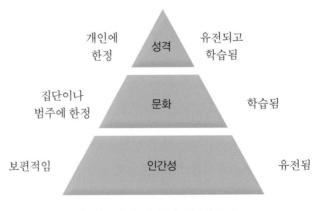

[그림 1-2] 성격, 문화, 인간성의 비교

성격을 구성하는 특성의 어느 정도는 개인 특유의 유전자와 함께 유전된 것이지만 많은 부분이 후천적으로 학습된 결과로 나타나기도 한다. 학습된다는 의미는 공유하는 문화 혹은 개인적 경험의 영향을 받아 수정된다는 뜻이다.

이들 관계를 특히 학습의 가능성, 유전의 정도에 따라 단순화시켜 보면 [그림 1-2]와 같다.

(7) 문화는 그 구성요소들 간에 상호 유기적 관계를 갖는다

문화는 그것을 구성하는 요소 간에 상호 유기적 관계를 이루면서 전체로 나타난다. 다른 요소와 아무런 관계없이 독립적으로 존재하는 문화는 하나도 없다. 우리나라의 스마트폰 보급률은 2021년 기준 93.4%이며(동아일보, 2023. 8. 23.) 이로 인해 사회구성원들 간 소통의 방식이 바뀌고 있다. 스마트폰의 빠른 보급은 청소년에게까지 개인주의가 침투되는 경향을 보이고 있으며, 더 나아가서는 새로운 인간관계가 형성되고 있다. 또 서양에서부터 발달한 '악수' 문화를 예로 들 수 있는데, 이는 단지 예절로서의 의미를 가진 것이 아니라 '칼'이라는 무기와 관련이 있다. 악수는 중세 기사가 자신의 오른손에 칼을 갖고 있지 않음을 나타내는 '선린우호(善隣友好)'를 표현하는 수단이었다. 이렇듯 '악수'라는 예절문화 이면에는 '칼'과 관련된 전쟁문화가 숨어 있다.

(8) 문화는 역사적 산물이다

문화는 오랜 역사적 흐름 속에서 인류가 창조해 낸 산물이며 사회경험의 축적이다. 오늘날 나타나고 있는 문화는 하루 이틀 만에 만들어진 것이 아니라 수년 혹은 수 세기에 걸쳐 축적되어 온 결과물이기도 한 것이다. 문화의 이러한 오랜 역사성 때문에 사람들은 문화를 흔히 사회적 유산(social heritage)이라 부른다.

쌀과 김치를 먹는 식생활, 명절이면 조상의 묘를 찾아 예를 갖추는 풍습, 『춘향전』이나 『심청전』과 같은 고전문학이 오늘날까지 우리에게 전승된 것은 바로 문화가 갖는 역사성이라는 특성 때문이다. 한편, 인공위성은 여러 과학자의 연구 결과가 세대를 거치면서 첨가되고 쌓여 온 결과물이라고 할 수 있다.

(9) 문화는 상대성을 가지며 다양한 형태로 나타난다

개인이 자기 나름의 가치관과 행동유형을 갖고 살아가듯, 집단적 삶의 총체적 유형인 문화 역시 다양한 형태를 띠고 있다. 예컨대, 사람의 죽음을 애도하는 표현 방식은 다양하다. 어떤 집단에서는 장례식 때 사람들이 검은 옷을 입지만, 어떤 집단에서는 흰 옷을 입는다. 이것이 바로 문화의 상대성이다.

한 문화의 고유성과 독창성, 역사성을 존중하고 타 문화를 자신의 시각에서 평가절하하지 않는 것을 문화상대주의(cultural relativism)라 한다. 반면에 문화의 다양성과 상대성을 무시하고 자기 민족 중심으로 문화를 이해하려는 접근은 문화제국주의(cultural imperialism)로서 이에 쉽게 빠질 수 있다.

(10) 문화는 집단으로 공유될 때 비로소 생명력을 지닌다

어떤 위대한 사람도 자기 혼자만의 노력으로는 집단의 문화를 바꿔 놓을 수 없다. 개인의 행위는 단지 개인적 습관일 뿐이지 문화로 간주하지 않기 때문이다. 그러나 그 개인의 행태(behaviors and attitudes)가 집단의 다른 구성원에 의해 공유되었을 때 우리는 그것을 문화라 부를 수 있다. 물론 어떤 가치나 규범에 대하여 사회 구성원 모두가 합의하여 공유하지는 못할 것이다.

(11) 문화는 학습된다

문화는 구성원 간에 공유되는 것이지만 유전적으로 물려받는 생물학적 특징까지 포함하지는 않는다. 사람은 처음부터 특별한 문화를 미리 몸에 익힌 채 태어나지는 않는다. 오히려 태어나면서 특별한 문화환경에 던져진다. 그때부터 사람은 그가 접하는 사람과의 상호작용을 통해 문화를 학습하게 되는 것이다.

문화는 가정교육, 친구들과의 놀이, 주변 사람들과의 말하기 등과 같은 일상생활과 학교교육이나 직업훈련과 같은 형식적 교육활동을 통해 학습된다. 결국 사람은 출생 후 본인이 꾸려 나가는 사회생활의 맥락 속에서 문화를 습득하며(acquisition), 한번 획득한 문화는 학습(learning)의 과정을 거침으로써 다음 세대에 전승(transmission)된다.

4) 문화의 변동

문화는 하나의 형태로 그대로 유지되지는 않는다. 한번 형성된 문화라 하더라도 주변의 상황과 상호작용하면서 그리고 다른 문화와 융합 혹은 충돌하면서 일정한 모양으로 계속해서 변동해 나가는데, 이를 문화변동이라 한다. 문화변동은 사람이 언제나 사회적일 수밖에 없음을 전제로 한다. 사회구성원의 하나로 '내가(I)' 자신의 주체성과 상황을 나름대로 재해석하여 변경해 가는 과정이 바로 집단적으로는 문화변동의 형태로 나타나기도 한다. 문화변동으로서 다음의 5가지 유형을 들 수 있다.

(1) 문화전계

문화전계(cultural transmission)는 지도와 학습을 통해 특정 문화가 세대와 세대에 걸쳐 전달·전수되는 현상을 말한다. 즉, 문화의 세대 간 전수라 할 수 있다. 이는 제도적 학교교육이나 전통적 가정교육을 통해 일어나는 문화변동의 현상이며 가장 자연스러운 문화변동의 형태다. 교육활동은 문화전계의 의도된 활동 중의 하나라 할 수 있지만, 학교교육을 통해 인류가 축적해 온 경험적·기술적 문화로서의 지식이 전수되며 가정교육을 통해 각 가정은 독특한 전통과 규율을 보존 유지한다.

(2) 문화 접변·변용

문화접변 혹은 문화변용(acculturation)은 특정 문화유형이 다른 문화유형과 상호작용을 거쳐 또 다른 제3의 문화유형을 만드는 현상을 말한다. 요즈음 국제결혼 및 외국인 노동자의 전례 없는 유입 증가 등으로 한국 사회가 다문화 사회로 진입하게 되었는데, 그로 인해 기존의 전통적인 한국 문화 요소와 새로 소개된 외국 문화 요소 간의 상호작용으로 제3의 문화적 형태가 만들어지는 현상을 그 예로 들 수 있다.

(3) 문화이식

문화이식(cultural transplantation)은 특정 지역 혹은 특정 집단의 지배문화가 다른 지역 혹은 집단에게 급속하게 전파되는 현상을 말한다. 대개의 경우 이는 강제적인 방법이 동원되어 일어나는 현상이기도 하다. 우리나라가 일제 강점 하에 있을 때, 일본은 우리나라의 국권을 대신했을 뿐만 아니라 문화적으로는 신사참배, 창씨개명, 일본식 대중문화 등을 우리 국민에게 강요함으로써 일본의 문화를 이식하려 하였다. 이러한 문화이식의 과정은 영국이 오랫동안 인도를 식민 통치했을 때와 같이 강대국이 약소국을 식민 통치했을 동안에도 똑같이 적용되었다. 이렇게 문화이식의 과정을 거쳐 강대국이 약소국을 문화적으로 지배하는 것을 문화적 통치[3]라 한다.

(4) 문화결핍

개인이 원만한 삶을 유지하기 위해서는 생물학적 요인, 자연환경적 요인, 문화적 요인을 모두 균형 있게 갖춰야 한다. 그 사회의 다른 구성원들은 향유하는데 특정 사회집단이나 개인에게는 특정의 문화적 요소가 부족하거나 박탈되어 나타나는 현상을 일컬어 문화결핍(cultural deprivation)이라 한다. 문화결핍은 대개 출신 가정의 사회적·경제적 지위가 상대적으로 낮은 것에서 비롯된다.

---

3) 문화적 통치는 지배국가와 피지배국가 간에 양면성을 지니면서 유지된다. 즉, 지배국가의 입장에서는 문화적 제국주의를, 피지배국가의 입장에서는 문화적 식민주의를 견지하게 되는 것이다.

문화결핍 현상이 교육에서 문제가 된 것은 1960년대 미국에서 흑인이나 소수민족 출신의 하류층 아동에 대한 언어 박탈, 학업 부진, 중도 탈락, 비행이 증가하면서부터였다. 대개 문화결핍자는 사물이나 사회현상에 대하여 부정적인 태도를 취하거나 반감을 갖는 것으로 나타나고 있다.

최근 우리나라에도 초 · 중등학교 학생 중에는 결식아동뿐만 아니라 특별지원청소년이 많이 있으며, 그 밖에 많은 아동이 사회복지시설에서 생활하면서 공부하고 있는 실정이다. 이들을 모두 문화결핍자로 볼 수는 없으나 이것은 분명히 하나의 사회문제로 볼 수 있다. 문화결핍에 대한 교육 프로그램이 더욱 적극적으로 개발될 필요가 있으며, 특히 역차별적인 교육재정 투자를 통해 학교시설의 평준화가 이뤄져야 지역과 집단에 따른 문화결핍이 해소될 수 있다.

(5) 문화지체

오그번(W. Ogburn)은 종교, 가치관 및 사회제도와 같은 비물질적(정신적) 문화요소는 그 전파와 변동의 속도 측면에서 도구나 기술 등의 물질 문화요소에 비해 그 변화의 속도에서 느리다는 점을 지적한다. 그리하여 시간이 경과함에 따라 이 두 문화요소 간의 간격은 점점 벌어지게 된다. 이처럼 문화를 구성하는 요소들 간의 변동의 차이로 인해 시간이 경과함에 따라 이 문화요소들 간의 간격이 점점 더 벌어지는 현상을 문화지체(cultural lag)라 한다.

자동차 수가 급격히 늘어나는 데 비해 자동차 주행을 위한 도로의 조건은 그에 맞춰 개선되지 않거나 교통질서 의식이 제대로 확립되지 못할 경우, 공장에 전보다 복잡해진 기계 생산설비를 설치했지만 그에 따른 안전의식은 개선되지 않아 산업재해가 계속 늘어만 가고 아울러 산업재해를 보상하기 위한 재해보험제도도 제때에 도입되지 않는 경우, 의학의 발달로 노인 인구가 늘어 가지만 노인복지 대책은 미흡한 경우, 대학생이 재학 중 결혼하는 사례가 늘어 가지만 학생 기혼자와 그 가족을 지원하는 사회적 제도는 미비한 경우 등이 문화지체의 한 현상이라 하겠다.

오그번은 문화지체의 요인으로 여러 가지를 지적하고 있으나 그중 중요한 것으로 기술, 지식, 경험 같은 비물질문화의 발명이나 개혁의 부족, 그리고 정신문화 영역에서의 문화적 타성과 저항을 들고 있다. 어떤 요인에 의해서 발생하건 문화지체는 사회의 혼란과 긴장을 초래할 수 있으며, 더 나아가 사회 통제력의 약화, 문화와 성격의 상호 관계성 단절, 그리고 사회 와해를 초래할 수 있다. 그러므로 문화지체를 극복하기 위해서는 교육활동을 통해 물질적 변화에 따른 가치관과 의식의 변화와 아울러 기술적인 연마를 독려할 필요가 있다.

2. 청소년문화의 개념

앞서 언급한 문화에 대한 기본 개념을 응용하면 청소년문화는 쉽게 이해된다. 청소년문화란 특정 시간과 공간에서 청소년이 공유하는 그들만의 특별한 삶의 양식을 말한다. 즉, 특정 사회 속에서 성인이나 유아·아동과는 구분되어 청소년만이 공유하는 행위 양식이나 사고방식 또는 생활 양식이 청소년문화다. 이러한 청소년문화는 그 사회의 문화적 통합성이나 시대적 안정성 정도에 따라 부분문화가 되기도 하고, 대항문화가 되기도 한다.[4]

---

4) 제2차 세계대전 이후 서구세계는 젊은이와 관련된 독특한 음악 형태, 패션 양식, 레저 활동, 춤, 언어의 출현과 확산으로 특징지어져 왔다. 이러한 젊은이의 삶의 특징은 기성세대로부터 인정을 받기보다는 사회문제의 하나로 인식되어, 이에 대한 해결책의 일환으로 청소년연구가 시작되었다. 기성세대와는 다른 가히 사회 단절적이라 볼 수 있는 청소년의 삶의 양태들은 당시 폭주족, 축구 훌리건, 청소년 폭력 및 비행과 연결되어 청소년문화는 더더욱 주변문화 혹은 부분문화의 하나로 간주되었다. 자유주의의 확대 및 보급에 따라 청소년이 대안적인 유쾌한 소비집단으로 부상하자(패션, 스타일, 레저 활동, IC 산업 등에서), 청소년은 대접해 줄 수밖에 없는 소비문화집단이 되었다. 최근 들어서는 청소년이 문제집단 혹은 소비집단으로서만이 아니라 어느 정도의 자율성을 갖고 스스로의 자율과 권리를 확보함과 동시에 더 나아가서는 사회변혁에도 관심을 갖고 있다는, '저항세력' 혹은 '대항세력'으로서의 청소년문화를 보려는 입장이 대두되었다(이경숙, 정영희 역, 2009).

1) 청소년문화란

'청소년문화'란 오늘날 청소년집단이 살아가는 총체적 삶의 유형을 말한다. 여기에서 '오늘날'은 측정할 수 있는 시간으로서의 오늘이 아니라 '요즈음' 혹은 '최근'과 같이 말하는 사람이 포괄해서 한정하는 기간을 말한다. 그렇다고 '오늘'의 시간 길이에 대한 묵언의 사회적 합의가 전혀 없는 것은 아니다. 예컨대, 근대화 이전까지만 해도 우리나라에서 '오늘날' 하면 보통 한 세대[5] 혹은 한 시대[6]를 지칭했으나 최근에 올수록 '오늘날'이 의미하는 시간은 휴대전화의 세대교체 기간 혹은 특정 코미디 유행어의 유효 기간 등으로 단축되고 있다.

'청소년집단'이란 법적으로 9세 이상 24세 이하의 연령층을 말한다. 하지만 '청소년문화'와 관련하여 현실적으로 이 연령 집단이 공통으로 나누는 동일한 생활양식을 찾아낸다는 것은 현실적으로 불가능해 보인다. 결국 청소년집단도 말하는 사람의 주관적 판단에 따라 어느 정도는 선택적일 수밖에 없다. 보통 청소년집단이라 하면 십대 청소년,[7] N세대(Net-generation),[8] 디지털세대, 포스트디지털세대,[9] 보보스(Bourgeois Bohemian: BOBOS),[10] Z세대[11] 알파세

---

5) 세대의 사전적 정의로는 '혈통으로 보아 한 세대가 다음 세대로 바뀌기까지 활동하는 평균 기간'이며, 보통 한 세대는 30년 동안으로 잡는다(한글학회, 1992, p. 2334).

6) 시대의 사전적 정의로는 '역사적으로 구분한 어떤 기간'이다. 따라서 시대는 특정 인물이 영향력을 행사한 총 기간이나, '평화시대' '계몽시대'와 같이 역사적으로 특징지어진 일정 기간을 말한다. 이런 시간적 특징을 일반적으로 잘 표현하고 있는 속담이 "10년이면 강산도 변한다."다. 이렇게 볼 때 우리의 정서로 한 시대란 10년 정도의 물리적 시간을 지칭하고 있다고 본다.

7) 1318세대라 하기도 한다. 이는 13~18세만의 연령층을 지칭하는 것이 아니라 이 연령층 전후의 전체 청소년을 통틀어 지칭하는 말이다. '1318'은 우리나라 정부가 정한 청소년을 위한 긴급 구호나 정보 찾기 전화번호이기도 하다.

8) 보통 1970년대 후반부터 1990년대 후반 사이에 태어난 세대로 디지털 기술과 함께 성장해서 디지털 기기를 능숙하게 다룰 줄 아는 디지털세대를 말한다. 이들 N세대집단은 Network(디지털), InNovation(자기변신), No-say(분명한 자기주장), ENjoy(낙천성) 등으로 특징짓는다.

9) '포스트디지털세대(Post Digital Generation: PDG)'를 지칭한다. 이는 아주 최근의 디지털 환경 속에서 자라고 있는 현재 청소년 세대를 지칭한다. 포스트디지털세대의 청소년은 디지털 상품

대 등으로 구분하여 부르기도 한다.

청소년집단이 보이는 '총체적 삶의 유형'이 무엇인가를 정의하는 것은 더욱 쉽지 않아 보인다. 하지만 일반적으로 한 집단 구성원들의 삶(생활) 유형은 함께 공유하는 가치관, 언어, 몸짓, 여가시간 활용, 취향(음식, 옷 입기 등), 인간관계(동료집단관계, 상하관계 등) 등으로 결정된다.

따라서 '청소년문화'란 청소년이 십대 중반부터 이십대 초반을 지나면서 서로가 비슷한 공감대를 형성하여, 일상의 생활에서 공통으로 나타내 보이는, 그들 나름의 특징적 가치관(시간관, 직업관, 사회적 태도), 말투, 몸짓, 여가시간 보내기, 음식 취향, 친구 관계 등의 특징을 말한다. 청소년문화는 대개 중핵문화가 아닌 주변문화의 하나로 취급되어 왔다. 하지만 최근 상승세를 타고 있는 한류 열풍의 저변에는 소비에서뿐만 아니라 문화 창출 과정에서도 막강한 영향력을 발휘하는 십대가 있다는 점이 지적되면서 신세대에 새로운 관심이 집중되고 있다(조용수, 1996, p. 70).

2) 시각에 따른 청소년문화의 해석

문화를 어떻게 보느냐 하는, 보는 시각에 따라 청소년문화를 해석하는 입장

과 생활을 일상으로 여기며, 휴대전화나 PDA, 컴퓨터 등 다양한 디지털 매체를 이용하며 그 속에서 성장하고 있다. 이들은 디지털 환경의 영향으로 삶의 질을 보다 중시하고, 굉장히 낙천적이다. 요즘은 휴대전화와 같은 디지털 기기가 굉장히 빠른 속도로 발전하고 있는데 이런 기기의 소비층이 바로 포스트디지털세대다. 이들 세대를 'HEARTS'(Human relationship: 인간관계 중시, Expressionism: 표현 중시, Anti-literality: 시각 중시, Relaxed mindset: 낙천적인 성향, Trend-independence: 유행의 주체적 창출, Speed: 현상에 대한 민감성)로 나타내기도 한다.

10) 이들은 옷차림으로는 정장을 즐겨 입고, 기업을 스스로 차리기보다는 대기업에서 샐러리맨으로 안정적인 자리를 유지하면서도 처신과 관계가 자유분방한 예술가 유형의 지식인 집단을 일컫는다.

11) 1990년대 중반부터 2010년대 초반에 태어난 세대를 말한다. 디지털 시대에 출생했기 때문에 디지털원주민으로 불리며 IT 기기와 기술에 능숙하다. 이들은 개방적인 X세대인 부모의 영향으로 자유분방하며, 불투명한 미래에 대한 반작용으로 현재지향적 성향을 갖는다.

은 달라진다.

(1) 관념적 시각에서 본 문화

이 관점에서는 문화를 정신 상태로 이해한다. 그래서 문화는 우리 눈에 보이지는 않지만, 우리의 정신 속에 살아 있으면서, 우리의 행동을 지배하는 것으로 간주한다. 그리고 일정하게 귀결되어야 할 이상적 목표점이 있기 때문에 지금의 문화적 위상과 상태는 앞으로 성취해야 할 목표점을 향한 과도기적 과정에 불과한 것으로 본다.

이 관점에서 볼 때, 청소년문화는 청소년이 나타내 보이는 가치, 규범, 예의, 예술적 미숙성의 종합에 불과하다. 이 관념적 관점에서는, 대개 청소년문화는 미숙한 문화, 철없는 애들의 짓거리 정도에 불과하며, 더욱 세련되어야 하고, 더욱 발전되어야 할 것으로 본다. 이는 가부장적인 권위의식을 지닌 부모와 교사가 많이 견지하는, 청소년문화에 대한 이해방식이기도 하다.

(2) 적응체계로서의 문화

이 관점에서는 문화를 물질적 발전의 결과로 이해한다. 사람은 자신이 처한 자연환경을 극복하여 지적 · 기술적인 경험을 축적해 왔다. 그리고 축적한 기술과 지식의 응용으로 말미암아 생활환경은 점차 개선되었다. 자동차의 발명 이후로도 계속 이루어진 기술 발전으로 더 빠르고 편리한 자동차가 끊임없이 개발된 것이 적응체계로서의 문화를 이야기할 때 좋은 예가 될 수 있다. 이 경우 문화는 변증적으로 발전하게 된다.

이 관점에서 볼 때, 청소년문화는 사회적 · 경제적 · 문화적으로 소외된 청소년 계층이 발전된 사회환경에 대해 부적응하여 나타내는 행위의 총체다. 그렇기 때문에 청소년 집단이 성숙하고 그들 자신이 경제적으로 안정된 지위를 확보하게 되면 자연히 그들의 부적응 행위도 누그러질 수밖에 없을 것으로 본다. 따라서 이 관점에서 청소년문화를 바라보는 사람들은 청소년의 부적응 행위 자체를 해결하려 하기보다는 청소년의 사회적·경제적 지위를 개선해 주는 것이 무엇보다 필요하다고 주장한다.

(3) 구조체계로서의 문화

이 관점에서는 문화를 사람의 행동과 사회관계를 규제하는 틀로 본다. 사회에 따라 특정 인간관계가 표출되어 나타나기도 하지만, 이 관점에서는 인간관계의 기본 구조는 집단이 다름에도 불구하고 그다지 차이가 없는 것으로 간주한다. 문화의 제일성(齊一性, 표현되는 방식은 다르더라도 그 근본 의미는 동일하다)을 견지한다 하겠다. 인간관계의 구조적 틀(모계사회 vs 부계사회, 횡적 관계 vs 종적 관계)은 사회에 따라 시간과 공간을 초월하여 일정하게 나타난다고 본다.

이 관점에서 볼 때, 청소년문화는 기존의 기성문화와 크게 다를 게 없다. 청소년문화도 언제 어디에서나 나타날 수 있는 인간관계의 한 양태에 불과하기 때문이다. 그리고 청소년 집단에서 보이는 인간관계를 기성세대의 인간관계보다 열등하거나 우월한 것으로 보지도 않는다.

(4) 상징체계로서의 문화

이 관점에서는 문화를 그 집단 구성원 간의 의사소통의 한 방식으로 본다. 즉, 문화란 집단 내의 사람들이 경험을 나누고 특정한 삶의 방식을 유도·규제하기 위한 소통 체계의 종합으로 간주한다. 그리고 이 소통 체계는 구성원 밖에 존재하는 기제에 의해서 변화되지 않고 구성원 간의 합의에 따라 얼마든지 변화할 수 있는 것으로 받아들인다.

이 관점에서 볼 때, 많은 다양한 집단이 나름의 아주 독특한 소통을 위한 상징체계를 개발 및 향유하고 있듯, 청소년문화 또한 청소년 집단이 그들 나름으로 갖는 은어나 속어, 패션스타일, 음악적 장르 등은 그들이 서로 소통하는 상징체계에 불과하다. 의사소통을 시도함에 있어서 기성세대와 청소년 집단은 서로 다른 상징체계로 인해 소통의 한계에 부딪치며, 특히 이로 인해 기성세대는 청소년 집단을 '신인류'로까지 칭하게 되었다.

3) 청소년문화의 성격 규정

기성세대는 청소년을 여전히 성인 세대에 종속적이거나 과도기적인 존재로 바라보면서 보호와 육성의 대상으로 파악하고 있기 때문에, 청소년문화도 이러한 시각에서 그 성격이 규정되는 측면이 있다. 동시에 청소년문화를 새로운 변화의 돌파구로 바라보는 시각도 있다. 제기되고 있는 몇 가지 시각을 정리하면 다음과 같다.

(1) 청소년문화는 미숙한 문화다

청소년이 만들어 내는 삶의 양식은 아직 정신적으로 미성숙한 것이며, 사회적으로 그들에게 기회가 주어지지 않았으므로 준비하는 단계의 문화로 본다. 그러므로 청소년은 어느 정도의 보호가 필요하며 책임 추궁에 있어서도 지나치게 해서는 안 된다는 입장을 견지한다.

(2) 청소년문화는 비행문화다

청소년은 규범에 벗어난, 늘 문제아로서의 행동을 하려 한다고 본다. 청소년은 공부나 일을 하기보다는 놀기를 좋아하고, 사회규범을 깨뜨리는 것에서 쾌감을 느끼며, 기존의 규범질서에 따르지 않음으로써 그들 문화의 정체성을 찾으려 한다고 본다. 그러므로 청소년문화는 성인만화나 음란물, 술이나 담배, 이성교제 등을 즐기고 비행문화적 성격을 띤다고 보며, 청소년은 항상 부모와 교사 또는 성인의 감독하에 있어야 한다고 믿는다.

(3) 청소년문화는 하위문화다

청소년문화는 하위문화 중의 하나일 뿐이라고 본다. 그러므로 일정한 발달

단계를 거쳐 청소년이 성인에 이르게 되면 그들이 한때 청소년 시기에 가졌던 청소년문화는 유치한 것으로 바라보게 될 것으로 본다.

(4) 청소년문화는 대항문화다

새로운 세대가 기성세대를 비판하고 그들에 반항하는 것은 그들이 미숙하거나 반항적인 성향을 갖고 있어서라기보다는, 기성세대와는 다른 환경에서 다른 경험을 해 왔으며, 기성세대와는 다른 인생관과 역사관을 갖고 다른 삶의 방식을 추구하기 때문이라고 본다. 이러한 성향이 가장 뚜렷하게 표출되었던 것이 1960년대 세계를 휩쓴 '히피운동'이었다(한국청소년개발원 편, 2005). 이제 주류문화가 된 청소년의 삶은 그들 각자가 독립적으로 엮어 내는 독특한 삶의 양식이다. 성인이 일정한 유희의 방법을 알고 있듯이, 청소년 역시 그 단계에서 유희로서의 인생을 바라보는 한 표현 방식이 청소년문화라는 입장이다.

(5) 청소년문화는 다양한 문화 중의 하나다

문화 다양성의 입장에서 볼 때 다른 집단이 저마다의 독특한 문화를 만들어 유지하는 것처럼 청소년문화 역시 청소년 집단이 만들어 유지하는 문화일 뿐이다. 결국 청소년이 각 영역에서 이루어 내는 삶, 그 자체가 하나하나 모여 청소년문화를 일구어 낸다는 문화 다원적 입장이다.

3. 청소년문화의 구성요소

이 문화 구성요소는 음악의 연주 곡목에 비유하여 문화 레퍼토리(cultural repertoire)라 할 수 있다. 청소년은 이 문화 레퍼토리에 의하여 사고하고 행동하게 된다. 문화 레퍼토리로서 가장 중요하게 꼽는 것이 가치, 규범, 상징, 언어, 이데올로기 등이다.

1) 가치

　가치(values)란 옳고 그름, 선과 악, 바람직한가 바람직하지 않은가의 문제에 대해 보통 사람이 가지고 있는 평가 기준이나 신념체계 그리고 행동을 지배하는 중요한 감정의 체계를 말한다. 사회에는 그 구성원 사이에 공유된 가치가 있기 마련이다.

　사회집단과 각 영역에 따라 어떤 가치관을 갖는가를 판단하기란 매우 어려운 일이지만 학자들은 모형을 만들어 이를 측정하려 시도하고 있다. 지금까지 제시된 가치관 모형으로서 널리 알려진 것은 클럭혼(F. Kluckhohn)의 가치지향이론, 스핀들러(G. Spindler)의 가치구조이론 등이다.

2) 규범

　사회 구성원은 가치에 입각하여 주어진 상황에서 옳고 그른 것의 규칙을 만들고 그것을 체계화시켰다. 이런 행위규칙을 일컬어 규범(norms)이라고 한다. 다시 말하면 규범이란 사람들이 다른 사람과의 관계에서 따라야 할 규칙을 뜻한다. 규범에 따라 사람들은 특정한 상황에서 해야 할 또는 해서는 안 될 무엇을 제시받을 뿐만 아니라 상대방이 나의 말과 행동에 대해 어떻게 반응할 것인지를 예견할 수도 있다. 따라서 규범은 고도의 사회성을 가지게 된다. 가치가 추상적인 수준에서 행동의 방향을 설정해 주는 것이라면, 규범은 행동의 구체적인 지침을 제공해 준다. 또한 가치 차이에서는 벌칙이 따르지 않지만, 규범을 위반할 때는 일정한 사회적 제재가 가해진다.

3) 상징

　상징(symbols)이란 무엇을 나타내는 대상물이나 몸짓, 소리, 색깔 또는 디자인을 말하는 것으로, 예컨대 십자가, 태극기 같은 것이 있다. 상징은 다분히 자의적이며 상대적 성질을 갖는다. 따라서 상징에서는 의미 부여가 매우 중요하다. 청소년이 즐겨 입는 패션, 그들 사이의 의사소통 수단으로 사용하는 은어나 속어, 무언의 몸짓이나 힙합댄스 등이 문화의 상징에 속한다.

4) 언어

언어(languages)는 집단의 산물이며 표준화된 의미를 가진 발음 형식으로서 사회적으로 구조화된 체계다. 상징으로서의 언어는 단순한 의사소통 이상의 기능을 수행한다. 비록 언어가 인간 사회의 산물이기는 하지만 일단 하나의 언어체계로 정형화되면 이는 사회 구성원의 생각과 행동에 영향을 미치는 관념화 기능을 수행한다. 즉, 언어를 통해 개인의 욕구에 필요한 다양한 환경요소를 서로 결합시킬 수 있다. 사회 구성원이 어떤 언어를 사용하느냐에 따라서 대상 세계를 인식하는 방법과 이를 해석하는 관점도 달라진다.

5) 이데올로기(이념)

이데올로기(ideology)란 인간의 사고 특성의 일반적 태도, 특히 사회를 구성하는 특정 조직인의 구체적인 체계를 지원하는 이념이나 신념체계를 말한다. 신념체계로서의 이데올로기는 문화의 근본 문제에 대한 방향 지시적 역할을 한다. 자본주의 혹은 사회주의에 대한 확고한 신념체계, 현세주의 혹은 내세주의에 대한 신념체계 등은 우리의 일상생활에서 행동의 준거가 되는 중요한 이데올로기다.

4. 한국 청소년문화의 특징

1) 문화 형성을 위한 자율권 부여와 여건 조성이 되어 있지 않다

앞서 언급한 바와 같이 문화는 특정 집단이 살아가는 총체적인 삶의 유형이다. '총체적 삶의 유형'이 전제하고 있는 바는 사회 구성원 각자(청소년을 포함해서)가 스스로의 삶을 책임질 수 있는 자율성을 확보하고 있다는 점이다. 그리고 확보한 자율성에 따라 각자가 의도하는 바대로 삶을 책임질 수 있는 여건이 확보되어야 한다는 점이다.

하지만 우리의 청소년에게는 각자가 스스로의 삶에 책임을 질 수 있을 정도의 자율성이 부여되어 있지 않고 여건이 조성되어 있지 않다. 이는 현행 입시제도의 제약을 가장 크게 받기 때문이며, 아울러 학교에서나 학교 밖에서도 제도적·물리적 제약으로 말미암아 단체 결성의 기회마저 확보되어 있지 못하다.

2) 학교문화를 바로 청소년문화로 간주하려는 경향이 크다

분명 학생 신분으로서 청소년이 학교에서 만들어 내는 학교문화와, 청소년이라는 발달단계에 놓여 있는 인간으로서의 청소년이 창조하는 청소년문화에는 공통된 부분도 있지만 합쳐지지 않는 부분도 분명 있다. 하지만 최근 우리나라에서는 학교문화가 곧 청소년문화인 것으로 받아들이는 경향이 크다. 학교문화를 형성하는 주체도 분명 청소년이지만 현행 입시제도가 지배하는 학교제도에서 청소년은 획일적 학교문화를 만들어 내는 데 협력하지 않을 수 없기 때문이다. 이러한 학교 상황 속에서 일부 청소년은 적응하지 못하고 학교 밖으로 뛰쳐나가 학교 밖에서 나름의 청소년문화를 형성해 내기도 한다.

- 학교문화의 특성: 제도적 획일성, 선발 위주의 관행, 결과 위주, 참관 위주, 형식적 관계
- 학교 밖 청소년문화의 특성: 개체적 다양성 인정, 삶의 질 강조, 과정 위주, 실질적 관계

3) 문화결핍 현상이 두드러지고 있다

우리나라에서는 수도권과 수도권 밖의 지역, 도시 지역과 도시가 아닌 지역, 상층 계급 출신과 하층 계급 출신의 청소년 간에 문화적 향유 수준이 큰 차이를 보이고 있다. 인터넷의 발달로 청소년이 컴퓨터와 스마트폰으로 다양한 문화를 간접체험할 수 있게 되었지만, 문화시설의 지역차, 문화소비의 양극화로 인해 문화적 향유의 수준이 다양하게 나타나고 있다. 즉, 비수도권 지역, 비도시 지역, 하층 계급 출신의 청소년에게는 상대적으로 큰 문화적 결핍(실조)가 존재한다. 특히 최근에는 우리나라가 급격한 사회변동을 겪으면서 세대 간 문화 향유 수준에서 큰 차이를 보이고 있다.

4) 인터넷 · 스마트폰을 중심으로 청소년 주도의 문화가 활성화되고 있다

우리나라에 인터넷 · 스마트폰이 일반화되면서 인터넷에서 만들어진 다양한 문화가 일상생활에 영향을 미치고 있다. 특히 디지털원주민인 청소년 세대는 인터넷 안에서 자신들의 문화를 창출하고 있으며, 기성세대는 이러한 인터넷 문화를 청소년에게서 배우고 있다. 예를 들어, 인터넷상에서 청소년들이 만들어 사용하는 인터넷 용어가 일상에 퍼지면서 기성세대가 신조어를 모르면 TV등 대중매체 속 드라마나 예능프로그램 시청 시 사용되는 언어를 알아듣지 못하거나, 청소년과의 일상적인 대화가 어려워지는 경우도 발생하고 있다.

이에 기성세대는 일부러 시간을 내서 청소년의 언어인 신조어를 배우는 노력을 하기도 한다.

인터넷 · 스마트폰 문화 속에서 청소년은 기성세대에게 이끌려 가는 것이 아니라 기성세대를 이끌어 가는 주도적인 역할을 하고 있기 때문에 사회는 청소년의 트렌드에 큰 관심을 기울이고 있다.

추가 수업활동

토의(토론) 주제

1. 중핵문화와 하부문화가 대립하고 갈등할 때, 우리는 어떤 문화를 옹호하고 지지해야 하는가? 그 이유는?
2. 본인이 경험한(만들어 가고 싶은) 유니크(unique)하고 특성화된 청소년문화는 어떤 특징을 갖고 있다고 생각하는가?
3. 문화에 대한 본인의 이론적 관점은 무엇인가? 그 이유는?

추가 탐구 과제

1. 최근 다른 나라, 특히 본인이 좋아하는 나라에서의 청소년문화의 흐름은 어떠한가?
2. 포함해야 할 주요 내용
   • 최근 해외 청소년문화 현상
   • 해당 나라의 청소년문화에 대한 나의 견해
3. 분량: A4 용지 3~5매

참고자료

🌐 관련 사이트

한국청소년정책연구원
(www.nypi.re.kr)

(사)한국청소년문화연구소
(www.youth.re.kr)

청소년데이터플랫폼
(youthdata.kywa.or.kr)

📖 관련 도서

권수연 외(2021). **청소년, 청소년을 말하다.** 청출.

이경숙, 정영희 역(2009). **문화연구사전.** (C. Barker 저). 커뮤니케이션북스.

정동빈, 남은희, 황선유, 이명관 역(2004). **문화교육.** (P. R. Moran 저). 경문사.

조혜정(1998). **학교를 거부하는 아이, 아이를 거부하는 사회.** 또하나의 문화.

EBS〈10대가 말하다 틴스피치〉 제작진(2021). **10대가 말하다.** 이지북.

🎬 관련 영화

〈**죽은 시인의 사회(Dead Poets Society)**〉(1989)

감독: 피터 위어

출연: 로빈 윌리엄스, 로버트 숀 레너드, 에단 호크, 조시 찰스, 커트우드 스미스

키워드: 반항, 교육 문제, 자살, 교사, 학생

〈**콘랙(Conrack)**〉(1974)

감독: 마틴 리트

출연: 존 보이트, 홀 윈필드, 흄 코로닌, 캐서린 터너

키워드: 교사, 교육, 학생, 흑인, 문화적 차이

워밍업 수업자료

비정상회담-한국에만 있는 특이한 문화
https://www.youtube.com/watch?v=3aLMs1kytl0

제**2**장

청소년기 특성

YOUTH CULTURE

사람은 청소년기를 거치면서 성장하기도 하고 어긋나기도 한다. 그만큼 청소년기는 인간 발달의 전환점이 된다. 신체적으로 성장 폭발을 경험하고, 심리적으로 자기정체성을 확인하게 되며, 사회적으로 스스로의 역할과 책임을 확립하려고 한다. 청소년들이 그들 시기에 겪는 여러 특징을 정확히 이해하는 것은, 그들이 만들어 내고 또한 그들이 안주하는 청소년문화를 정확히 파악하는 데 긴요하다. 이와 관련하여 이 장에서는 청소년의 신체적 · 심리적 · 사회적 특징을 살펴보고자 한다.

주요 수업과제

- 청소년이란 용어는 어떻게 형성되었는가?
- 청소년기는 어떤 기준으로 구분하게 되었는가?
- 청소년이 나타내는 신체적 · 생물학적 · 사회적 특징은 무엇인가?
- 최근 청소년의 인구 변화추이는 어떤가?

1. 청소년(기)에 대한 이해와 구분

1) 청소년 개념의 형성

성장과 쇠퇴라는 생애주기(life cycle)에 따라 흔히 사람의 일생을 유아기(취학 전), 소년(녀)기(10대), 청년기(20대), 장년기(30~40대), 노년기(50대 이후) 등으로 구분한다. 이러한 사회적 통념에 따르면, '청소년'이란 청년기와 소년기의 사람을 통틀어 부르는 개념이다. 그러나 학문적으로는 청소년이란 단순한 연령 구분 이상의 의미를 갖는다(배규한 외, 2007, p. 13).

인간이 일정한 단계를 거치면서 발달한다는 사실이 밝혀지기 이전에는 인간발달 단계에서 '청소년기'라는 시기가 분명히 있다는 사실이 그렇게 널리 받아들여지지는 않았다. 그리하여 인간은 보통 성인과 미성인(또는 아동)으로만 구분하였다. 이러한 구분은 아동이 아동으로서의 특별한 특징을 갖고 있음을 발견했기 때문이라기보다는 아직 성인이 되지 않았고 미성숙하고 어리기 때문에(immature or younger adult) 시도된 이분법이었다.

그러나 그 뒤 문명시대에 접어들면서 인간발달 단계에서 신체적 · 정신적으로 급속한 변화가 일어나는 시기가 있음을 발견하였고, 이를 라틴어 'pubertas(꽃피우다)'에서 발원하여 영어로 'puberty(사춘기)'라 하였다. 특별히 사춘기는 성장이 폭발적으로 이루어지는 초기에 해당하는 시기로서 사춘기를 포함한 전체적 변화의 시기를 라틴어 'adolescere(성장하다)'에 기초하여 'adolescence(청소년기)'라 하였다.

청소년기가 누구에게나 있는 인생발달의 한 단계라고 해서 모든 사람이 사회적으로 이 단계를 인정받으며 성장하는 것은 아니었다. 엄밀히 말해서, 인생의 발달 단계로서 누구나 청소년기를 경험하는 것은 사실이지만 이 시기에 놓여 있는 청소년이 사회로부터 특별히 인정받고 존중받는 경우는 특별한 사회계층 소속의 자녀에게만 한정되어 있었다. 그리하여 청소년기를 즐기며 이에 따른 특권과 보호를 부여받은 청소년은 소수에 한정되어 있었다. 그리스의 유명한 철학자들, 예컨대 플라톤(Plato)이나 아리스토텔레스(Aristoteles) 등은 특권층 출신자로서 남다른 청소년기를 보냈음은 널리 알려진 사실이다.

인생발달에서 청소년이라는 중요한 시기가 있음을 초기에 갈파한 고대 철학자는 역설적이게도 청소년기에 특권을 크게 보장받았던 플라톤과 아리스토텔레스였다. 플라톤은 명문가 출신으로서 어린 시절에 장래 정치가가 되는 데에 큰 뜻을 두었으나, 20세에 소크라테스를 만나서는 "나 플라톤은 소크라테스 당신이 필요합니다."라고 하면서 스승으로부터 철학을 배워 인생의 전환을 이루었다. 플라톤은 자신의 경험을 되돌아보면서 인간의 발달과정 중 아동기부터 청년기에 걸쳐 나타나는 사회화 과정에 특히 주목하였다. 아동기에는 지적 측면보다 주로 인성이 형성되는 시기이므로 음악과 스포츠 등의 교육이 중요하고, 청소년기에는 이성이 발달하는 시기이므로 합리적 사고의 바탕이 되는 수학, 과학 등을 많이 가르쳐야 한다고 주장하였다. 그는 오늘날 사립학교의 모체가 되는 아카데미아(Academia)를 창립하여, 그곳의 정문에 "기하학을 모르면 입학하지 못한다."라고 내걸 정도였다.

플라톤의 제자였던 아리스토텔레스는 인간의 성장 단계를 7년씩 구분하여 접근하였다. 즉, 첫 번째 7년은 유아 시기(infancy), 14세까지는 소년 시기(boyhood), 21세까지는 청소년 시기(youngman-hood)라고 하였다. 그는 청소년이 성숙한 사람에 비해 불안정하고, 인내심과 자기 조절 능력이 부족하다고 설명했지만, 이때야말로 자신의 삶을 스스로 선택하고 결정하는 능력이 발달하는 가장 중요한 성숙의 시기로 보았다.

청소년기(adolescence) 또는 청소년이라는 말이 영어의 한 단어로 나타나게 된 것은 15세기 중반이었다. 정확하게는 1430년에 영국의 시인 리드게이트(John Lydgate)가 자작시에서 청소년기라는 말을 처음 사용했고, 이어서 1482년에 한 무명 시인이 그의 시 〈The Monk of Evesham〉에서 '7세의 두세 배까

지 걸친 연령의 시기, 즉 15~21세의 연령 기간'을 일컬어 청소년기라 하였다
(Stefoff, 1978, p. 4).

　근대적 관점에서 청소년기의 개념을 정립한 사람은 프랑스의 자연주의 철학
자 루소(Jean Jacques Rousseau)다. 루소는 1762년에 청소년기의 개념을 소개하
면서, 어린이를 성인과 동일하게 취급해서는 안 되며 '축소된 성인(miniatured
adult)'이 아니라 '독립된 인격체(independent character)'로 보아야 한다고 주장
하였다. 그는 특히 12세 이전의 어린이는 성인의 엄격한 통제로부터 자유로
워야 하며, 그들의 세상을 자유롭게 경험할 수 있어야 한다고 믿었다. 그리고
12~15세에 신체적 성장과 함께 이성과 자의식이 형성되며, 15~20세에 정서
적으로 성숙하면서 도덕심을 갖게 된다고 하였다. 따라서 이러한 시기에 다양
한 탐색 활동을 통해 호기심을 길러 주고 지적 욕구를 충족시켜 주는 것이 중요
하다고 강조하였다.

　그는 『에밀(Emile)』에서 에밀(Emile)의 성장과정에서 나타나는 특징에 주목
하였고, 그의 각 발달단계에 맞는 교육의 목적과 내용을 제시하려 하였다. 그
리고 특별히 에밀이 '급격한 신체적 변화를 경험하면서, 어른과 어린이 사이에
서 정서적으로는 심한 갈등을 경험하는 15~20세의 시기'가 에밀에게는 가장
중요함을 강조하고 있다(민희식 역, 1992, pp. 276-277). 또한 루소는 『에밀』에서
처음으로 청소년기를 자신만의 가치와 특성을 정립하여 재탄생(rebirth) 혹은
제2의 탄생(a second birth)을 경험하는 시기로 보았다. 루소는 청소년기의 특
징을 다음과 같이 기술하였다.

　　에밀은 어린 시절의 잔잔한 바다를 떠나 이제는 폭풍과 사나운 파도가 넘실
　거리는 미지의 세계, 성년기에 진입하는 배와 같다. 욕망과 정열의 파도에 뒤집
　히지 않으려면 에밀은 선장을 필요로 한다. 성인의 특징인 욕망과 정열을 잘 극
　복하기 위해서는 자제력을 길러야 한다. 에밀은 이제 자유롭지만 본인이 선장
　이 되어 스스로 항해를 해 나가야 한다(Stefoff, 1978, p. 6).

　　루소가 처음으로 '청소년'이라는 말을 개념적으로 확립했다면, 청소년 분야를 학문적으로 연구하여 청소년학을 정립한 사람은 미국의 심리학자 홀(Stanley Hall)이다. 『청소년기(Adolescence)』(1904)에서 루소의 입장을 지지하면서, 청소년기를 '질풍과 노도(怒濤)의 단계(a phrase of storm and stress)'로 보았다. 홀은 청소년기에는 내부에 잠재된 큰 에너지를 갖고 있어서, 이 시기에는 늘 긴장과 갈등이 수반된다고 보았고, 청소년기에는 성적 감수성과 능력도 출현한다고 파악하였다. 하지만 사회적 관습으로 인해 청소년은 떠오르는 충동을 행동으로 옮기지는 못한다고 하였다. 비슷하게 청소년은 편안히 보호받는 아동기의 의존적인 상태에 머물러 있고 싶은 갈망과 험난하지만 자기 독립적인 성인의 세계로 진입하려는 욕망 간에 긴장과 분열을 경험하기도 한다고 하였다. 홀에 따르면, 청소년은 제3의 긴장을 경험하게 되는데, 이는 자신만의 개성(정체성)과 집단에 대한 일체성(소속감) 간의 긴장이다. 이러한 일련의 긴장 과정 속에서 청소년은 도덕훈련과 종교훈련을 통해 진정한 자기로서 각성하게 된다고 하였다(김재영, 2001, p. 67).

　　홀의 청소년에 대한 접근은 크게는 다윈(C. Darwin), 좁게는 모건(L. H. Morgan)의 진화론에 영향을 받은 결과이기도 하다. 홀은 청소년을 포함한 인생의 발달 과정을 그 나름의 반복이론(theory of recapitulation)으로 설명하려 하였다. 홀은 인간 발달을 문명의 전개 과정에 비유하고 있다.

　　　8세까지 지속되는 유아기는 아주 먼 태고시대에 해당하며, 보통 이 시기에는 원시인처럼 네 발로 걸어 다닌다. 뒤이은 연령 8~12세는 선사시대에 해당하는 시기로서 야만인의 문화를 이루는 시기다. 12~25세에 지속되는 청소년기는 그리스와 로마, 르네상스 그리고 격동의 19세기까지의 기간에 비유할 수 있다. 이러한 격동의 시기를 지난 후 오늘날과 같은 현대 문명이 시작된 것처럼 청소년기를 잘 견디어 내면 새로운 인생이 시작된다. 새로운 시기는 합리와 조화의 시기로서 이는 격동의 시절을 잘 견디어 낸 성인기의 특징에 비유될 수 있다(Stefoff, 1978, p. 9).

최근 홀의 이러한 반복이론은 과학적 근거가 희박한 것으로 평가절하되고 있지만, 홀이 청소년 연구 분야에서 이룩한 업적은 대단히 의미 있는 것이었다. 그는 청소년이 아동·성인과는 신체적인 면에서뿐만 아니라, 느끼고 생각하는 점에서도 다르다는 것을 분명히 보여 주었다. 또한 청소년기에는 청소년 스스로가 가치와 신념을 확립하며, 책임을 최우선하는 성인기로의 진입을 준비한다고 하였다. 하지만 홀이 이룩한 가장 중요한 업적은 청소년기를 계속적인 연구의 대상 시기로, 그리고 그만한 가치를 지닌 삶의 발달 단계로 확고하게 정립하였다는 점이다.

홀이 청소년의 특징을 주로 생물학적이고 심리학적인 측면에서 접근하였다면, 미드(Margaret Mead)와 베네딕트(Ruth Benedict)는 사회·문화적 측면에서 이를 설명하고자 했다. 이들은 청소년이라고 해서 모두가 예외 없이 긴장과 혼란의 과정을 지나는 것은 아니며, 성장 환경과 속한 문화에 따라 성인기로 부드럽게 이행할 수도 있다고 주장했다. 홀이 주장한 대로 청소년은 분명히 생물학적 특징을 지니고 있지만, 문화인류학자였던 이들의 연구 결과에 따르면 청소년은 분명 사회·문화적 특징을 지니고 있는 것도 사실이다.

1950년대 이후 청소년의 신체적·사회적 정체성에 대한 발달심리학이 확립되었으며, 법적인 관심도 높아졌다. 1960~1970년대는 유럽이나 미국뿐 아니라 세계적으로 청소년이 자기 주장을 강하게 내세워, 이를 바탕으로 조직적 행동에 나선 시기였다. 당시 유행하던 '성난 젊은 세대(angry young generation)'란 용어가 보여 주듯이, 그들은 전쟁 반대, 급진적 저항운동, 기성문화 거부, 히피 문화 확산 등 수많은 사회적 쟁점을 만들어 냈다.

우리나라를 비롯한 동양에서 '청년(靑年)'이라는 한자어가 어떻게 해서 유래되었는가에 대한 정확한 출처는 알려져 있지 않지만, 홀의 『청소년기(Adolescence)』(1904)가 『靑年期』라는 제목으로 일본에서 번역된 것으로 미루어

볼 때, 대략 20세기 초에 동북아시아에서 사용되기 시작한 것으로 추측된다. 한국에서는 일제강점기에 '청소년'이라는 말이 언론매체와 법조문에 등장하기 시작했고, 일반인이 이를 사용하게 된 것은 해방 이후부터이며, 1960년대 이후에는 사회적으로 보편화되었다.

인간발달 단계를 명확하게 구분하기는 쉽지 않지만, 일반적으로 성장이 일정한 궤적에 따라 이루어진다고 보면, 청소년기란 자의식을 형성하기 시작하는 사춘기에서부터 독립적 인격체로서 인정받게 되는 성인이 되기 전까지를 지칭한다고 하겠다. 따라서 청소년기는 생애주기에서 더 이상 아동도 아니고 아직 성인도 아닌, 주변적(marginal) 시기다. 관점에 따라 이 시기를 단순히 성장과정 또는 과도기라고 볼 수도 있지만, 청소년은 어린이나 성인과는 다른 여러 가지 독특한 삶의 양식과 특징을 보여 준다(배규환 외, 2007, p. 16).

2) 청소년의 구분방법

청소년은 누구이며, 이들을 어떻게 정의할 수 있는가에 대해 명확히 답하는 것은 아직도 어려운 과제다. 하지만 이러한 질문에 대해서는 다음 몇 가지의 기준에 따라 답을 구할 수 있다.

(1) 사회 역할에 따른 구분

사회 역할을 기준으로 하여 청소년의 시기를 구분할 수 있다. 대개 인간집단에서는 전통에 따라 삶의 전 과정에서 출생, 성인식, 혼인 그리고 사망의 시기를 중요하게 받아들여 각 단계에서 통과의례(rites of passage)를 치렀다. 이러한 통과의례의 관행에 비추어 볼 때 성인식(사춘기)에서부터 혼인에 이르는 시기를 청소년으로 간주하였다. 또한 나름대로 돈벌이를 이뤄 경제적 독립을 하기 전까지를 청소년기로 보기도 한다. 그래서 혼인을 하거나 제 밥벌이를 하게 되면 일단은 어른으로 대접하여 그에 따른 사회적 위신을 세워 주었던 것이

동양에서의 관습이었다. 하지만 이러한 구분은 사회나 집단마다 그리고 개인마다 청소년기가 시작되는 시점과 지속되는 기간이 다르기 때문에 사회적 합의와 일치를 확보하기가 어렵다는 한계를 지닌다.

(2) 취학연령에 따른 구분

취학연령 혹은 학력(學歷)에 따라 청소년을 구분하는 방법이 있을 수 있다. 오늘날의 초등교육과 중등교육은 일정한 연령층을 대상으로, 학교 시설에서 공교육 형태로 이루어진다는 특징을 지니고 있다. 따라서 청소년을 초등학교 취학자부터 고등학교 재학 중인 자들 혹은 중학교와 고등학교 취학자로만 한정하자는 것이 이 입장이다. 이처럼 취학연령 혹은 학력을 기준으로 청소년기와 청소년을 구분하는 것은 아주 용이한 접근이긴 하지만, 자의든 타의든 학교교육 현장을 이탈하여 점점 늘어나는 학교 밖의 근로 청소년 혹은 자기 학습 청소년을 어떻게 구분해 내느냐, 또 만학 학생이나 조기 취학자를 어떻게 청소년에 포함시킬 수 있느냐 하는 등의 문제를 수반한다.

(3) 심리 · 신체 변화에 따른 구분

심리 · 신체 변화에 따라 청소년기를 구분하는 방법이다. 보통 청소년기의 시작을 알리는 사춘기의 시작은 11~12세경부터인데, 여자의 경우 10세경부터, 남자의 경우 12세경에서부터 그 징후가 크게 나타나기 시작한다. 하지만 이렇게 연령에 기초하여 청소년기를 구분하는 방법은 개인차로 인해 그 구분이 부정확하다는 한계를 지닌다. 즉, 청소년에 따라 사춘기의 시작 시기가 매우 다양할 뿐만 아니라 나타나는 양상 또한 일정치 않다.

(4) 법률에 따른 구분

입법 취지에 따라 청소년을 법으로 한정시키는 방법이다. 개인이 발달 단계에서 경험하는 사회 · 신체 · 심리 변화는 사람마다 각기 다르다. 따라서 이러한 개인 간 차이를 그대로 인정하기만 해서는 사회 정책과 연구를 수행하는 데 큰 혼란을 초래할 가능성이 크다. 예컨대, '운전면허에 응시할 수 있는 자는 사춘기를 지난 자이어야 한다.'거나 '고등학교를 졸업한 자라야 한다.'라고 규정해 놓았다면 사춘기의 개념을 사람마다 다르게 정의할 수 있을 뿐만 아니라, 정해진 개념에 따라 사춘기를 지냈는지 그렇지 않은지를 판단해 내기가 쉽지 않을 것이다. 그리고 학교 취학 여부를 따지는 것은 현대적 평등성의 원칙에도 부합되지 않는다. 따라서 개인 간의 차이는 무시되지만 사회적 통일성을 이루기 위해 일정 연령을 기준으로 청소년을 구분하는 방법이 채택되고 있다. 예를 들면, 1991년도에 제정된 우리나라의 「청소년기본법」은 청소년을 '9세 이상 24세 이하인 자'로 규정하고 있으며, 유해환경으로부터 청소년을 지킬 목적으로 1997년에 제정된 「청소년보호법」은 '청소년을 19세 미만의 자'로 규정하고 있다.

2. 생물학적 특징

인간은 살아 있는 유기체로서 청소년기는 생물학적으로 급격한 변화를 보여 주는 시기다. 변화는 일차적으로 신체와 생리 작용의 변화에서 비롯된다.

1) 신체 · 생리적 발달

청소년기 초기, 즉 사춘기를 지나면서 성장폭발(growth spurt)의 현상이 일어난다. 일반적으로 청소년은 11~13세경에 키를 비롯하여 체중, 근육, 머리, 생식기관 등에서 급성장을 경험한다. 대체로 여자는 남자보다 2년 정도 앞서 성장폭발을 경험하지만 급성장 이후의 최종 성장의 정도는 남자가 여자보다 더 크게 나타난다. 성장폭발은 대개 신체의 끝 부분, 예컨대 팔, 다리, 머리 등이 다른 부위보다 먼저 성장하는 불균형적인 면을 보이기도 한다.

청소년기의 성장폭발은 유전이나 영양 상태, 기타 후천적인 환경요인에 의해 어느 정도 영향은 받지만, 이는 인간발달에서 보편적으로 나타나는 현상이다. 예컨대, 부모의 평균 신장과 6~18세 청소년기 자녀의 신장 성장은 상당한 정도의 정적 상관관계에 있으며, 아버지와 딸의 신장 크기는 가장 높은 상관관계가 있는 것으로 조사되고 있다. 이어서 아버지와 아들, 어머니와 딸, 어머니와 아들의 순으로 높은 상관관계가 있는 것으로 나타나고 있다.

청소년기에는 키와 체중이 크게 성장하는 것 이외에도 각종 성장 호르몬이 활발하게 작용한다. 이 시기에 이르면 남자의 경우 안드로겐(androgens) 호르몬이 작용하여 남성 성징(male sexual symbols)이 나타나며, 여자의 경우 에스트로겐(estrogens) 호르몬이 작용하여 여성 성징(female sexual symbols)이 나타난다.

성장폭발과 호르몬의 분비와 관련하여 앞선 세대보다는 다음 세대가 신체적으로 성장폭발과 성적 호르몬의 분출이 더 빨리 나타나는 조숙화의 경향성(secular trend)이 있는 것으로 조사되고 있다. 예컨대, 50년 전에는 18세에 이르러서야 경험했던 신체 변화(신장, 체중, 남녀 성징의 표출 등)를 이제는 영양, 건강, 기후조건 등의 물리적 조건이 과거보다 혁신적으로 개선되어, 그보다 훨씬 어린 13세 전후에 맞이하고 있다. 이러한 조숙화의 경향성은 앞으로 점점 더 가속화될 전망이다.

조숙화 과정에 따른 또 다른 특이점은 조숙화의 경향성이 남녀 간뿐만 아니라 개인 간에도 차이가 커서, 이로 인한 자기정체성의 정립에 있어서도 서로 다른 양상이 나타나고 있다는 점이다. 최근 우리나라 청소년이 성징을 나타내는 연령은 남자 13.5세, 여자 12세 정도로 조사되고 있지만, 이는 개인마다 다르게 나타난 결과의 취합일 뿐이다. 조숙화 과정에 주목하여 이것이 남녀 간 혹은 개인 간 어떤 결과를 나타내느냐를 체계적으로 분석한 연구물은 〈표 2-1〉과 같다(장휘숙, 2001, pp. 230-231).

표 2-1 조숙아 대 만숙아의 특징

조숙아의 특징	만숙아의 특징
우수한 운동능력 발휘, 이성에 어필, 말수가 적음, 자신감이 있음, 실제적임, 지적·사회적 탐색의 정도가 낮음(낮은 인지능력), 문제 청소년이 되는 경우가 많음	덜 안정적이고 더 긴장을 하며 자의식이 강함, 열정적임, 충동적임, 내향적임, 지적 성숙도가 높음, 지나치게 열정적인 경우가 많음

〈조숙에 대한 청소년의 반응〉			
성숙의 시작 시기	반응	남성	여성
조숙아	최초 반응	+ +	− −
	이후 반응	− +	+ +
표준아	최초 반응	+ +	+ +
	이후 반응	+ +	+ +
만숙아	최초 반응	− −	− −
	이후 반응	+ +	− −

+: 긍정적 반응, −: 부정적 반응. 두 개의 부호 중 앞의 부호는 타인에 대한 반응이고, 뒤의 부호는 개인적 반응을 나타냄. 이후 반응이란 청년기나 성인기에서의 반응을 뜻함

출처: 장휘숙(2001).

2) 신체적 변화에 따른 자아관 형성

케스턴버그(J. Kestenberg)는 신체 변화와 자아관 형성 간에는 밀접한 관계가 있음을 규명하여 이를 직접효과 모델과 간접효과 모델로 이론화하였다.

- **직접효과**(direct effect) 모델: 사춘기 청소년의 신체 변화가 바로 심리 변화를 수반하여 자아관이 형성된다는 견해다(유전적 요소가 자아관 형성).
- **간접효과**(indirect effect) 모델: 자아관은 청소년의 신체 변화를 받아들이는 사회문화적 특성과 자신의 신체 변화를 남들이 어떻게 지각하는가는 알아차리는 청소년의 태도와 습관에 따라 형성된다는 견해다(환경 요소가 자아관 결정).

프로이트(S. Freud)에 따르면, 이 시기의 청소년에게는 오이디푸스 환상 대 엘렉트라 환상이 쉽게 일어난다.

- 오이디푸스 환상(Oedipus complex): 아들이 아버지에 대해 무의식적으로 품는 성적 적대감을 말한다.
- 엘렉트라 환상(Electra complex): 딸이 무의식적으로 아버지에 대해 갖는 성적 사모를 말한다.

3. 심리적 특징

인간행동은 심리적 특성과 변화가 외현화된 결과다. 청소년의 행동적 특성은 청소년 시기를 거치면서 청소년이 경험하는 심리적 특성이 표출된 결과다. 이를 체계적으로 잘 분석하여 제시하고 있는 학자가 에릭슨(E. Erikson)과 재스트로(C. Zastrow)다. 이들의 이론과 주장을 정리하면 다음과 같다.

1) 8단계 발달이론

에릭슨은 인간의 발달 단계에 따라 각각 독특한 과업을 성취하도록 되어 있으며, 각각의 과업을 성공적으로 성취해 내느냐 그러지 못하느냐에 따라 서로 다른 자아관이 형성된다고 하였다. 에릭슨의 발달단계이론에서 특별히 주목할 단계는 청소년기에 해당하는 4~6단계와 그에 따른 과업이다. 그중에서도 가장 중요한 단계와 과업은 5단계에서 이루어지는 자기정체감과 역할을 확립하는 과업이다.

에릭슨이 제시한 8단계의 발달은 각 단계마다 심리사회적 위기를 지니고 있다. 심리사회적 위기란 발달의 각 단계에서 사회환경의 요구에 적응하기 위해 일상생활에서 겪게 되는 긴장을 의미한다. 매 단계에서의 위기를 어떻게 해결하느냐에 따라 각 개인의 독특한 성격이 형성된다. 에릭슨은 각 단계에서 부딪히는 '위기'가 바로 '기회'가 된다고 보고 있다.

에릭슨에 따르면 인간발달 단계에서 청소년기, 즉 5단계는 그 어떤 시기보다도 자기의 발달이 중요시되는 시기다. 이 시기에 이르러 청소년은 자기가 어떤 사람인가에 깊은 관심을 갖게 된다. 자기에 대한 깊은 관심과 함께 청소년은 자아개념에서의 변화, 자기존중감에서의 변화, 정체감에서의 변화를 경험하게 된다.

자기 스스로에 대해 인식하고 있는 특성의 결과를 자아개념이라 한다. 이 시기에 이르면 청소년은 자신에 대해 분화된 방식으로 접근하게 되고, 좀 더 정교하고 추상적으로 자기를 반추하여 실제적 자아와 이상적 자아, 자신이 보는 자기와 타인이 보는 자기, 일반적 자기와 구체적 상황에서의 자기, 일시적 자기와 지속적 자기를 구분해 내게 된다.

타인과의 관계에서 자신을 어느 정도 가치 있게 여기느냐가 자기존중감이다. 자기존중감은 상대와 상황의 특수성에 따라 일시적으로 변하기도 하고 쉽게 회복되기도 하는(성장폭발 혹은 질풍노도와 같은 현상에서 나타나는 것과 같이) 지표적 자기존중감(barometric self-esteem)과 아동기·청소년기에 축적된 것이 나중에 성인기까지도 그대로 지속되어(예: 항상적 측면이 강하여 공격적인 아동은 공격적인 청소년으로, 높은 자기존중감을 갖는 아동은 높은 자기존중감을 갖는 청소년으로 성장하는 것과 같이) 타인과의 관계에서 융통성과 적응성을 발휘하는 심층적 자기존중감(baseline self-esteem)이 있다.

자기정체감은 자기 자신의 독특성에 대한 비교적 일관된 인지(깨달음)에서 확립된다. 이는 행동이나 감정의 변화에도 불구하고 기본적으로 자신에게 친숙한 '내가 누구인가'를 아는 것이다. 자신이 자기를 보는 결과와 타인이 자기를 보는 결과를 가능한 한 합치시키고 일관성 있게 하려고 한다. 개인의 정체감 확립은 하나의 단기적 발달 사건이기보다는 일련의 관련 요인이 상호작용

하여 복잡하고 다차원적으로 나타나는 발달과정으로 이해되고 있다. 자기정
체감이 확립된 증거로서 청소년은 집단 속에서 확실한 자기 역할을 갖게 된다.
집단 속에서 자기 역할을 찾지 못할 경우에는 계속해서 역할 혼미의 과정을 거
친다. 이것이 청소년기에 나타나는 자기정체감 확립과 역할 혼미의 내용이다
(장휘숙, 2001, pp. 26-27). 에릭슨의 8단계 발달이론을 정리하면 〈표 2-2〉와
같다.

표 2-2 에릭슨의 8단계 발달이론

단계	심적 발달 위기	연령	주요과업
1	신뢰성 대 불신 (trust vs. mistrust)	0~1세	수유(feeding)
2	자율성 대 수치심 (autonomy vs. shame)	2~3세	배설 (toileting)
3	주도성 대 죄의식 (initiative vs. guilt)	4~5세	자아 주도권 (locomoting)
4	근면성 대 열등감 (industry vs. inferiority)	6~11세	학습환경 (schooling)
5	자아정체성 대 역할혼란 (identity vs. role confusion)	12~18세	동료관계 (peer relationship)
6	친밀성 대 소외감 (intimacy vs. isolation)	19~24세	애정관계 (love relationship)
7	발전성 대 침체성 (generativity vs. stagnation)	25~54세	부모됨과 창조성 (parenting & creating)
8	자아통합성 대 절망감 (ego integrity vs. despair)	54세 이상	자기 수긍성 (accepting one's life)

출처: 장휘숙(2001).

표 2-3 청소년기의 자기 개념 발달(참고자료)

1. 자기 개념(self-conception)에서의 변화

자기의 특성에 대한 인식 결과를 자기 개념이라 한다.

1) **자신감**(self-confidence)
- 학습 성취결과, 소속 집단에 대한 기여를 인정받음으로 형성되는 자신에 대한 신뢰감
- 구체적 자아개념의 형성이 중요함

2) **자기효능감**(self-efficacy)
- 어떤 일을 위해 요구되는 행위를 조직하고 실행해 나가는 자신의 능력에 대한 판단
- 성공적 성취경험, 남의 성공사례를 통한 간접경험, 말을 통한 인정과 격려, 정서에 대한 긍정적인 해석과 이해를 통해 증진됨

3) **정체감**(self-identity) **형성**(Erikson, 1968)
- 정체감이란 자기 자신의 독특성에 대한 비교적 일관된 인지(깨달음)
- 행동, 감정의 변화에 불구하고 기본적으로 자신에게 친숙한 '자신이 누구인가'를 아는 것
- 내가 날 보는 방식은 타인이 자기를 보는 방식과 합치되거나 일관성을 지녀야 함
- 정체감 확립은 하나의 단일적 발달 사건이 아닌, 상호 관련요인들이 복잡하고도 다차원적으로 복합해서 일어나는, 연속적 발달과정으로 이해되어야 함

〈정체감 상태(Marcia, 1980)〉
- 위기: 역할 실험과 대안적 선택들 사이에서 능동적 의사결정을 하는 과정
- 전념: 직업활동 전념, 종교 몰입, 정치적 이념 선택 등
- 정체감 혼란 → 정체감 유예/유실 → 정체감 확보로 나아감(바람직한 발달)
- 우리나라 중고등학교 학생들은 대개 정체감 유실 상태에 있음
  (성 역할 태도, 종교나 직업의 선택에서)

① 정체감 획득 (id achievement)	위기를 성공적으로 극복하고 확고한 신념체계를 기초로 직업 역할 수행. 정치적, 개인적 이념체계를 형성한 사람
② 정체감 유실 (id foreclosure)	부모와 대단히 유사한 직업이나 신념을 선택함으로써 위기를 경험하지도 않고 전념상태로 진입(영향력 있는 부모)
③ 유예 (moratorium)	다양한 역할 실험을 수행하고 있는 사람. 정체감 획득이나 역할 혼란에 빠질 가능성이 있음. 청소년기가 연장됨으로써 대부분의 청소년이 처해 있는 상황이기도 함
④ 정체감 혼란 (id confusion)	위기를 경험하지 않았거나 확고한 신념체계를 확립 못한 상태. 적절한 직업적 역할도 없음. 자기 개념/자기존중감이 약하며, 상황 변화를 위한 노력도 미비함

	전념 유	전념 무
위기 유	① 정체감 획득	③ 유예
위기 무	② 정체감 유실	④ 정체감 혼란

2. 정체감 형성에 영향을 주는 집단

1) 부모의 영향
- 부모-자녀 관계가 정체성 형성에 크게 영향을 줌
- 부모의 무시나 거부는 부정적 정체감 형성: 개인 성공이 부모로부터 지원을 받지 못한 상태, 정체감 유실의 특수한 예임. 비행청소년(건달, 깡패)
- 부모의 지나친 영향력(과보호): 정체감 유실 경험(절대적 부모권위, 취약한 독립성 유지)
- 부모와 애정의 관계와 의사소통 유지: 정체성 획득이나 유예를 경험 (금지나 제한 완화, 자녀와 빈번한 의사소통, 자녀의 자기존중감 존중 등이 필요)
- 통학생과 기숙사생의 비교연구(Sullivan, 1980): 청소년 후기에 이를수록 부모와 자녀 간의 물리적 거리가 멀수록 심리적 거리는 좁아진다.

2) 동년배 역할

− 친구·동료집단(peer group)은 짝패집단(clique)과 패거리집단(crowd)으로 구분

	짝패집단	패거리집단
인원	5~6명	비조직화된 집단
집단 유지	비슷한 취미, 출신 환경	주위의 평판과 기대
동인(힘)	생활태도, 인종	다른 집단과의 경쟁, 자체의 위계질서
발전	인기집단, 형식적 영향력	비형식적 영향력 집단
유형 구분의 기준	집단구성원 간 인기	분위기 주도자(집단)의 성향

3) 전문가 집단의 역할

− 핵가족화의 진전과 맞벌이 부부의 증가로 가족 간 상호작용 기회 감소
− IT, CT로 독립적인 청소년기 경험이 가능하게 되었음
− 정체적 확립 과정에 전문성을 지닌 전문가 필요가 증대
− 가족이 이제는 가정(공동체, 쉼터, 교육기관)이 아닌, 물리적 체류 공간이 되고 있음

3. 남녀 간 정체감 수준 비교(장휘숙, 1995)

1) 국제 간 비교

미국 여학생 > 미국 남학생 > 한국 남학생 > 한국 여학생

2) 시차 비교

최근에 이를수록 여학생의 정체감 수준이 남학생의 수준을 능가하고 있음

2) 재스트로의 정체성 수립 확인 내용

재스트로(C. Zastrow)는 청소년에게 다음과 같은 질문을 던져 그들이 스스로 정체성을 어느 정도 갖고 있는가를 확인해 볼 수 있다고 하였다(김규수 역, 2002).

• 내가 좋아하고 의미 있다고 보는 일은 무엇인가?
• 나는 어떤 방법으로 나의 목적을 실현할 것인가?

- 나의 종교적 신념은 무엇인가?
- 내가 원하는 직업은 무엇인가?
- 나의 이성교제의 기준은 무엇인가?
- 나는 결혼을 할 것인가, 한다면 언제 할 것인가?
- 자녀는 몇이나 둘 것인가?
- 나는 어디에 살 것인가?
- 여가를 보내는 방법(취미)은?
- 나는 어떤 인상을 남에게 주기를 원하는가?
- 내가 사귀고 싶은 사람은?
- 나의 삶, 생활을 어떻게 제고할 것인가?
- 친척, 이웃에 대한 처신 방식
- 죽음과 죽는 것에 대한 생각
- 5년, 10년, 20년 후의 나의 모습은?

4. 사회적 특징

청소년기에 접어든 소년·소녀는 다음과 같은 사회적 행동을 하려는 경향을 보인다.

1) 의존에서 독립으로

(1) 부모로부터 독립(정신적 이유기)

청소년기의 가장 큰 발달 특징 중 하나는 부모로부터 독립의 욕구를 갖는 것이다. 청소년기는 경제적으로나 사회적으로 부모에게서 완전히 독립할 수는 없기 때문에 자신의 삶의 영역에서 할 수 있는 한 결정권을 갖고자 한다.

청소년은 다음과 같은 행동에서 부모에게서 독립하여 처신하려 한다.

- 용돈의 사용
- 시간 활용
- 학업에 대한 태도
- 도덕에 대한 태도
- 친구 사귐
- 전화 사용
- 이성교제
- 집안 허드렛일의 수행
- 장래희망
- 옷차림

청소년이 부모로부터 독립을 하고자 하는 과정에서 부모와의 충돌은 피할 수 없는 부분이기도 하다. 사회적으로 독립하려는 경향성을 크게 갖고 있는 청소년과 대화하기란 쉽지 않다. 이러한 청소년과 쉽게 소통을 하기 위해 다음과 같은 기술적 방법(A-I-NO-NO)이 동원되기도 한다.

- 능동적 경청(Active listening): 청소년과의 대화는 그들에게 어떤 훈계를 하려 하지 말고 일단 들어 주는 과정으로 이해해야 한다.
- 비지시적 발언(I-messages): 청소년에게 어떤 행동의 변화를 요구할 때는 그 변화를 직접 요구하기보다는 대화자의 의지 혹은 취향을 상대방에게 표현함으로써 최종적인 판단은 청취자인 청소년이 하도록 하는 것이 바람직하다.
- 타협적인 입장 견지(No-lose game): 일방적인 지시 혹은 포기가 아니라 대화 참가자 서로가 이해의 폭에 기초하여 적절한 입장을 견지하는 것이다.

물론 이 경우 도덕적인 원칙과 보호자의 권한을 포기해서는 안 된다.

- 습관적 조언의 배제(No-nag): 'nag'는 습관적인 잔소리에 해당한다. 같은 조언이라도 그것이 청소년에게 잔소리로 받아들여질 때는 아무런 효과가 없게 된다.

(2) 동료집단 형성

청소년기에 있어서 동료집단은 다음과 같은 기준에서 형성된다.

- 동일한 사회경제적 지위
- 부모의 가치관의 영향
- 지리적 근접성이 있는 이웃
- 특정한 취미와 관심
- 비슷한 성격

이러한 기준에 따라 청소년집단은 학구적인 집단, 동일 취미 집단, 소외집단, 약물복용 집단 등으로 발전되기도 한다. 동료집단은 더 가깝게는 또래집단(peer group)을 형성하여 구성원 간에 더욱 긴밀하게 영향을 주고받는 관계로 발전한다. 또래집단이 형성되어 유지될 때의 장점으로는 ① 청소년 서로 간에 평등성이 보장되는 점(덜 위압적, 덜 비판적, 덜 간섭적이기 때문에), ② 접촉 빈도가 큰 점(특히 비형식적 접촉 빈도에서), ③ 자기정체감 형성에 크게 영향을 주는 점('나는 누구인가'라는 의문에 대한 답을 관계 속에서 찾게 해 주기 때문에), ④ 정서적 지원과 안정감을 주는 점(서로 동질성과 동질감을 나눠 갖기 때문에), ⑤ 성인기의 사회집단 형성을 위한 기초가 되는 점 등을 들 수 있다. 하지만 청소년기에 동료집단에 속한 동료들과 함께 반사회적 행동에 일찍이 가담하게 되는 부정적인 측면도 커지게 된다.

2) 개인적 삶의 유형 선택

사회적으로 독립하려는 욕구가 강하고 스스로 독립의 여건을 마련하게 되면 청소년은 쉽게 비행에 빠져들게 된다. 「소년법」상 청소년비행은 10세 이상 20세 미만의 소년에 의한 범죄행위, 촉법행위, 우범행위를 뜻한다.

- 범죄행위: 14세 이상 20세 미만 소년의 형벌 법령에 저촉되는 행위
- 촉법행위: 10세 이상 14세 미만 소년의 형벌 법령에 저촉되는 행위
- 우범행위: 10세 이상의 청소년이 집단적으로 몰려다니며 주위 사람에게 불안감을 조성하거나, 정당한 이유 없이 가출하는 것 그리고 술을 마시며 소란을 피우고 유해환경에 접하는 행위 등을 포함한다. 이 경우 행위 청소년의 성벽과 처한 환경에 비추어 앞으로 형벌 법령에 저촉될 우려가 있는 것으로 간주되기 때문에 청소년보호 차원에서 규제받기도 한다.

브론펜브레너(U. Bronfenbrener)의 생태학적 모형에 따르면, 청소년은 성장하면서 경험하는 환경요소에 따라 사회적 선행뿐만 아니라 사회적 비행에 노출될 가능성이 커진다. 이를 그림으로 나타내면 [그림 2-1]과 같고, 이것의 의

[그림 2-1] 브론펜브레너의 생태학적 모형

미는 다음과 같다.

- 사람은 주변 사회문화적 환경(생태학적 환경)과 상호작용하면서 성장한다.
- 생태학적 환경은 탈가치적이 아니라 지각된 환경이다.

  B=f(P.E.)(행동은 성격, 환경의 함수로 결정됨)

  (B: Behavior, P: Personality, E: Environment, f: funtion)

- 생태학적 환경의 구분
  - 미시체계(microsystem): 가족, 친구
  - 중간체계(mesosystem): 학교, 교회
  - 외체계(exosystem): 이웃, 법, 대중매체, 친척
  - 거시체계(macrosystem): 가치관, 신념, 문화

3) 이성관계의 시작

청소년기는 이차(2차)성징을 보이는 사춘기의 시작으로 그 시작을 알린다. 사춘기가 되면 성호르몬의 변화로 몸에만 변화가 오는 것이 아니라 관계적인 측면에서도 변화가 온다. 기존에는 동성 친구와 친밀한 관계를 유지했던 데 비해 이때부터는 이성 친구에도 관심을 갖기 시작한다. 청소년기에 나타나는 이성 간의 관계는 다음과 같은 특성을 지닌다.

- 이성과의 만남을 통해 자아정체성 확립과 성역할 확립에 기여한다(자기 동일시와 상호작용을 통해).
- 자기중심성을 극복하게 하고, 자신의 유능성 및 사회적 적응성을 신장시키는 계기가 된다.
- 동성 또래관계에서 일어날 수 있는 갈등을 완충시켜 준다(성격의 변화, 새로운 도전 의식 배양 등).

- 심리적 교접에 따라 대면관계, 우정관계, 연애관계 등으로 발전한다.
- 대면관계는 혼성집단의 공동 활동에의 참여로부터 비롯된다.
- 우정관계에는 지각된 친밀성, 정서적 지지, 감정적 결속이 존재하지만, 연애관계에는 열정, 신체적 매력, 질투가 존재한다.
- 우정은 우호성을, 연애는 우호성, 친밀성, 열정을 특징으로 한다.
- 정서적 욕구를 충족시킴으로써 각종 문제행동을 완화시키는 기능을 한다.
- 성적 정체감과 성역할 형성에 중요한 영향을 준다.
- 청소년기 초기의 전통적 성역할 고정관념에 따르려는 성 집중화 현상으로부터 탈피하여 나름대로의 융통성 있는 성 태도와 양성성 개념을 형성하게 된다.
- 이성관계의 확대가 청소년의 정신건강 및 적응에 의미 있는 영향을 준다 (사춘기 자기존중감의 감소가 이성관계를 통해 반전될 수 있다).
- 청소년기에는 이성과의 연애관계가 시작됨으로 동성 또래관계에 부정적인 결과가 초래되기도 한다.

5. 청소년(인구학적) 현황

2023년 현재 우리나라 전체 인구에서 청소년 인구가 차지하는 비율은 15.3% (791만 3천 명)로 2010년보다 6.0% 감소한 결과이며, 이는 1978년 36.9%를 정점으로 계속하여 줄어들고 있다. 더욱이 지금부터 50년이 채 안 되는 2060년에는 10명 중 1명(10%)만 청소년일 것으로 전망되고 있다(통계청, 2014). 2000년도 이후 급속화된 저출산으로 인해 청소년 인구절벽 현상이 두드러지고 있는 상황이다. 청소년 인구는 줄어들지만 의학 기술의 발달 등의 영향으로 상대적으로 노인 인구가 늘어나는 것은 사회적으로 적신호로 받아들여지고 있다. 적은 수의 청소년 세대가 성인이 되는 미래에는 상대적으로 많은 수의 노인세대를 책임져야 하기 때문에 국가 위기론이 대두되고 있다. 안전한 대한민국의 미래를 위해서는 사회적으로 청소년에 대한 관심을 더 많이 가져야 한다. 나아가 4차 산업혁명 시대에 걸맞는 청소년의 역량을 강화하는 것은 국가적 차원에서 반드시 필요한 일이다.

우리나라의 전체 청소년 인구는 줄어들고 있는 상황에서 다문화 가정의 청소년 인구는 급속히 증가하는 추세를 보이고 있다([그림 2-2] 참조). 2022년 다문화 학생은 전년 대비 5.4%(8,587명) 증가한 168,645명으로, 전체학생(528만 4천 명)의 3.2%를 차지하고 있다.[1] 향후 다문화 청소년의 수가 더 증가할 것으로 전망된다.[2] 이는 우리 사회가 좀 더 적극적으로 건강한 다문화 사회로의 변화를 꾀할 필요성을 말해 주고 있다.

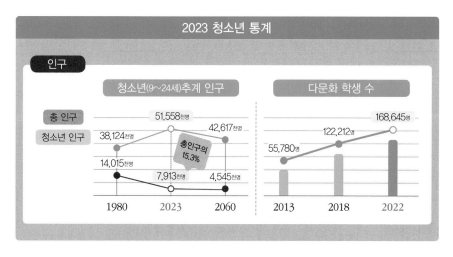

[그림 2-2] 청소년 인구 추이와 다문화 학생 수 현황

---

1) 성폭력예방＞폭력예방교육자료＞교육자료실＞교육정보＞여성가족부 (mogef.go.kr)
2) 성폭력예방＞폭력예방교육자료＞교육자료실＞교육정보＞여성가족부 (mogef.go.kr)

추가 수업활동

🎲 토의(토론) 주제

1. 루소가 말하는 청소년기의 특징은 무엇인가?

2. 에릭슨의 8단계 인간발달이론에 비춰 볼 때, 본인은 어떤 정체성 위기를 경험했는가?

3. 미래사회의 한 시민으로서 청소년기에 갖춰야 할 역량은 무엇이라 생각하는가?

🔍 추가 탐구 과제

1. 제목: 나의 청소년기 그 꿈과 좌절, 그리고 새로운 시작

2. 포함해야 할 주요 내용

   • 어린 시절 미래에 대해 가졌던 꿈

   • 좌절한 배경과 이유

   • 새로운 시작의 동기: 신앙, 친구, 새로운 경험과 자기 목표 발견, 주위 격려, 가출 (저항), 자살 시도 등

   • 청소년기를 돌아본 결과, 청소년에 대한 새로운 이해와 각오

3. 분량: A4 용지 3~5매

📱 참고자료

🌐 관련 사이트

한국인터넷진흥원 청소년권장사이트
(www.kisa.or.kr)

한국청소년상담복지개발원
(www.kyci.or.kr)

📖 관련 도서

김성일 역(1996). **다 컸지만 갈 곳 없는 청소년.** (D. Elkind 저). 교육과학사.

김재은(1996). **우리의 청소년: 그들은 누구인가.** 교육과학사.

🎬 **관련 영화**

〈벌새〉(2019)

감독: 김보라

출연: 박지후, 김새벽

키워드: 청소년, 보편적인 삶, 찬란한 기억

 밍업 **수업자료**

청소년 사춘기, 반항의 이유
출처: https://www.youtube.com/watch?v=4bfZfO5kDeU

제**3**장

학교와 청소년문화

주요 내용

학교는 학령기 청소년을 대상으로 공교육을 실시하는 교육기관이며, 아울러 한국인으로서 공유된 정체성을 심어 주기 위한 공적 사회화의 기관이다. 학교는 자체 기관의 운영에 대해서는 다소간 독립성을 인정받고 있기도 하며, 또한 그 구성원에게도 일정한 자율성을 부여하고 있기도 하다.

학교는 크게 학생과 교사의 집단으로 구분되는데 이 두 집단은 각각 연령적으로 큰 차이를 보인다. 그래서 보통 학생 집단과 교사 집단 간에는 문화적으로도 큰 차이를 나타내 보인다. 교사 집단은 강한 보수성을 띠는 경우가 많으며, 학생 집단은 기성세대의 가치와 학교 운영에 동조하지는 않지만 본인들 집단의 의사를 표시할 마땅한 대변 기구를 갖고 있지 못하다. 오히려 학생 집단이 미성년자라는 명분으로 학교는 의사결정 과정에 학생들보다는 학부모들 의견을 더 비중 있게 반영하는 제도적 장치를 두고 있다.

학교는 그 구성에 있어서 학생 사회구조와 교사 사회구조로 나뉜다. 학생 사회구조와 교사 사회구조는 교육과정의 가치(목적)를 효과적으로 실현하기 위해 서로 최선의 조화를 이루어 내며 생활하는 듯이 보이지만, 이들 구조 간에는 구성원이 집단별 대립하는 상황에 따라 교사와 교사 간의 문화(교사문화), 교사와 학생 간의 문화(수업문화), 학생과 학생 간의 문화(학생문화)가 서로 혼재되어 있기도 하다. 이러한 각각의 문화가 결합하여 일정한 학교문화의 특징을 형성하고 있다.

주요 수업과제

- 학교는 어떤 곳인가?
- 학교는 어떤 문화적 특성을 가지고 있는가?
- 학교에서의 집단 간 나타내는 문화적 특성에는 어떤 차이가 있는가?
- 학생문화와 청소년문화 간에는 어떤 차이가 있는가?

1. 학교에 대한 이해

학교(學校)는 국가가 공교육을 담당하게 하기 위해 존속시키는 사회제도 중의 하나다. 사회 구성원 모두의 합의에 따른 것은 아니지만 일정한 의견 수렴의 과정을 거쳐 학교가 사회적 기능의 하나로 교육을 책임지는 임무를 위임받았다는 사실은 학교의 운영에서 그 공공성이 지켜져야 함을 의미하며, 아울러 학교는 사회의 요구와 감독을 수용해야 하는 입장에 있음을 뜻한다. 따라서 학교는 학령기에 있는 청소년에게 균등한 교육 기회를 부여해야 하며, 또한 구성원 개인의 이익보다는 사회 전체의 이익에 부합되도록 유지ㆍ운영되어야 한다. 하지만 학교는 그 자체의 운영에 있어서는 다소간 독립성을 인정받는 사회체계이기도 하다.

연구(이종각, 2005)에 따르면, 학교조직은 보통 다음의 다섯 가지 특성을 지닌다.

- 목표달성에 대한 측정이 어렵다.
- 교사와 학생의 능력이 다양하다.
- 교사의 역할 수행이 상급자가 없는 곳(보이지 않는 곳)에서 주로 이루어진다.
- 교사들의 직무 간에 상호 의존성이 비교적 낮다.
- 주위 환경으로부터 통제와 압력을 받기 쉬워서 자율성이 위협받고 있다.

한편, 또 다른 연구(강창동, 2009)에 따르면, 학교의 자율성은 실제로 상당 부분 보장되어 유지되고 있다. 수업의 계획과 운영, 학교의 경영 원칙과 실행 등에서뿐만 아니라 학생 자치 측면에서도 상당한 정도의 자율성이 보장되고 확보될 때에 의도한 교육목적을 제대로 실현할 수 있다는 것이 실증적으로 연구되어 보고되고 있다. 또한 실제에 있어서도 학교가 수행하는 많은 활동은 외부에 의한 통제보다는 학교의 자율성에 의거하여 이뤄지고 있기도 하다.

2. 학교의 제도적 특성

1) 중등 교육과정의 특징

교육과정은 '교육 목표와 경험 혹은 내용, 방법, 평가를 체계적으로 조직한 교육 계획'으로, 우리나라의 초 · 중등학교의 교육과정은 「교육기본법」과 「초 · 중등교육법」에 근거하고 있다. 가장 특징적인 교육과정의 개편은 교육과정 결정의 분권화, 구조의 다양화, 내용의 적정화, 운영의 효율화를 개정의 중점 사항으로 삼는 한편 교육부와 시 · 도교육청, 학교의 교육과정 편성 · 운영의 역할 분담을 명시한 제6차 교육과정(1992~1997년)이다. 그 이후 자율성과 창의성을 바탕으로 한 제7차 교육과정(1997~2007년)이 뒤따랐다. 2015 개정 교육과정은 미래 사회의 변화에 대응하기 위한 '창의융합형 인재' 양성이 그 목적이었으며, 가장 최근의 2022 개정교육과정은 4차 산업혁명에 대비하는 '개인 맞춤교육'을 더욱 강조하고 있다.

2) 학교의 유형

학교는 크게 국립학교와 공립학교 그리고 사립학교로 구분된다. 국립학교는 국가가 설립 · 경영하는 학교다. 그리고 공립학교는 지방자치단체가 설립 · 경영하는 학교이며, 사립학교는 법인이나 개인이 설립하여 운영하는 학교다.

일반고등학교는 특정 분야가 아닌 다양한 분야에 걸쳐 일반적인 교육을 실시하는 학교이며, 특수목적 고등학교는 특수 분야의 전문적인 교육을 목적으로 외국어 계열의 고등학교, 국제 전문 인재 양성을 위한 국제 계열의 고등학교, 예술인 양성을 위한 예술 계열의 고등학교, 체육인 양성을 위한 체육 계열의 고등학교, 산업계의 수요에 직접 연계된 맞춤형 교육과정을 운영하는 학교인 마이스터고등학교 등이 있다.

특성화고등학교는 특정 분야의 인재 양성을 목적으로 하는 교육 또는 자연현장실습 등 체험 위주의 교육을 전문적으로 실시하는 학교로 직업교육 특성화고등학교, 대안교육 특성화고등학교 등이 있다.

한편, 학교 또는 교육과정 운영의 자율성이 확대된 고등학교를 자율고등학교라고 한다. 또한 자율형 사립고등학교는 지방자치단체로부터 교직원 인건비 및 학교 · 교육과정 운영비를 지급받지 않고, 법인전입금기준 및 교육과정 운영기준을 충족한 사립의 고등학교를 대상으로 학교교육제도를 포함한 교육제도의 개선과 발전을 위하여 특히 필요하다고 인정되는 경우 지정 · 고시된 고등학교다.

이 밖에 재능이 뛰어난 사람으로서 타고난 잠재력을 계발하기 위한 영재학교와 학업을 중단하거나 개인적 특성에 맞는 교육을 받으려는 학생을 대상으로 한 대안학교가 있다.

마지막으로, 혁신학교는 성적 중심의 교육에서 배려의 협력교육, 배움의 즐거움이 넘치는 교실 수업 등과 같이 공교육의 변화를 목적으로 하는 대안적 학교 모델로, 학교 유형 중 자율학교에 속한다.

3) 대학입시제도

대학입시는 대학교의 입학생을 선발하는 시험으로 고등학교 졸업(예정) 및 졸업과 동등한 학력이 있는 대입 지원자들을 대상으로 한다. 대학입시제도는 대학교육의 적격자를 선발하여 고등교육의 질적 향상을 도모하고, 중 · 고등학교 교육과 대학교육의 연계고리로서 중등교육 방향에 영향을 준다는 점에서 의미를 가진다.

광복 이후 우리나라의 대학입시는 '대학별 단독 시험기(1945~1968)' '대학
입학 예비고사기(1969~1981)'를 거쳐 왔다. 특히 1982년에 대입 자격고사였던
예비고사를 학력고사(1982~1993)로 대체하면서 대학입시는 국가가 시험을
주관하는 방식으로 전환되었다. 가장 최근 1994학년도에는 통합적 사고력을
측정하고 입시에 대한 부담을 완화하려는 취지로 대학수학능력시험이 도입되
었다.

현재 대입 전형은 모집 시기에 따라 수시와 정시, 지원 자격에 따라 일반 전
형과 특별 전형, 주요 전형 요소에 따라 학생부 위주 전형, 수능 위주 전형 등
으로 구분된다. 그리고 이 전형이 일정 기간을 앞두고 어떤 변화의 형태를 취
하는지에 따라 이를 준비하기 위해 고등학교 입시와 더불어 청소년의 삶의 방
향이 좌우된다.

3. 학교의 문화적 특성

학교는 학급을 기본 단위로 하고 있지만 소수의 교육행정가와 행정직원, 전
문성을 가진 교사 집단, 다수의 학생, 다양한 학년의 집단으로 조직되어 있다.
하지만 학교는 크게 볼 때, 학생 조직과 교사 조직으로 나눠진다. 학생 조직은
학년과 학급 그리고 바로 눈에 띄지는 않지만 출신 계층별로 더 세분화된다.
교사 조직 역시 교장, 교감, 주임교사와 학년별 · 교과별 · 성별 교사 집단으로
세분화된다.

학생 집단과 교사 집단은 겉으로는 학교라는 하나의 울타리 안에서 주어진
교육과정의 가치(목적)를 구현하기 위해 최선의 조화를 이루어 내며 공존하는
듯이 보인다. 하지만 좀 더 자세히 들여다보면, 이 구조 속에서 교사와 교사 간
의 문화(교사문화), 교사와 학생 간의 문화(수업문화), 학생과 학생 간의 문화(학
생문화)가 서로 대립하고 갈등하는 상황이 더 많이 벌어지고 있다. 각 문화가

갖는 특성에 대한 연구가 제시하고 있는 내용을 요약하여 살펴보면 다음과 같
다(한국청소년개발원 편, 2005, pp. 78-90).

1) 교사문화의 특성

교사 집단은 교육의 중요한 책임을 이행하도록 사회 구성원으로부터 위임
받은 주체다. 학교라는 공간에서 구조적으로 상위층에 있는 교사 집단은 교육
현장에서 사회가 요구하는 규범을 새롭게 부상하는 세대에게 전수해야 하며,
그 전수과정에서는 효과성, 효율성, 관료성, 통과의례적 절차(입학식, 조회, 종
례, 국경일 기념, 졸업식 참석 등), 통제성이 강조된다.

이러한 교사문화의 풍토로 인해 교사는 시간 엄수, 규율 엄수, 주의 집중, 침
묵의 강요와 같은 규율과 활동을 강조한다. 유능한 교사로 인정받기 위해서
는 이러한 전수활동에서 관리자나 감시자 혹은 평가자로서의 역할을 잘 감당
해야 한다. 교사문화는 교장, 교감, 주임(부장)교사, 평교사로 이어지는 단선형
위계질서(교사구조)에 의해서 더욱 견고히 유지되는 면이 있다. 그러나 최근
확산되는 사회 전반의 자율화 영향으로 교사 집단도 개인주의적 성향의 문화
가 늘고 있으며, 이는 젊은 교사들 중심으로 더욱 심화되고 있는 추세다. 이에
기존의 보편성과 표준 행동을 중심으로 하는 준거지향적 특성을 지닌 교사문
화가 약해지고 교사 간 공동체 의식도 약화되고 있다.

2) 수업문화의 특성

수업문화는 통상 표면적 교육과정(apparent curriculum)과 잠재적 교육과정
(latent curriculum) 범위 안에서 교사와 학생이 상호작용하는 형태로 나타나는
특성을 지닌다. 우리나라 학교교육은 표면적 교육과정에 의한 것이든 잠재적
교육과정에 의한 것이든 교사 중심의 획일적이고 일체적인 전달방식, 경쟁적

동료관계의 수용, 권위주의와 위계질서에 대한 순응을 강조한다.

　　따라서 우리나라 수업 현장은 학생(청소년)의 소질과 적성을 발견·중시·계발하는 경험주의적 가치와 관행이 지배하고 있기보다는 미리 정해진 교과 내용 중심으로 진행되는 수업활동, 그리고 학생의 욕구보다는 사회의 요구, 상급학교 진학과 사회 진출 준비라는 목표에 맞춰져서 획일적으로 조성되는 문화적 특성을 지닌다. 그러나 2010년 이후 진보 성향의 교육감 당선이 늘고 교원단체들이 기존의 수업방식을 권위적이라고 생각하면서 수업에 대한 교사의 자율성이 확대되었다. 이로써 수업문화도 일정 가치에 의해 지배되는 준거지향적 특성이 약해지고 있다.

3) 청소년문화(학생문화)의 특성

　　학교 안과 밖에서 청소년이 자율성과 주도권을 갖고 그들 나름의 자유, 창의성, 역동성을 바탕으로 만들어 내는 문화가 바로 청소년문화다. 그리고 학생이라는 사회적 신분과 기성세대로부터 오는 기대의 수용, 학교 생활양식에 대한 맞춤 등으로 나타나는 학교 시설 공간 안에서의 청소년문화 중의 하나가 학생문화다. 따라서 엄밀히 말해, 학생문화는 청소년문화의 하위문화적 특성을 지닌다.

　　청소년문화는 신세대가 기성세대로부터 전수받은 전통과 문화 특성을 토대로 그들 나름의 이질적인 문화 특성을 가미해서 만들어 낸 결과물이다. 특히 최근의 청소년문화는 기성세대와 분리된 세대 영역을 공통분모로 하여 청소년들만의 독특성과 이질성을 갖는 이색의 문화지대다. 우리나라에서 1970년대 중반 이후의 청소년은 생산과 경제보다는 소비와 문화를 우선시하는 '사회적 유한층'으로 성장하였고, 그 가치에 단련되어 온 세대다. 또한 은연중 사상적으로는 포스트모더니즘을 환경적으로는 사이버 매체의 영향을 받은 청소년 세대는 그동안 기성세대가 근대화 과정에서 고집스럽게 지켜 왔던 사고방식과 가치, 원칙을 무너뜨리기도 한다. 오늘의 청소년 세대와 그들이 만들어 내는 청소년문화는 자유로움과 해방의식으로 무장하고 있으며, 기존의 준거문화(표준문화)에 대한 반문화 혹은 대안문화적인 특성을 지니고 있다.

하지만 학생문화는 학교 환경 조직에 있는 학생들이 청소년 세대로서의 자유분방함과 일탈을 지향하면서도 학교를 구성하는 집단의 하나로서 만들어 내는 집단적 특성을 지닌다. 이러한 학생문화 속에서 학생은 주어진 교육과정과 교육활동에 성실하게 참여하며, 친구와는 원만한 관계를 유지하여 학교생활을 성공적으로 마친 후에는 학교와 본인이 원하는 상급학교로 진학하도록 강한 기대를 받는다. 학생문화의 관점에서는 특정 학생이 학교를 중도탈락하거나 학교생활 전반에 대해 만족하지 못하는 것은 학교와 그 환경의 원인에서 비롯되는 것이 아니라 적응하지 못하는 학생 본인에게 원인이 있는 것으로 간주한다. 하지만 최근 학생문화에서도 청소년문화에서 보이는 반문화적 요소와 대안문화적인 요소가 나타나고 있다. 그 예로, 학교 환경에서 발생하는 '왕따문화' '폭력문화' 등은 학교문화에 대한 거부감과 반항의 집단적 표현이기도 하지만 기존의 학교 준거문화 자체를 바꾸려는 상대적 자율성 집단의 조직적 행동이라는 점을 들 수 있다.

4) 학교문화의 특성

학교문화는 구성원의 상호작용과 집단적 특성에 따라 교사문화와 수업문화, 학생문화가 복합하여 나타난 결과다. 즉, 준거지향의 교사문화와 수업문화, 학교와 교사의 기대를 존중하려 하지만 부분적으로 자율과 일탈을 지향하려는 청소년문화에 동조하는 학생문화, 그리고 완전 자율과 해방을 지향하면서 오히려 학교 밖 세계를 꿈꾸는 청소년문화의 혼합으로 나타나는 문화가 오늘의 학교문화의 실상이다.

결과적으로, 학교문화는 학교를 구성하고 있는 집단이나 관련 이해 집단 간

다양한 문화의 복합성으로 인해 상당한 정도의 갈등과 대립의 구조로 유지되고 있다. 특히 학교 내부에서조차도 청소년 개인의 삶의 주체성과 자율성을 인정하지 않을 뿐만 아니라, 오늘날 학교 밖은 다원적 가치가 존중되고 있으나 정작 학교 안에서의 관행과 관계는 그렇지 않음에서 오는 학생 집단, 교사 집단, 학교운영 집단 간의 갈등과 대립은 심각하다. 이러한 학교구조 속에서의 갈등과 대립은 '성인이 생각하는 학교와 청소년이 바라보는 학교' 사이에 큰 괴리가 존재함으로써 나타나는 세대갈등 혹은 세대격차 현상의 한 단면이기도 하다.

학교문화가 나타내는 갈등적 요소를 줄이기 위해서는 학생과 청소년 간에 분명한 관점의 차이가 있음을 인식하고 '학생으로서의 청소년'이 아니라 '청소년으로서의 학생'으로 바라보는 인식 전환과 아울러 세대의 자리바꿈, 즉 역지사지의 관점에서 학교정책의 변화, 교육과정의 개혁, 수업방식에서의 참여 확대 등과 같은 구체적 현실안이 마련될 필요가 있다. 학교를 뜻하는 영어 단어 'school'이 어원적으로 볼 때 원래 놀이와 여가 공간(schola)으로 시작되었음을 진지하게 받아들여 학교가 더 이상 청소년으로부터 놀이와 여가활동의 기회를 박탈하지 않고, 학교가 청소년 놀이문화와 여가문화의 중심체가 되어 학교에서 갈등문화 요인을 제거해야 한다.

4. 학교의 편성과 학생생활의 실제

1) 교직원 조직표

앞서 언급한 것처럼, 교사 집단은 강한 준거 문화적 특성을 나타내 보일 뿐만 아니라 그러한 문화적 특성을 유지하기 위한 단선형 위계조직(질서)으로 서로 얽혀 있다. 인천의 한 고등학교의 교직원 조직표(〈표 3-1〉 참조)를 예로 들어 살펴보겠다.

표 3-1 교직원 조직표의 예

교직원 조직표				
교장				
교감				
교무기획부장 (영어)	교육연구부장 (지리)	생활지도부장 (수학)	특별활동부장 (생물)	진학지원부장 (국어)
환경과학부장 (과학)	교육정보부장 (정보)	체육보건부장 (체육)	3학년부장 (역사)	2학년부장 (일어)
1학년부장 (수학)	1-1 담임 (역사)	1-2 담임 (화학)	1-3 담임 (국어)	1-4 담임 (지구과학)
1-5 담임 (영어)	1-6 담임 (사회)	1-7 담임 (수학)	1-8 담임 (기술)	1-9 담임 (국어)
1-10 담임 (영어)	1-11 담임 (생물)	1-12 담임 (수학)	2-1 담임 (역사)	2-2 담임 (국어)
2-3 담임 (윤리)	2-4 담임 (사회)	2-5 담임 (음악)	2-6 담임 (영어)	2-7 담임 (한문)
2-8 담임 (수학)	2-9 담임 (화학)	2-10 담임 (영어)	2-11 담임 (국어)	2-12 담임 (수학)
2-13 담임 (일본어)	2-14 담임 (물리)	3-1 담임 (국어)	3-2 담임 (일반사회)	3-3 담임 (한국지리)
3-4 담임 (수학)	3-5 담임 (국어)	3-6 담임 (영어)	3-7 담임 (국어)	3-8 담임 (수학)
3-9 담임 (화학)	3-10 담임 (수학)	3-11 담임 (영어)	3-12 담임 (생물)	3-13 담임 (수학)
3-14 담임 (영어)	교무부원 (영어)	교무부원 (가정)	교무부원 (수학)	교무부원 (역사)
교무부원 (영어)	연구부원 (국어)	연구부원 (미술)	연구부원 (윤리)	연구부원 (일어)
생활지도부원 (국어)	생활지도부원 (특수교육)	생활지도부원 (수학)	생활지도부원 (윤리)	특별활동부원 (국어)
특별활동부원 (국어)	특별활동부원 (영어)	특별활동부원 (원어민,영어)	진학지원부원 (한문)	진학지원부원 (지리)
진학지원부원 (영어)	환경과학부원 (지구과학)	환경과학부원 (역사)	환경과학부원 (물리)	교육정보부원 (정보)
교육정보부원 (한문)	교육정보부원 (미술)	체육보건부원 (체육)	체육보건부원 (체육)	체육보건부원 (체육)
체육보건부원 (체육)				

2) 학생의 수업일과표

표면적 교육과정으로 이루어지는 학교에서의 수업문화 역시 준거 문화적
특성을 갖고 있다. 그러기 위해서는 학교에서의 학생의 수업일과표가 객관적
목표를 지향할 수 있도록 매우 촘촘히 사전에 계획되고 구성되어 있어야 한다.
서울의 한 고등학교에 다니는 여학생의 학교에서의 학생의 수업일과표(〈표
3-2〉)를 그 예로 제시하였다.

표 3-2 학생 수업일과표

	시간	내용
AM	7:40	등교. 아침에 학생증을 리더기에 터치하고 들어가야 함
	7:40~8:00	아침공부 20분 시간. 요약하기 및 여러 가지 논술(?) 대비
	8:00	출석부 지각이 체크되는 순간. 이때까지 들어오지 못하면 출석부에 '무단지각' 혹은 '질병지각'으로 처리됨
	8:10~9:00	1교시(50)
	9:10~10:00	2교시(50)
	10:10~11:00	3교시(50)
	11:10~12:00	4교시(50)
PM	12:00~1:10	중식시간(70). 3학년, 2학년, 1학년 순으로 먹기 때문에 1학년은 실질적으로 12시 25분부터 시작됨
	1:10~2:00	5교시(50)
	2:10~3:00	6교시(50)
	3:10~4:00	7교시/보충수업(50). 일주일에 세 번 있는 7교시. 정규수업이 아닌 날에는 보충수업을 하는 시간
	4:10~5:00	8교시/보충수업(50). 7교시를 하는 날에는 보충수업을 1교시만, 6교시를 하는 날에는 보충수업을 2교시 함
	5:00~6:00	석식시간(60)
	6:00~7:50	야간자율학습 1교시(110)
	8:10~10:00	야간자율학습 2교시(110)

3) 학생들의 학교활동

수업활동 이외의 학생들의 학교활동이 학생의 주체성과 다양성을 반영하여 진행되는 것은 아니다. 물론 이미 짜인 조직과 준비된 활동의 큰 범위 내에서 상대적인 자유와 자율성이 주어지지만 학교에서의 청소년활동은 올바른 청소년문화의 요구 조건인 자유로움과 구속에서 벗어나려는 경향성을 보장하고 있는 것은 아니다.

(1) 학생회와 선도부활동

학생회는 한 학교 안의 학생 단체를 통틀어서 지휘하는 학생들의 자체 단체이며, 교무실에서의 교사 집단과 유사한 조직을 갖고 있는 학생조직이다.

선도부는 일반 학생을 대표해서 학교 규율을 지키도록 지도하고 교칙에 모범이 되는 학생들의 집단이다. 다음의 표를 통해 알 수 있는 것처럼, 우리 사회에서의 학교는 학생의 창의성과 자율성 중시를 내세우고 있지만 학교 분위기와 환경은 예전과 크게 달라지지 않았다.

〈표 3-3〉은 과거 청소년기 학교문화와 규율을 상징하는 선도부활동이다. 현재 선도부는 없어져 표면적인 문화는 달라졌지만 지금도 학교의 선후배 문화와 관행은 유지되고 있다.

표 3-3 | 학교 교육활동의 예

학교 교육활동 내용			
1학기 생활지도 중점사항		2학기 생활지도 중점사항	
세부중점사항	고운말 쓰기 및 인사 예절 지도	세부중점사항	선도부 학생선발 및 간담회
	학교 주변 순찰 및 정화 활동		금연의 생활화 지도
	금연 캠페인 활동		학교 주변 및 유흥장 출입금지 지도
	올바른 용의복장 지도		교내외 행사 안전사고 예방 지도
	등하교 시 교통안전 지도		학교폭력 및 불량서클 근절 지도

제3장 학교와 청소년문화

연간 생활지도 계획	
금연 지도 계획	폭력예방 지도 계획
가정통신문 발송, 금연 비디오 방영	학교폭력 추방 자치위원회 구성
흡연 설문조사, 금연 명상 방송	폭력 신고함 설치, 가정통신문 발송
상습 흡연자에 대한 금연학교 입교	교내외 학생폭력 예방 학생 설문조사
금연 캠페인 활동, 상습 흡연자 지도	폭력예방 캠페인 활동, 학교폭력 예방 홍보
요일별 생활지도 계획	
월	근태 지도(지각, 결석 등), 용의복장 단정 지도, 주번 · 청소당번 확인
화	가출 예방 지도, 소지품 관리 지도, 휴지 안 버리기 지도
수	청소 지도(주변 청결), 불량서클 파악 지도, 유흥가 배회 금지 지도
목	순결 지도, 교내외 폭력방지 지도, 피해신고 체제 확립 지도
금	음주 · 흡연 방지 지도, 약물 오남용 지도, 예절 지도(인사, 고운말)
토	교통안전 지도, 교외생활 지도, 유해업소 출입 엄금

(2) 동아리활동

청소년은 동아리활동을 통해 교우관계를 넓히고 수업 시간에 미처 하지 못한 다양한 취미활동을 함으로써 건전한 인성을 계발하도록 되어 있다. 이러한 동아리활동의 활성화를 위해 2007년 기준 국가청소년위원회는 전국 시 · 도별 청소년시설 및 각급 학교(초 · 중 · 고 · 대학교)의 동아리활동을 적극적으로 지원한 바 있다. 2009년 개정 교육과정에 따르면, 2011학년도부터 동아리활동은 진로활동, 봉사활동과 함께 전체적으로 창의적 체험활동에 포함되었다. 창의적 체험활동은 초등학교의 경우 연간 204시간, 중학교의 경우 306시간, 고등학교의 경우 408시간을 이수하도록 규정하고 있다. 이러한 새로운 규정은 청소년활동과 학교 교육활동 간의 접함 부분을 크게 하여 청소년의 역량을 키우는 데 기여하였다.

5. 학교문화의 실상

1) 자유학기제로 인한 학교문화의 변화

최근 자유학기제는 다양한 활동을 바탕으로 창의성, 인성, 자기주도 학습 능력 등 미래 핵심 역량이 가능한 교육을 제공한다. 자유학기제는 2013년 시범운영 시작 이후 2016년도에는 중학교에 전면 도입되었으며, 현재에는 자유학기와 일반학교의 연계 및 자유학년제로 확대해 나가는 추세에 있다. 2017년에는 중학교 자유학기제 확대 · 발전 시안을 마련하였으며, 2018년에는 희망 학교 자유학년제를 실시하고 있다. 특히 경기도, 강원도, 광주 등은 전 중학교 자유학년제를 실시하고 있다. 이에 관련한 학교문화의 실제 변화를 다음에 제시하였다.

자유학기제를 하지 않았을 때는 보통 친구들이랑 만나면 먹으러 가고 피시방이나 오락장 같은 데를 많이 다녔는데요. 자유학기제를 하고 나서 진로 카드도 주고 진로체험 할 수 있는 곳들을 학교에서 적극적으로 지원해 주거든요(저희 학교는 그랬어요). 그래서 친구들이랑 놀러 다닐 때 제과제빵 체험도 하고 목공예 체험 (평소에는 비싸서 잘 못해 봤던 것들) 같은 것을 하러 다니고, 친구들이랑 노는 방식, 방법이 조금 달라진 것 같아요. 이걸 문화라 해도 될지는 모르겠지만요. 그리고 학교에서 강연 같은 거나 외부 초청 강사가 오셔서 매일 2시간씩 주제 선택 과목에 가서 기존에 학교에서 배우지 못하는 체험활동을 많이 하는 것 같아요. 또 수행평가도 모둠활동 토론 형식으로 진행되어서 친구들끼리 이야기도 많이 하고 그러면서 최소한 반 친구들이랑은 다 편해지는 것 같아요. 모둠활동을 하다 보면 각자 자료 조사도 해야 하는데, 그때 배우는 점도 많은 것 같아요(○○중학교 1학년 이△△).

큰 부분은 아니고 조금 뻔하긴 하지만 전반적으로 진로 체험활동의 폭과 활동 횟수가 증가했고, 시험 등 학업 부담이 줄었다는 점이 가장 큰 차이인 것 같아요. 선배들이 시험 볼 때 여러 기관에 현장체험학습을 가서 직접 경험해 보거나 저희 학교 같은 경우에는 교실에서 곤충식품연구원 같은 이색 직업도 알아보고 벌레도 먹어 보는 등 체험도 해 봤거든요. 그런 점은 선배들과는 다른 경험을 해 볼 수 있었던 것 같아요(○○중학교 2학년 윤△△).

2) 급식문화

학교 안의 시설과 설비를 통해 학생들에게 제공되는 급식은 청소년기 신체 발육의 중요한 원천인 동시에 학생들의 활력소다. 그리고 성인들도 홀로 식사하는 '혼밥'이 유행일 정도로 식사의 대상은 중요한 문제다. 이에 학생들에게도 어떤 친구와 급식을 먹느냐도 매우 중요하고, 이는 소통과 사교의 계기가 된다.

급식시간은 마치 전쟁과 같다. 수업을 마치기 10분 전부터 아이들은 급식을 먹으려고 안달이다. 우리는 반찬이 무엇인지 냄새로 알 수 있다. 종이 치자마자 달려가 급식을 받는다. 그러고는 우리는 맛있는 반찬을 점령하기 위해 갖은 애를 다 쓴다. 뺏기지 않기 위해 잘 보관해야 하는 어려움이 있지만 그래도 아이들과 맛있게 먹으며 이야기를 나누는 것은 우리의 머리를 맑게 해 주는 활력소가 된다(○○고등학교 2학년 김△△).

3) 자율학습

(1) 사전적 의미

자율학습(自律學習)은 우리나라의 일부 중학교와 대다수 고등학교에서 학생들을 대상으로 운영하는 정규 수업 외의 자습이다. 정규 수업 전의 0교시와 정

규 수업 후의 야간자율학습(줄여서 '야자')이 여기에 속한다. 자습이므로 보충
수업이나 방과 후 학교와는 달리 교육 프로그램이 제공되지는 않는다. 자율학
습이란 말은 본래 자신에게 필요한 공부를 스스로 해 나간다는 의미지만, 실제
로는 비자율적으로 실시되는 경우가 많으므로 '비자율적 자습(非自律的 自習)'
이라고 할 수 있다.

2006년 교육부의 정책으로 강제적인 자율학습이 금지되었으나, 일부를 제
외한 대부분의 학교에서는 비자율적인 자율학습이 계속 시행되었다. 효과 면
에서 이른 아침과 심야에 하는 자율학습이 학생들의 건강에 나쁜 영향을 주고
장기적으로도 학습에 도움이 되지 않는다는 주장도 있다. 우리나라와 교육제
도가 유사한 타이완에서도 이러한 자율학습이 행해지고 있다. 정부의 기본 방
침은 오후 4시 하교이지만, 많은 중·고등학생이 오후 8~9시까지 학교에 남
아 공부를 한다. 이에 인터넷상에서 반대 서명도 있었다.

(2) 사이트 Q&A – 야간자율학습 논쟁에 대한 실제 사례

Q 야간자율학습은 왜 하는 거죠?

자율적으로는 할 수 없나요?
야자를 뛴다고 꼭 벌을 받아야 하나요?
자율학습이 아무 과목이나 자율로 선택하여 학습을 한다는 뜻인가요? 아니면 자율적
으로 참여한다는 뜻인가요?
길게 답변 부탁드려요.
읽었을 때 맘에 와 닿으면 채택 드림.

A1 궁금한 점이 시원하게 해결되었어요!

야간자율학습은 두 가지 뜻이 있습니다.

하나는 학생이 선택 가능한 자율학습이고요.

다른 하나는 학교에서 정해 준 상태에서 학생들이 자율학습을 하는 경우입니다.

진짜 야자가 센 학교는 잘 안 빼 주죠. ㅎㅎ

근데 조금이라도 빼 주는 학교는 학원이나 과외로 몇 번은 빠질 수 있습니다.

그러나 거기에서 만족을 할 수가 없죠.

방법은 하나입니다. 부모님을 설득하셔서 예체능을 공부하거나 아예 다 빠지는 방법
　이 있습니다.

자세히 설명을 해 드리면 일단은 부모님을 설득하셔서 담임과 상담을 한 후에 빠질 수
　있을 겁니다.

그것도 안 되면 방법이 없죠. ㅎㅎ

출처: http://kin.naver.com/qna/detail.nhn?d1id=11&dirId=110407&docId=33846463&
qb= 7JW86rCE7J6Q7Jyo7ZWZ7Iq1&enc=utf8&section=kin&rank=5&sort=0&spq=0&pid=
f1J1Sdoi5UlssuBzcQCsss−−256888&sid=S17xJlSvXksAAE10qYg

A2 학생들에게는 능률이 더 오르고 학교의 이름을 널리 알릴 수 있는 길이 아닐까
싶네요. 어떤 학생에게나 자신이 하고 싶은 일을 시키는 게 능률적입니다. 그
렇지 않은 경우에는 시간낭비일 뿐이죠. 야간자율학습 시간을 강제적이 아닌
꿈을 가지고 있는 학생들의 자발적인 참여로 자신을 계발할 수 있는 학교가 되
면 참 좋겠네요. −세이예니−

출처: http://kwangwaul.egloos.com/5099885

추가 수업활동

🎙️ 토의(토론) 주제

1. 만약 내가 교장 선생님이라면 학생들의 학교생활 만족도를 높이기 위해 어떤 제도를 시행할 것인가?
2. 자유학기제 실시에 따른 학교문화의 변화 실태는 어떠한가?

🔍 추가 탐구 과제

학교에서의 학생문화와 청소년문화의 대표적 사례를 들고, 이 두 문화 간의 통합적인 방안 찾아보기

📖 참고자료

🌐 관련 사이트

https://youtu.be/me90FWbaiX8
한국직업능력개발원 자유학기제 소개

http://naver.me/5n6GZmp7
교육부 '2017년 자유학기제 성과발표회' 개최

📕 관련 도서

이영숙, 필립 핏치 빈센트(2014). **인성을 가르치는 학교 만들기**. 서울: 좋은나무성품학교.

📽️ 관련 영화

〈**이상한 나라의 수학자**〉(In Our Prime, 2022)

감독: 박동훈

출연: 최민식, 김동휘, 박병은, 박해준, 조윤서

키워드: 학교생활, 청소년, 교과수업

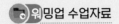밍업 수업자료

아무튼 자유학년제
〈출처 : https://www.youtube.com/watch?v=yTxAb06NKE4〉

제**4**장

친구집단 형성과 청소년문화

주요 내용

이 장에서는 청소년이 유지하고 있는 친구관계의 개념은 어떠한가를 살펴보고, 또래집단, 패거리집단 등으로 구분되는 오늘날 청소년 친구집단의 특성을 알아본다. 그리고 우리나라 청소년 집단에서 기형적 집단문화 형태로 나타나고 있는 청소년 왕따의 실태와 그에 대한 대처 방안에 대해 살펴보고자 한다.

또한 빠르게 변화하는 스마트폰과 인터넷 환경 속에서 청소년이 맺고 있는 인간관계가 어떤 특징을 갖고 있는지에 대해서도 살펴보고자 한다.

주요 수업과제

• 친구관계와 청소년 동료집단이 갖는 일반적 특징은 무엇인가?

• 청소년 집단 형성에 영향을 주는 요인은 무엇인가?

• 청소년은 스마트폰 및 인터넷 환경 속에서 어떤 인간관계의 특징을 어떻게 나타내는가?

• 사회적 문제이자 청소년문화 현상인 청소년 왕따 현상의 원인과 해결책은 무엇인가?

1. 친구에 대한 이해

1) 친구의 개념

'친구'의 사전적 정의는 '벗, 나이가 비슷한 또래의 사람을 가깝게 부르는 말, 오래 두고 정답게 사귀어 온 벗'이다. 친구의 우리말인 '벗'은 '같은 사회적 처지나 비슷한 나이에 있으면서 서로 친하게 사귀는 사람'을 뜻한다. 이러한 사전적 의미에서 알 수 있듯이 친구나 벗은 같거나 비슷한 연령에서 물리적 · 사회적으로 비슷한 상황에 처한 채 하루의 대부분 시간을 함께 보내고, 우정을 나누는 인간관계를 말한다.

또한 학자들의 연구에 따르면, 우정은 '함께 있으면 즐겁다' '있는 그대로의 서로를 받아 준다' '서로에 대한 신뢰가 깊다' '서로 도와주고 믿을 수 있다' '서로 간에 비밀이 없다' '있는 그대로 내보일 수 있다' '서로 이해할 수 있다' 등과 같은 특징을 갖고 있다. 결국 친구는 수용, 신뢰, 존중의 바탕 위에서 인생의 즐거움을 공유하고 도움을 교환하는 동반자라 할 수 있다(권석만, 2004, p. 161).

2) 친구의 특성

청소년의 친구(또래)집단을 이해하기 위해서는 비교적 이익을 따져서 관계가 유지되는 거래관계보다는 기본적으로 우정에 의해서 유지되는 경향이 강한 친구의 특성에 대해 바로 이해해야 한다. 친구는 여느 가족, 배우자, 연인, 직장동료와는 구분되는데, 일반적으로 친구관계는 다음과 같은 특징을 갖는다.

- 친구관계는 대등한 위치의 인간관계다. 친구관계는 흔히 나이나 출신 지역, 출신 학교, 학력 그리고 사회적 신분 등에 있어서 비슷한 사람과 맺는 친밀한 관계다.
- 친구관계는 순수한 인간 지향적 대인관계다. 실리적 목적보다는 상대방의 개인적 속성이 친구관계를 형성하는 주요한 요인이 된다.
- 친구관계는 인간관계 중 가장 자유롭고 편안한 관계다. 친구관계는 대등한 위치에서 맺는 인간관계이기 때문에 위계관계 속에서 지켜야 되는 심리적 부담과 제약이 적다.
- 친구는 여러 가지 측면에서 유사점을 지닌 사람들이기 때문에 서로 공유할 수 있는 삶의 영역이 넓다. 화제, 취미, 오락, 가치관 등에서 유사하기 때문에 서로의 만남이 즐거움과 편안함을 준다.
- 친구관계는 구속력이 적어 해체되기 쉽다. 가족관계나 직장에서의 인간관계처럼 관계를 유지해야 할 의무나 구속력이 적기 때문에 친구관계는 자발적이고 적절한 노력이 없으면 약화되고 해체되기 쉽다.

3) 친구의 기능

청소년이 자연스럽게 혹은 의도적으로 특정인을 대상으로 친구관계를 유지하려는 이유는 다음과 같다.

- 친구는 주요한 정서적 공감자이며, 지지자다. 친구는 만나면 편안함을 느끼며, 서로 힘이 되어 준다.
- 친구는 자기 자신과 자신의 삶을 평가하는 주요한 준거가 된다. 우리는 타인과의 비교를 통해 자신을 평가한다. 자신과 여러 가지 조건에서 차이가 있는 사람보다는 비슷한 사람과의 비교 자료가 자신을 평가하는 데 신뢰할 수 있는 자료가 된다.

- 친구는 즐거운 체험을 함께하는 사람이다. 친구는 만나서 즐거워야 하며, 서로 만나서 즐겁게 놀 수 있어야 한다. 공통의 화제, 취미, 관심사를 가진 사람들끼리 즐거운 것들을 공유하며 서로 좋은 친구관계를 유지할 수 있다.
- 친구는 서로에게 안정된 소속감을 갖게 한다. 인간은 누구나 소속감을 느끼고자 하는 욕구를 갖고 있다. 친구집단에 소속됨으로써 그 집단을 자신의 준거집단으로 삼게 되고 심리적 안정감을 유지하게 된다.
- 친구는 현실적으로 도움을 줄 수 있다. 현실에서 어려움과 도움이 필요한 상황에 처해 있을 때에 그러한 도움을 청할 수 있는 주된 대상이 친구다. 이때 일방적으로 주고받는 친구관계보다는 쌍방적 의존관계에 있는 친구관계가 더 원만하게 유지될 가능성이 높다.

4) 친구의 유형

사회학자 리스먼(Riesman) 등은 친구관계를 그 기능에 따라 다음과 같이 구분하고 있다(Riesman, Glazer, & Denney, 2001).

- **연합적 친구관계**: 공간적 근접성, 학령의 유사성 등에 의해서 맺어지는 친구관계다. 이러한 관계에는 정서적 유대나 깊은 관여가 부족하다. 따라서 이사를 가거나 학교를 졸업하는 경우와 같이 환경이 변하면 친구관계는 종결된다. 이러한 친구관계는 단기적이며 피상적인 수준에서 가볍게 만나서 교제하는 관계로서, 현대사회에서는 이러한 친구 유형이 많이 나타나고 있다.
- **수혜적 친구관계**: 한 사람이 상대방에게 주로 베푸는 역할을 하는 친구관계다. 이러한 친구관계는 흔히 두 사람 사이에 사회적 지위나 역할의 차이가 있는 경우가 많다. 청소년이 널리 받아들이고 있는 짱의 문화는 일

면 수혜적 친구관계의 한 형태라 볼 수 있다.

- **상호적 친구관계**: 동등한 위치에서 서로에 대한 이해와 신뢰에 근거한 친구관계다. 이러한 관계는 관중과 포숙의 우정[관포지교(管鮑之交)], 성경의 요나단과 다윗의 우정에 비유될 수 있다.

2. 청소년 친구집단의 특성

1) 청소년 친구집단 형성의 요소

청소년도, 앞에서 언급한 것처럼 친구가 갖는 기본 가치와 필요성에 따라 친구를 만들어 유지한다. 하지만 청소년은 흔히 성인처럼 사회적 지위나 경제적 부, 사회적 영향력에 따라 친구관계(또래관계)를 형성하기보다는 그들 나름의 독특한 요소에 의거해서 또래집단을 형성한다. 예컨대, 부모는 자녀가 학교에서 거두는 학업 성취에 대단한 관심을 갖고 있으나 실제 청소년은 학업 성취를 짐짓 우습게 보려는, 그들 나름의 독특한 청소년 집단문화를 만들어 유지한다. 그래서 동료집단 내에서 특별한 매력을 갖고 있지 않고 공부만 잘하는 학생은 오히려 범생이로 낙인찍혀 청소년들 사이에서 소외당하는 경우가 있다.

그 실례로, 콜먼(Coleman, 1961)은 청소년을 대상으로 한 연구를 통해 청소년 집단에서 지도자 측(짱)에 끼려면 남자의 경우 제일 크게 갖춰야 할 요소로 체육특기, 즉 운동의 소질이고, 그다음으로는 매력적인 외모, 이어서 괜찮은 성격이며, 공부를 잘하는 것은 가장 낮게 요구되는 요소임을 밝히고 있다. 여자의 경우에는 가장 먼저 매력적인 외모, 괜찮은 성격, 체육특기, 높은 학업 성취의 순으로 나타나고 있음을 보고하고 있다(Coleman, 1961). 콜먼의 연구는 1960년대의 청소년을 대상으로 한 연구 결과이지만, 1990년대 들어와서 콜먼의 연구를 재검증한 결과에 따르면 그의 연구 결과가 크게 달라지지 않았음을 확인할 수 있었다.

결국 청소년은 성인의 중핵문화를 구성하는 건전한 가치판단 기준이나 미래에 대한 비전 등에 대해서는 부정적인 견해를 갖고 있으며, 오히려 다양한 주변문화의 영향을 받아 중핵문화에 대해 대항하는 양상을 나타내고 있음을 알 수 있다.

2) 청소년 친구집단의 종류

지금까지의 연구를 통해 볼 때 청소년의 친구집단은 그 구성원이 만들어 내는 집단의 구조와 특성에 따라 또래집단(peer group), 동료집단(clique) 그리고 패거리집단(crowd)으로 구분하여 설명될 수 있다.

(1) 또래집단

또래란 비슷한 연령이나 비슷한 성숙 수준에 있는 두 명 이상의 아동·청소년을 의미하고, 또래집단이란 이들의 어울림을 지칭한다. 아동이 처음에 자신을 보호해 주는 성인(부모)과 이루는 접촉이 유희와 상호 인정을 지향하는 또래와의 접촉으로 바뀜에 따라 또래집단이 만들어진다. 이어서 아동기에는 서로 놀이를 함께하기 위한 필요성에 의해서 또래집단이 형성되지만, 청소년기에 이르면 사회적 동조성과 동성의 우정을 바탕으로 또래집단이 형성된다.

청소년에게 있어서 또래집단은 다음과 같은 기능을 한다(최명구, 김누리, 2007, pp. 173-177).

첫째, 사회적 지원과 안정감을 제공해 준다. 청소년은 지금까지 부모에게 의존하다가 그들로부터 독립하기를 원하지만 현실적인 어려움으로 엄청난 스트레스와 갈등을 경험하게 된다. 이때 친구는 자신과 유사한 갈등을 겪고 있기 때문에 그들에게서 동정적인 피드백과 정서적인 안정감을 제공받게 된다.

둘째, 준거집단으로서의 역할을 한다. 사람은 자신과 비슷한 사람들과 비교하는 경향이 있으므로 어떤 연령이든 준거집단이 필요하다. 특히 급격한 변화를 겪는 청소년기에 자신의 경험과 행동을 판단하는 데 기준이 되는 준거집단은 더욱 필요하다.

셋째, 보다 성숙한 인간관계를 형성할 기회를 제공한다. 청소년은 친구관계에서 무엇을 기대하고, 무엇을 기대하지 말아야 하는지를 배우게 된다. 여러 형태의 집단에 참여함으로써 상호성, 협동심의 가치 그리고 권위와 복종이 특징인 부모와의 관계로부터 보다 상호적이고 평등한 관계로 옮겨 가는 것을 배우게 된다.

청소년 또래집단은 인기도를 측정하는 소시오그램(sociogram)의 결과에 따라(예컨대, 특정 집단 구성원에게 "어떤 친구를 제일 좋아하는가?" "어떤 친구가 싫은가?" "생일파티에 초대하고 싶은 친구는 누구인가?" 등의 질문을 해서 서로 반응한 답을 사회성 측정도에 따라 분석함) 다음의 다섯 가지 유형으로 분류한다.

- 인기형: 신체적 매력이 있고 머리가 좋으며 사교적이고 행동적이며 지도력이 있다. 이들은 자존감이 높고 다양한 성향의 친구들과 잘 어울린다. 유머감각이 뛰어난 것도 특징이다.
- 보통형: 청소년의 반 정도가 이 유형에 속한다. 친구들이 특별히 좋아하지도 인기가 있는 것도 아니지만 그렇다고 친구들이 싫어하는 유형도 아니다. 이들은 집단에 무난히 어울리는 보통 청소년이다.
- 고립형: 고립되거나 무시당하는 유형으로, 친구들의 관심 밖에 있기 때문에 좋은 친구로 지명되지도 않고 싫어하는 친구로 지명되지도 않는다. 이들은 수줍음을 잘 타고 위축된 성격으로 낮은 자존감과 불안, 우울증 등 내적인 문제가 있는 경우가 많다.
- 거부형: 청소년이 가장 싫어하는 유형이다. 신체적으로나 언어적으로 공격을 많이 하고 교실에서 수업 분위기를 망치며 학업 성적도 좋지 않다. 역시 인기 없는 청소년들과 친구가 되며, 자기보다 어린아이들과 어울린

다. 이들 중에는 약물남용이나 청소년비행과 같은 외적인 문제가 있는 경우가 많다.

- **혼합형**: 좋은 친구로 뽑히기도 하고 싫은 친구로 뽑히기도 하는 혼합형은 공격적이고 파괴적인 면이 있는가 하면 자기주장이 강하고 지도력이 있다. 이들은 또래집단에서 눈에 띄나 이들을 좋아하는 사람도 많고 싫어하는 사람도 많아 친구들로부터 복합적인 반응을 유발한다.

(2) 동료집단

동료(짝패)집단은 2~12명, 보통은 5~6명으로 구성되는 친구집단을 말한다. 또래집단보다는 좀 더 많은 사회적 유사성과 소속감을 서로 나누는 집단이다. 동료집단은 보통 같은 취미와 비슷한 활동에 관심을 나타내는 남자아이들이나 여자아이들끼리만 유지된다. 동료집단은 구성원 서로가 깊은 얘기를 나누고, 점심도 매일 한자리에서 함께 먹으며, 같은 학원에 다니고 공부도 함께 하며, 경우에 따라 같은 취미를 가지고 음악과 연극에 함께 몰입하기도 한다. 결국 동료집단은 그 구성원 서로가 서로를 잡아당겨서 집단에 머무르게 하는 사회적 환경(the main social context)을 제공해 주는 친구관계를 말한다(Steinberg, 1993, p. 167). 동료집단 구성원끼리는 서로에게 비밀이 없으며, 그 자체로 서로에게 안식처가 되기도 하고 편안함을 주기도 한다.

(3) 패거리집단

패거리집단은 비슷한 성격과 특성을 지닌 청소년이 조직되지 않은 형태로 어울려 다니는 집단을 말한다. 이들은 서로가 의도적으로 모이지 않으며, 의견을 같이 나누면서 상호작용을 유지하고 있지도 않다. 그리고 비록 물리적으로 가깝게 모여 있긴 하지만 조직화되어 있지도 않다. 하지만 이들은 서로의 존재를 의식하며 또한 서로가 서로에 의해 영향을 받는다. 이들은 보통 앞선 얼뜨기(jocks), 범생이(nerds), 책벌레(brains), 인기짱(populars) 등의 집단으로 구분되어 유지된다.

하지만 이들 집단은 동료집단과는 달리 소속 청소년끼리 서로 깊은 유대감이나 우정을 나누는 사회적 환경과 기회를 갖지는 않는다. 그리고 필요에 따라 패거리집단의 구성원은 위계질서를 갖는 집단으로 일시적으로 조직화되어 다른 패거리집단과 경쟁을 벌이는 경우도 있다. 패거리집단은 구성원 서로 간의 우정과 관심, 취미에 기초해서 유지되기보다는 사회적 평판이나 고정관념에 의해서 유지된다. 예컨대, 보통 사교파(socies) 패거리는 옷을 멋들어지게 입고 다니고, 학교에 대해서는 비교적 긍정적인 태도를 견지하여 학교 일에도 적극적으로 참여하며, 주말에는 끼리끼리 어울려 다니기를 좋아한다. 책벌레 패거리는 옷에는 별로 신경을 쓰지 않고, 학교에 가면 구석에서 혼자 지내며, 학교 일에는 선택을 통해 부분적으로 참여하고, 주말에는 집 안에 박혀 혼자 시간을 보낸다. 실제로 이들 패거리가 그렇게 행동하느냐 하지 않느냐가 중요한 것이 아니라 다른 청소년들이 각각의 패거리를 기존의 평판과 고정관념에 따라 그렇게 간주해 버림으로써 오히려 각각의 패거리집단 문화가 유지되는 경향이 있다. 보통은 몇 개의 동료집단 문화가 함께 어울려져 일정한 패거리집단 문화를 만들어 내기도 한다(최명구, 김누리, 2007, p. 170).

3) 형식 · 비형식 문화에 대한 청소년 집단의 참여도

청소년은 그들이 처한 사회적 상황 속에서 개인이 아닌 집단으로 행동하는 특징을 갖고 있다. 그리고 청소년이 처한 사회적 상황은 기성세대가 이미 틀을 잡아 만들어 놓은 제도적 · 형식적 문화의 상황과 청소년 스스로가 만들어 유지하는 비제도적 · 비형식적 동료집단 문화의 상황이 있다. 청소년은 집단별로 각각의 상황에 대처하게 된다. 청소년이 각각의 상황에 참여하는 적극성은 그들이 이미 만들어 갖고 있는 집단의 특성에 크게 좌우된다. 청소년집단의 특성과 이들이 처한 상황에 대처하는 방식을 간결히 요약하여 나타내면

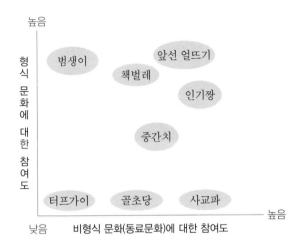

[그림 4-1] 형식 · 비형식 문화에 대한 청소년집단의 참여도

출처: 한국청소년정책연구원(1999).

[그림 4-1]과 같다.

3. 청소년과 스마트폰

1) 스마트폰 보급 및 이용 현황

스마트폰은 다양한 콘텐츠를 갖고 있으며, 보다 편리하게 많은 기능을 수행할 수 있다는 점에서 유용하게 사용되어 오늘날 현대인에게는 단순히 이동통신의 도구를 넘어 삶 속의 일부로서 큰 영향력을 미치고 있다. 과학기술정보통신부와 한국인터넷진흥원(2022)의 연구에 따르면, '20~40대'의 스마트폰 보유율은 100.0%로 나타났으며, '6~19세'도 99.9%로 매우 높았다. 즉, 거의 모든 사람이 연령과 무관하게 스마트폰을 이용하고 있으며, 이는 단순 전화를 목적으로 하는 이동전화가 다양한 기능을 가진 스마트폰이 되면서 오늘날 생활필

수품이 되었다고 할 수 있다. 실제로 2021년 청소년의 매체별 중요도를 살펴본 결과 스마트폰을 96.6%로 가장 중요하다고 꼽았고 스마트폰을 매일 사용하는 경우는 95.9%이었으나 1주일에 1~2일 이하로 사용하는 경우는 0.0%이

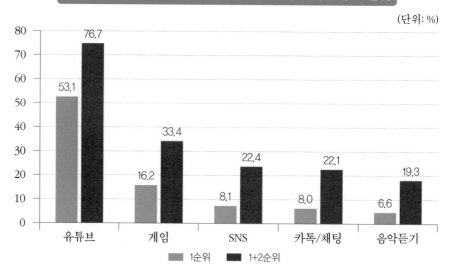

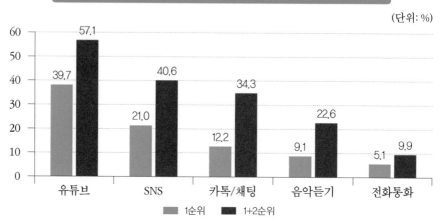

[그림 4-2] 10대 청소년의 성별에 따른 스마트폰 이용기능 top 5

출처: 한국청소년정책연구원(2021).

었다(방송통신위원회, 2021). 10대 청소년이 가장 즐겨 하는 미디어 활동은 유튜브(97.7%)로 확인되었는데, 이는 성별이나 교급과 무관하게 가장 높게 나타났다(한국청소년정책연구원, 2021). 이 외에 스마트폰의 이용 목적으로는 소통, 정보검색, 교육학습, 여가활동 등 다양하다.

2) 스마트폰의 영향

최근 들어 유튜브, 넷플릭스 등과 같은 영상시청 목적의 플랫폼들이 인기를 끈 이후로 스마트폰의 이용 목적에 다소 변화가 있으나 여전히 청소년이 스마트폰을 사용하는 동기는 커뮤니케이션이라고 할 수 있다. 메신저를 위해 스마트폰을 사용하는 청소년 또한 99.8%로 눈에 띄게 높은 수치를 확인할 수 있는데(여성가족부, 2022), 이러한 수치는 오늘날 청소년이 또래관계를 맺는 데에 있어 스마트폰이 중추적인 역할을 할 수 있음을 시사한다. 하지만 타인과의 관계 형성을 통하여 즐거움을 얻어 SNS 몰입에 이르게 되고 이러한 몰입 현상이 지나치게 될 때 중독으로 이어질 수 있는데(노영, 2016, pp. 301-320), 2010년 스마트폰의 출현 이후 청소년들 사이에서도 급속히 확대되고 있는 사회 현상 중 하나이다(이상호, 2013, pp. 255-265).

청소년이 왜 스마트폰에 쉽게 의존하게 되는지 살펴볼 필요가 있다. 청소년기는 부모보다는 또래와 시간을 보내고자 하는 성향이 강한 시기이므로 스마트폰을 이용해 또래와의 관계를 맺거나 유지할 수 있는 수단으로 활용하기도 한다. 또한 학업 스트레스에 억눌리고 마땅한 탈출구가 없는 청소년은 SNS를 통해 인정받기를 원하고 자신의 존재를 확인하는 등의 성향을 보이며, 단체 카카오톡방으로 또래집단의 소속감을 느끼고 싶어 한다.

뿐만 아니라, 우리나라 스마트폰 과의존 실태조사(과학기술정보통신부, 2022)에 따르면 전체적으로 과의존 위험군은 하락했지만 청소년의 경우 매년 상승하는 것으로 나타났다. 구체적으로, 유아동, 성인, 60대의 경우 2020년과 비교

[그림 4-3] 연도별 · 대상별 스마트폰 과의존 위험군 현황
출처: 과학기술정보통신부 및 한국지능정보사회진흥원(2022).

하였을 때 2022년에 하락하거나 상승하더라도 변화가 미비한 수준이었으나 청소년은 2020년 35.8%에서 2022년 40.1%로 크게 상승하였다. 이는 코로나 19 감염병 확산으로 인해 사회적 거리두기 및 비대면 교육이 권장됨에 따라 온라인 기기 사용의 빈도가 크게 증가한 것이 원인 중 하나라고 볼 수 있다. 이처럼 청소년 스마트폰 중독, 과의존 그리고 최근에 스마트폰을 이용한 사이버 학교폭력 등 스마트폰으로 얻을 수 있는 순기능뿐만 아니라 역기능에도 주목해야 할 필요가 있다.

3) SNS 문화

SNS란 'Social Network Service'의 약자로 온라인 플랫폼을 이용하여 특정한 관심이나 활동을 공유하는 관계망을 구축해 주는 온라인 기반 서비스다. 스마트폰이 보급된 이후 페이스북, 인스타그램, 트위터 등 다양한 SNS가 등장하기 시작하였고, 각 플랫폼마다 각기 다른 기능을 갖고 있어 SNS의 기능을 특정 짓기는 어려우나 대표적으로 이용자들 간의 의견과 정보를 공유하는 등의 관계를 맺는 것이라고 할 수 있다. 청소년들의 경우 오락, 소통, 정보공유 및 탐색

등을 위해 사용하는 것으로 알려져 있다. 온라인 기반 서비스의 특성상 시공간의 제약을 받지 않고 또래들 간의 소통과 모임을 할 수 있다는 점에서 중·고등학교에 재학 중인 청소년들의 경우 SNS 이용률이 각각 78.1%, 87.7%로 높게 나타났다(과학기술정보통신부, 한국인터넷진흥원, 2021).

그러나 또래 간의 소통강화라는 긍정적인 측면 이외에 보호자나 교사의 개입이 어려운 점으로 인해 SNS를 통한 사이버폭력이 사회적 문제가 되고 있다. 푸른나무재단이 발표한 자료에 따르면, 사이버폭력 유형으로는 '사이버 언어폭력' '사이버 따돌림' 등이 있고 2021년 학교폭력 피해자 10명 중 3명이 사이버폭력을 경험하였다(연합뉴스, 2022. 09. 22.). 특히 SNS를 이용한 '카톡방폭' '카톡감옥' '대화명테러'의 현상이 나타나(한국청소년정책연구원 학교폭력예방교육지원센터, 2021), 청소년들의 올바른 SNS 사용법을 통해 그들만의 고유하고 건강한 SNS 문화를 형성할 수 있도록 적절한 교육이 필요하다.

4. 청소년 왕따문화의 이해

1) 왕따의 개념

우리 사회에서 청소년 '집단따돌림' 현상은 이미 심각한 사회 문제의 하나로 대두되었다. '복수 또는 개인이 약자를 대상으로 지속적·반복적으로 행하는 신체적·정신적 공격'으로 정의되는 '집단따돌림' 현상은 1980년대까지만 하더라도 일본 혹은 유럽의 선진국에서나 나타나는 외국 문화 풍토병의 하나였다. 하지만 1990년대에 들어와서는 우리나라에서도 '집단따돌림'에 관한 논의가 매스컴을 통해 있었고, 1990년대 후반부터는 이에 대한 학문적인 논의도 비교적 활발하게 일어나고 있다.

'집단따돌림' 현상은 언제인가부터 우스갯소리로 '아주 큰 것' '으뜸' '우두머리'의 뜻을 갖는 접두어 '왕-'이라는 말과 어우러져 '왕따돌림' 혹은 '왕따'라는, 약간은 희화화된 말로 변했다. 이 말은 '크게 따돌림을 당하는 사람, 가장 많이 따돌림을 당하는 집단 구성원' 혹은 '따돌림 현상 그 자체'를 지칭하고 있다.

'왕따'라는 말이 널리 사용됨에 따라 '왕따'로부터 많은 은어가 파생되었다. 예를 들면, '집중 따돌림'을 나타내는 '집따', '은밀한 따돌림'을 나타내는 '은따', '전체 따돌림'을 나타내는 '전따', '개인적으로 따돌림'을 나타내는 '개따', '평생 따돌림'을 나타내는 '평따'가 있다. 또한 아웃사이더의 줄임말로 무리와 섞이지 못하는 사람을 칭하는 '아싸' 등의 용어가 사용되고 있다. 이러한 '왕따' 현상은 아이들 집단에서뿐만 아니라 성인 집단, 예컨대 직장이나 사회단체에서도 나타나고 있다(이기문, 김진희, 1999, pp. 22-23).

집단 따돌림의 행위는 대체로 소외, 모함, 경멸, 괴롭힘, 폭력 등 다섯 가지로 나누어 볼 수 있다.

- 소외: 상대 안 하기, 같이 놀지 않기, 같이 급식 먹지 않기
- 모함: 엉뚱한 소문내기, 험담하기
- 경멸: 은근히 욕하기, 빈정거리기, 면박이나 핀잔 주기
- 괴롭힘: 말 따라 하며 놀리기, 책이나 물건 던지기, 발 걸기, 물건 뺏기
- 폭력: 신체폭력, 언어폭력, 금품갈취 강요, 성폭력, 사이버폭력

2) 연구 결과를 통해 본 왕따의 실상

왕따의 실상에 대한 연구는 비교적 다양하고 활발하게 진행되고 있다고 볼 수 있다. 그중 몇 가지 국내외 연구 결과를 참고로 예시해 보고자 한다.

(1) 이규미(1998)

이규미의 「상담사례를 통해서 본 '왕따' 현상」(서울특별시 청소년종합상담실,

1998)에서는 따돌림의 유발 요인을 다음의 몇 가지 차원에서 범주화하고 있다.

- 현재의 따돌림에 직접적인 영향을 주는 요인으로는 사회적 상황에서 부적절한 태도와 행동이 주조를 이루고 있다. 즉, 사회적 상황에서 적절히 대처하지 못하고 공상이나 잡념 등 자신만의 세계에 몰입하는 것, 무기력하고 소극적인 회피행동, 상황에 맞지 않는 공격적인 행동이나 사회기술의 부족 등이 왕따의 원인이 되고 있다. 낮은 지능, 최하위의 성적, 정신적 장애 등도 따돌림의 원인이 된다.
- 현재의 따돌림은 과거 어린 시절 양육과정에서 가정 사정이나 부모의 성격 특성 때문에 부모의 따뜻하고 안정된 애정과 관심을 받지 못했던 사례와 크게 관련이 있다. 즉, 피해의식과 짜증이 많은 할머니와 결혼생활에 대한 불만족이 심한 어머니에게서 자란 경우, 잔소리를 많이 들어야 했던 경우, 한부모가정의 궁핍한 환경에서 충분한 관심을 받지 못한 경우, 과잉보호와 잔소리 속에서 자란 청소년의 경우 왕따를 더 많이 당한다.
- 잠재적으로 대인관계에 취약할 가능성을 가진 학생이 실제 학교생활의 또래관계에서 왜곡된 사회 지각과 부적절한 사회 행동을 나타내게 됨으로써 결국 따돌림을 경험하게 된다.

(2) 모기 유타카(1996)

모기 유타카의 「이지메에 관한 연구」(1996)는 비록 신학적인 접근을 통해 집필된 논문이긴 하지만, 일본에서 1980년대 이후 증가하고 있는 이지메에 대한 기본적인 이해를 돕기 위해 분석적인 내용을 담고 있다.

- 살아 있는 친구를 죽은 것으로 간주해 '장례식 놀이'를 벌여 집단의 행동이나 원리에 벗어나는 집단 구성원을 제재하려는 이지메 현상이 1980년대 일본에 등장하기 시작하였다. 이러한 이지메는 일본 청소년 사이에서

뿐만 아니라 일본 사회의 여러 영역에 만연되어 일어나는 병리현상으로 주목받고 있다.

• 일본 법무성 인권보호국에서는 이지메의 특징으로 집단적으로 약한 한 사람 내지 소수의 사람에게 가해지고, 음습하고 집요하고 계속적으로 시행되며, 일단 시작되면 말릴 수 없고, 피해자의 고통이 절정에까지 이르게 된다. 또한 장난 삼아 혹은 울분을 풀기 위하여 진행되고, 집단 안에서 이질적이라고 간주된 사람이 대상이 되며, 주변에 있는 자들이 막아 주지 않는다는 점을 들고 있다.

• 이지메는 '선악'의 윤리 판단 기준에서가 아닌 '안팎'의 집단체제 원리에서 비롯된 것이다. 즉, 집단 '안'에 있다면 정신적 · 육체적 · 경제적 · 사회적 모든 면에서 보호를 받을 수 있지만, 일단 '밖'으로 떠나면 그 사람은 '독립된 이상한 존재'로 일생 동안 혼자 고독하게 살아갈 것을 각오하지 않으면 안 된다. 대단한 각오로 특정 집단을 떠난다 해도 그 집단보다 더 큰 '일본'이라는 집단이 그를 소외시키므로 대개의 사람은 현재 속해 있는 집단 '안'에 계속 머물며, 양심의 소리를 듣지 않고 가해자의 편에 선다.

• 이지메는 집단 안에서의 일치된 태도, 즉 다테마에(立前)와 억압된 자기 나름대로의 생각이나 감정인 혼네(本音)를 잘 조화시키면서 처신하도록 요구하였던 일본의 역사적 전개 상황에 기초하고 있다. '나 = 집단'이라는 정신구조가 형성되었기 때문에 집단의 수치는 곧 나의 수치이므로 타인 (=내가 속하지 않은 집단)에게 보이지 않도록 수치 부분(=내가 속한 집단 구성원 중의 한 사람)을 말살시켜야 한다. 이것이 이지메의 원리다. 나 자신이 집단의 수치 부분이라고 느낄 때, 더 큰 나(=내가 속한 집단)의 다테마에를 유지하기 위해 내가 죽어야 한다. 즉, 집단의 균일화된 외모가 다테마에고 다테마에를 파괴하지 않도록 말살시켜야 하는 혼네가 '나'다. 이것이 집단 내 자살의 원리다.

(3) 스미스, 코위 그리고 베론디니(Smith, Cowie, & Berondini, 1994)

스미스, 코위 그리고 베론디니의 「협력과 괴롭힘(Co-operation and Bullying)」
(1994)에서는 학급에서의 협동적 집단 과제 수행(Co-operative Group Work:
CGW)의 장애요인으로 집단괴롭힘(bullying)을 들고 있다. 이 연구에서는 집단
괴롭힘이 집단따돌림까지 포함하는 것으로 보고 있다.

· 연구자들은 사회측정법(sociometry)을 통해 학급 내 학생들의 대인지지관
　계에 관한 그림표를 작성하였다. 이를 그림으로 나타내면 [그림 4-4]와
　같다.

[그림 4-4]는 17명(남학생 8명, 여학생 9명)으로 구성된 학급에서 학생들의 대
인관계를 나타낸 것이다. 각각의 학생에게 '학급에서 자기가 가장 좋아하는 친

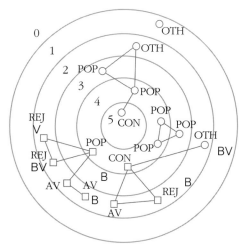

── : 상호지지관계	CON: 양면성집단	REJ: 배척집단	R = 가해자
□ : 남학생	POP: 인기집단	OTH: 기타	V = 피해자
○ : 여학생	AV: 평균집단	B/V: 가해자/피해자	

[그림 4-4] 학급 내 대인관계 지도

출처: Smith, Cowie, & Berondini (1994), p. 198.

구 3명과 가장 싫어하는 친구 3명을 적어 내도록' 하였다. 가운데 동심원에 위치해 있는 학생일수록 학생들로부터 가장 좋아하는 친구로 지명받은 횟수가 많은 것을 의미하며, 바깥 원에 위치하고 있는 학생은 지명받은 횟수가 그만큼 적은 것을 의미한다(원의 숫자는 지명 받은 횟수를 뜻함). 그리고 서로 간에 연결된 사선은 서로가 서로를 친한 친구로 지명한, 친구의 상호관계를 뜻한다. 한 학생을 제외하고는 모두가 '서로 상호지지관계'를 유지하고 있다. 이 경우 누구와도 상호지지관계를 유지하고 있지 못한 학생이 집단따돌림의 상황에 처해 있다(Smith, Cowie, & Berondini, 1994, p. 199).

- 학급 내에서 학생들의 상호관계의 특성을 분석해 보면, 나타나는 상호관계에 따라 학급 내 집단을 인기집단(the popular), 따돌림 당하는 배척집단(the rejected), 양면성집단(the controversial), 무관심집단(the neglected or the isolated), 기타의 소집단으로 범주화해 볼 수 있다. 이들 각 집단이 나타내는 특성은 〈표 4-1〉과 같다(Smith, Cowie, & Berondini, 1994, p. 197).

표 4-1　**학급 내 소집단의 구분과 특성**

구분	특성	역할
인기집단	싫어하는 사람들이 없이 모두 좋아함	공식적 대표
배척집단	좋아하는 사람들이 없이 싫어하는 경우가 비일비재함	공격성이 강함
양면성집단	일부에게는 인기가 있고 일부에게는 그렇지 않음	비공식적 대표(짱), 공격성이 강함
무관심집단	누구에 의해서 좋아하거나 싫어하는 대상이 되지 않음	지도성·공격성·협동성 모두 결여
평범집단	기타	참여적임

출처: Smith, Cowie, & Berondini (1994), p. 197.

(4) 왕따 연구의 종합

지금까지 살펴본 청소년 집단따돌림에 대한 다양한 연구물은 그 나름의 의의를 지니고 있지만 아울러 몇 가지 한계점도 갖고 있다.

① 의의

첫째, 여러 연구를 통해 집단따돌림의 개념이 어느 정도는 명확하게 정리되었다. 즉, 집단따돌림이란 한 개인이 일방적이고 지속적인 심리적·육체적 고통을 받은 결과 심각한 고통을 느끼는 것이고, 특정인을 그가 속해 있는 집단 속에서 소외시켜 구성원으로서의 역할 수행에 제약을 가하거나 인격적으로 무시 혹은 음해하는 언어적·신체적 일체의 행위를 뜻한다. 또한 한 집단의 구성원 중 자기보다 약한 상대를 대상으로 또는 개인이 돌아가며 신체적·심리적 공격을 지속적으로 가하여 반복적으로 고통을 주는 행동이라고 정의할 수 있다.

둘째, 집단따돌림과 관련된 다양한 은어가 사용되고 있음을 알 수 있다. 집단따돌림을 지칭하는 말로 '왕따'가 널리 사용되어 이제 왕따는 은어가 아닌 일반인의 일상어가 되어 버린 듯하다. '왕따'와 관련되어 사용되는 은어로는 '은따' '찐따' '빵셔틀' '십덕후(십과 오덕후의 합성어)' '아바타' '루저' '오타쿠' '혼모노(일본어로 '진짜'를 뜻하지만, 청소년들 사이에서는 주변에 피해를 주는 오타쿠를 지칭함)'와 같이 그 뜻을 쉽게 알 수 있는 말부터 '산탄다(애를 때리러 간다)' '뒷달깐다(뒤에서 욕한다)' '빡오른다(화난다)' '까대다(말대꾸하다)' '다구리(집단 구타)' '생까다(모르는 체하다)' '살깐다(소름끼친다)' '사발치다(거짓말하다)' '쌩구라(거짓말)' '째다(도망하다)' 등과 같이 좀처럼 그 뜻을 쉽게 알 수 없는 말들도 있다.

셋째, 집단따돌림은 특정 지역에 소재하고 있는 학교의 학생들에게서만 찾아볼 수 있는 현상이 아닌 지역을 불문하고 나타나는 현상이 되었으며, 더 나아가 세계 각국의 청소년 집단에서 쉽게 찾아볼 수 있는 일반 현상이 되고 있다. 따라서 이러한 시점에 이와 같은 연구는 청소년에게서 나타나는 집단의 특성을 알아보는 중요한 근거 자료가 될 수 있다.

넷째, 집단따돌림의 발생 시기는 중학생, 초등학생, 고등학생의 순서로 높게 나타난다고 볼 수 있으며, 남학생 집단보다는 여학생 집단에서 더욱 빈번하게 나타나는 것으로 볼 수 있다. 또한 학기 중간보다는 새 학기 초인 학년이 바뀔 때 더 많이 나타나는 것을 확인할 수 있다.

다섯째, 집단따돌림 현상이 직접적으로 그 현상이 발생하는 구체적 상황에 함께 참여하는 당사자들의 심리 상태 혹은 행동 특성에 기인함을 분석해 내고 있다. 즉, 특이한 외모나 환경을 가진 청소년(장애인이나 불우한 청소년 등)이나 별난 행동 유형을 견지하는 청소년(잘난 체하는 등)과 이를 수긍 혹은 용납하지 못하는 청소년이 심리적으로 충돌한 결과 나타나는 것이 집단따돌림 현상이라 할 수 있다.

여섯째, 집단따돌림을 확인할 수 있는(집단따돌림을 당하거나 혹은 시키는) 청소년의 행동 특성이 명확하게 정리되었다는 점이다. 즉, 따돌림을 당하는 청소년의 행동 특성으로는 튀는 행동(예: 잘난 척, 착한 척, 예쁜 척)을 취하는 경우, 이기적이고 남을 무시하는 경우, 솔직하지 않은 경우, 말과 행동이 이상하고 눈치가 없는 경우, 소극적이고 말이 없으며 잘 어울리지 않는 경우, 지능이 낮은 경우 등을 들 수 있다. 따돌리는 청소년의 행동 특성에는 자주 화를 내거나 과격한 행동을 취하는 것, 학교의 공식적인 활동에 참가를 꺼리는 것, 다른 친구들의 소지품을 많이 갖고 있는 것, 왕따 친구에 대해 자주 얘기하는 것, 참을성이 부족하고 천박한 말투를 구사하는 것 등이 포함된다.

일곱째, 집단따돌림 현상에 대처하는 미시적 방안이 구체적으로 제시되고 있다. 즉, 당사자 차원에서, 학교(조직) 차원에서 그리고 가정 차원에서 각각의 인간관계를 어떻게 개선해야 할 것인가에 관한 여러 방안이 제안되고 있다.

② 한계점

첫째, 대개 기존의 연구는 집단따돌림에 대한 윤리적 가치 분석을 소홀히 하는 경향이 있다. 즉, 많은 연구를 통해 집단따돌림이 청소년 집단 속에서 많이 일어나는 사회적 현상으로 밝혀지고 있지만, 이것이 인간관계에서 어떤 윤리적 가치를 지니고 있는 것인가에 대한 이론적인 연구는 거의 찾아볼 수 없었다. 집단따돌림이 갖는 윤리적 한계와 그것의 유해성이 논리적으로 정리될 때 집단따돌림에 관계되는 청소년을 좀 더 설득력 있게 지도할 수 있을 것이다.

둘째, 기존의 많은 연구는 집단따돌림에 대해 현상적 분석에 치우치고 있다. 즉, 대부분의 연구는 집단따돌림이 일어나는 상황을 분석하여 이것이 따돌림의 가해자 혹은 가해 집단과 피해자 간의 행동 특성이 달라서 서로 간의 부적응 혹은 피해자 일방의 부적절한 처신이나 가해자 일방의 비윤리적 행동으로 인하여 발생하는 것이라는 가설을 제시하고, 이를 검증하기 위한 방법을 채택하고 있다. 하지만 집단따돌림은 서로가 다른 삶을 살아왔던 개인 대 개인, 집단 대 개인이 특정 상황에서 서로가 살아왔던 삶의 유형을 견지함으로써 나타나는 문화충돌 현상으로 볼 수 있다. 집단따돌림에 관한 많은 연구는 지금까지 이 점을 간과하고 있다.

셋째, 집단따돌림에 관여하는 자의 행동을 수정하는 데는 상담활동이 효율적이고 효과적인 방법이겠지만, 문제를 발생시키는 사회 여건을 그대로 두면서 문제자의 행동만을 수정하도록 요구하는 것은 문제 상황에 대한 근본적 해결책이 될 수 없고, 단지 미봉책에 불과하다고 본다. 즉, 집단따돌림이 일어나는 사회적·문화적 구조를 들여다보면서 이를 분석·수정해야만 누구라도 그 상황에 처하게 될 때 문제를 극소화시킬 수 있다. 하지만 현재까지의 많은 연구가 상담심리학 중심으로 전개되다 보니 그 대처 방안이 지나치게 집단따돌림을 당하거나 시키는 당사자들의 태도 변화에만 초점이 맞춰지는 경향을 보이고 있다.

넷째, 개인이 견지·유지하는 태도와 인간관계는 그가 뿌리내리고 있는 사회적·문화적 환경에 의해 지배를 받는다고 볼 때, 특정 집단따돌림 현상을 중심으로 한 개개인의 사회적·문화적 배경을 더욱 면밀하게 분석할 필요가 있다.

3) 왕따의 사회적·윤리적 부당성

집단따돌림에 관련하여 우리는 '있는 듯한 사실'을 '있는 사실'로 밝혀내는 분석적 차원의 연구와 아울러 '벌어지고 있는 사실'에 대해 '어떻게 판단해야 하는가' 하는 가치판단 차원의 연구가 병행되어야 한다. 즉, 집단따돌림의 발생 동기, 실태, 결과 등을 사실적으로 분석하는 '사실판단'과 이러한 전 과정을 어떻게 해석하여 받아들일 것인가 하는 '가치판단'의 측면을 함께 궁리해야 한다. 이러한 도덕적 분석을 통해 집단따돌림이 옳지 않다면 그 근거를 찾아낼 수가 있는 것이다. 이는 철학적 탐구일 뿐만 아니라 사회적 가치를 선택하는 문제이기도 하다.

집단따돌림에 대한 도덕적 판단을 내리는 데 적용할 수 있는 가장 중요한 기준 중의 하나는 "집단따돌림은 틀림없이 구성원 사이에 불평등을 갖다 주어 '모든 사람은 평등하다.'는 명제에 위반된다."는 점이다. 평등은 자유와 함께 인간이 인간됨을 실현하는 가장 중요한 방편 중의 하나다. 이때 평등이라는 말은 성질 또는 특성을 지칭하기도 하지만 다른 한편으로는 대우와 취급을 지칭한다.

'모든 사람은 평등하다.'라는 명제는 다음과 같은 의미를 함축하고 있다.

- 모든 인간은 같은 종의 같은 구성원이다.
- 같은 부류에 속하는 모든 구성원은 균등하게 취급되지 않아도 되는 충분하고도 좋은 이유가 있지 않은 한, 똑같은 대우를 받아야 한다.

이러한 평등의 가치에 따라 크고 작은 집단 속에서 인간은 스스로 균등한 배분, 균등한 대우, 균등한 권리, 균등한 기회로 나타나는 평등의 이념을 구현하는 것을 이상으로 삼아 왔다. 하지만 집단 속에서 '복수 또는 개인이 약자를 대상으로 지속적·반복적으로 행하는 신체적·정신적 공격'으로 정의되는 집단따돌림 현상은 결국 집단 구성원 간의 불평등한 관계구조를 낳게 만들며, 이는 결국 평등의 이념을 훼손한다는 점에서 용납될 수 없다.

일차적으로 어떠한 인위적인 이유나 환경의 여건에 의해서 법적으로 보장된 교육의 기회를 활용하는 데 차별해서는 안 된다는 당위성이 집단따돌림 현상을 통해 깨질 수 있다는 점에서 집단따돌림이 갖는 부당성이 있는 것이다. 더 나아가 강자 혹은 지배적 지위에 있는 자(들)의 약자에 대한 군림의 한 표상인 집단따돌림은 평등의 궁극적 가치인 기회의 균등과 결과의 평등을 실현할 수 있는 가능성마저 원천적으로 봉쇄한다는 측면에서 평등의 가치, 정의의 가치를 깨뜨린다고 할 수 있다(강희천, 1989, pp. 96-99).

4) 청소년 왕따에 대한 대책

(1) 학교에서의 대책

• **실태 파악**: 교내 집단따돌림 실태를 파악한다.

• **피해자 파악**: 확인된 피해자와의 면담과 상담을 통해 피해자가 된 원인과 개인의 가정적 특성을 파악한다.

• **토론을 통한 집단따돌림의 이해**: 집단따돌림에 대해 드러내 놓고 토론을 하게 함으로써 이 현상에 대한 각자의 견해를 밝힐 수 있도록 한다. 이런 토론의 과정을 거치면서 학생들은 집단따돌림이 사회조직에서 있을 수는 있지만 바람직하지 않은 것임을 깨닫게 된다. 그리고 각자의 의견을 이야기하게 함으로써 집단따돌림을 시키는 혹은 당하는 입장 그리고 방관자의 입장이 드러나게 되고, 집단따돌림에 대한 교사의 단호한 입장이 학생들에게 전달될 수 있다.

• **학급 내 소집단 활동 활성화**: 한 학급을 몇 개의 소집단으로 구분하여(자리 배치에 의한 분단 구분이 아니라), 소집단별로 방과 후 혹은 주말 활동을 실시하도록 한다. 교사는 학생 스스로가 소집단 활동 프로그램을 수립하고

내용을 구성하는 데 지도와 자문을 제공한다.

• **놀이·수련활동 활성화**: 전문 수련 활동가를 초빙하여 함께하는 놀이 프로그램을 진행시킨다. 이는 일시적인 행사로 실시할 것이 아니라 1~2주일 혹은 한 달 간격으로 정기적으로 실시하는 것이 바람직하다. 전문 수련 활동가를 초빙하는 프로그램을 놀이 프로그램에 한정할 것이 아니라 스포츠 활동, 예능 활동까지 확대할 수 있다. 이렇게 함께하는 단체 활동을 통해 집단 유대감이 증진될 수 있다.

(2) 가정에서의 대책

① 피해자인 경우

• **자신감을 갖도록 배려하기**: 벽돌의 크기가 서로 다름에 따라 그 배열이 잘 안 맞춰질 수 있듯이 인간의 삶의 유형 또한 그럴 수 있음을 이해시키고 현실을 수긍하도록 도와준다. 아울러 현실을 벗어나고 싶어 하는 피해자의 심정을 이해하여 교사와 상의한 후 '자녀와 부모가 함께 여행 다녀오기'를 실천해 본다.

• **자녀와 부모가 함께하는 사회교육 프로그램 참여**: 집단따돌림을 당한 자녀를 둔 부모는 일단 자신의 자녀양육 방식에 결점이 있는지 돌아봐야 한다. 그런 후 자녀와 함께 참여할 수 있는 가정·사회교육 프로그램에 참여하여 다른 가정의 사례를 통해 해결책을 모색해 볼 수 있다.

② 가해자인 경우

• **집단따돌림의 폭력성을 인식시키기**: 물리적 폭력만이 한 개인에게 상처를 주는 것이 아니라 집단따돌림도 심각한 정신적 폭력임을 확실히 인식시킨다. 부모가 집단따돌림을 시키는 자녀에게 엄하게 체벌을 하며, 육체적 고통을 정신적 고통으로 체험하도록 한다.

- 본인이 집단따돌림을 시킨 피해자를 집으로 초청하게 하기: 본인이 집단따돌림을 시킨 친구를 집으로 초청하도록 설득하고, 중재하며, 기회를 마련해 준다. 결국 인간이 다른 동물과 다른 점은 의도적인 친밀성을 나눌 수 있는 능력을 가진 것임을 깨닫게 한다.

(3) 언론 및 일반사회에서의 대책

- 매스컴 보도의 자제: 집단따돌림을 희화화하는 각종 프로그램을 제작하지 말고, 방영하지도 않는다. 최근 방송가에서는 일본 TV 방송에 퍼져 있는 연예인 골탕 먹이기, 사생활 들추기 식의 프로그램을 전혀 거르지 않은 채 그대로 모방하면서 방영하고 있다. 그리고 청소년이 이를 다시 모방하면서 왕따놀이, 왕자병, 공주병 등으로 이어지는 '왕따' 만들기 심리가 확산되고 있다.
- 청소년 연예인 방송 출연 금지: 최근 들어 스타 청소년의 방송 출연으로 인해 상대적으로 일반 청소년의 허황된 모방심리와 심리적 박탈감이 부풀고 있다. 학교에서의 학업 수행과 인간관계 유지를 무시하고 '뜨기만 하면 된다' 식의 메시지를 청소년에게 주는 청소년 연예인의 방송 출연은 한정적으로 제한할 필요가 있다.
- 입시 경쟁문화의 개선: 소수의 성공한 자와 다수의 실패자를 주조하는 듯한 입시제도에서는 많은 청소년의 정서가 황폐화될 수 있다. 옆의 친구는 나와 더불어 살아가야 하는 벗이 아니라 내가 어떻게든 딛고 일어서야 하는 극복의 대상, 능가의 대상, 성공의 수단 등으로 간주되는 분위기에서는 집단따돌림이 자연스럽게 나타날 수밖에 없다. 학생들을 탓하기 전에 집단따돌림은 성인들이 만들어 놓은 제도와 환경이 낳은 역기능의 하나임을 유념할 필요가 있다. 성인들의 관계가 바로 설 때 청소년들의 관계가 바로 설 수 있으며, 성인들의 관계가 바르게 될 때, 당장 청소년들 간의 왕따 상황은 바뀌지 않는다 하더라도 이를 지도할 수 있는 성인의 권위가 서는 것이다.

추가 수업활동

토의(토론) 주제

1. 내가 경험한 친구 되어 주기와 친구 만들기

2. 청소년과 성인이 각각 만들어 유지하는 친구집단의 차이점은 무엇인가?

3. 청소년 왕따에서 가해자 혹은 피해자, 누구의 책임이 큰가?

4. 내가 학교장이라면 우리학교 왕따를 근절하기 위해 어떤 대책을 만들 것인가?

추가 탐구 과제

1. 좋은 친구가 되기 위한 나의 노력은 무엇인가?

2. 포함해야 할 내용

   • 친구와의 관계

   • 서로가 노력해야 할 점

   • 친구끼리의 역할 등

3. 분량: A4 용지 2~3매

참고자료

🌐 관련 사이트

한국청소년상담복지개발원
(www.kyci.or.kr)

푸른나무재단(청소년폭력예방재단)
(btf.or.kr)

📖 관련 도서

김시윤(2023). 배려하면서도 할 말은 하는 친구가 되고 싶어.

문지현, 박현경(2016). 우정이 맘대로 되나요? 글담.

애니 폭스(2015). 나는 왜 진짜 친구가 없을까? 뜨인돌.

🎬 관련 영화

〈우리들의 일그러진 영웅〉(1992)

감독: 박종원

출연: 홍경인, 고정일, 최민식, 태민영, 신구

키워드: 전학생, 영웅, 초등학교, 권력

〈뚜르: 내 생애 최고의 49일〉(2016)

감독: 임정하, 전일우, 박형준

출연: 이윤혁, 이장훈, 윤학병

키워드: 친구, 도전, 꿈, 운동, 또래, 우정

🎞 워밍업 수업자료

[교육프라임] 초등 성장 보고서 제3부—나도 날 모르겠어요, 13세 사춘기
출처: https://www.youtube.com/watch?v=-KN3fHTt4to

제5장

청소년의 여가문화

주요 내용

　　우리나라 청소년의 여가문화와 관련된 주제를 이야기해 보고, 청소년의 여가 · 놀이시간은 충분히 확보되어 있는지를 논의해 보려 한다. 아동 · 청소년의 놀 권리에 관한 규정이 있지만, 청소년 여가문화는 시간과 공간에 따라 제약을 많이 받는 것이 사실이다.

　　청소년에게 여가는 인지적 또는 언어적 발달에 긍정적인 영향을 미치고, 신체적 활동과 상호작용 및 협력을 통해 또래 청소년들 간 소통의 기술을 키우는 기회로도 활용할 수 있다. 건전한 여가는 심신에 도움을 주며 놀이 활동을 통해 스트레스를 해소할 수가 있다. 또한 4차 산업혁명과 코로나19의 영향으로 개별화되는 여가 환경 속에서 타인과의 상호작용을 통해 이타심을 키우고 협업을 경험함으로써 청소년의 역량을 개발할 수 있다. 국가에서는 청소년의 건전한 여가 공간 확보를 통해 어울림마당을 진행하고 있으며, 다양한 공간을 청소년수련시설, 청소년이용시설, 청소년자유공간으로 활용하여 청소년들에게 공간을 지원하고 있다. 청소년에게 여가활동은 인지적 · 언어적 · 정서적 · 신체적 · 사회적 영역 전반에 걸쳐 중요한 영향을 미친다.

주요 수업과제

- 청소년 여가문화는 어떠한가?
- 청소년 여가는 어떻게 구성되었는가?
- 청소년 여가의 중요성은 어떠한 것인가?

1. 청소년과 여가문화의 이해

1) 여가의 개념

일반적으로 여가란 의무적인 노동과는 대비적 관계에 있으며 의무나 책임에 의해 전혀 구속받지 않는 자유로운 시간이라고 할 수 있다. 즉, 인간에게 주어진 하루 24시간 중에서 생업, 수면, 식사 등과 같은 생명의 유지를 위한 기본적인 활동을 제외하고 남은 시간으로, 순수하게 본인이 하고자 하는 일들을 할 수 있는 시간이다(김형주, 2004).

여가란 시간을 구분하는 한 방법으로 노동이나 기타 생계유지를 위해 필수적인 활동, 즉 식사 · 수면 등을 위한 시간을 제외한 나머지의 비의무적이며 자유재량적 시간으로 개인의 휴식이나 기분전환, 자기개발과 창조를 구사할 수 있는 자발적인 선택성이 주어진 시간을 의미한다고 할 수 있다(하춘매, 2011). 그러나 여가는 여유로운 시간의 개념을 토대로 자유시간에 하는 여가활동은 물론, 여가활동을 통하여 경험하는 만족과 즐거움의 심리상태와 체험까지를 포괄하는 복합적 개념이다(하춘매, 2010). 최영순과 조병준(2012)은 현대사회에서 여가를 인식할 때 핵심적인 요소는 지각된 자유(perceived freedom)와 내재적 동기(intrinsic motivation)이며, 특정 여가 행위의 선택이 자유롭게 선택되었는지, 그리고 이것이 여가활동 그 자체를 추구하는 것인지와 관련하여 여가의 특성을 이해할 수 있다고 하였다(하숙례, 2014).

청소년기의 여가는 청소년이 건강하게 성장하고 발달하기 위해 꼭 보장되어야 할 만큼 중요하다. 여가는 신체적 · 정신적 · 사회적 · 인지적 · 정서적으로 올바르게 성장할 수 있게 돕기 때문이다. 누구나 청소년기의 여가에 대하여는 필요한 것이라고 긍정적으로 생각하고 관심이 있지만, 청소년기의 여가에 대한 인식, 여가 공간과 여가 환경의 부족, 영상매체의 생활화(TV, 컴퓨터, 스마

트폰 등), 입시 위주의 학습을 중시하는 학교나 사회 분위기로 인해 청소년이
자기 주도적으로 여가문화를 확산하지 못하는 것이 안타깝다.

2) 청소년과 여가

청소년기의 여가활동은 교육 내용에 해당하는 사회화와 여가 기술의 습득,
그리고 교육의 방법에 해당하는 창의성과 비행 방지에 가장 큰 의의를 가진다
(곽은섭, 2002). 청소년기의 생활 속에서 여가를 어떻게 보내는가가 중요하며,
일상생활 속 시간을 보내는 것이 여가가 아님을 깨닫게 하고 여가 교육을 통해
청소년들이 하고 싶은 것을 찾고, 다양한 여가에 참여하도록 정보를 제공하는
것도 필요하다.

오랜 시간 우리 사회에는 모범생이라면 놀 줄 모르는 청소년이라고 인식이
되어 왔고, 어떻게 하면 잘 노는지, 어디를 가야 놀 수 있는지에 대한 정보도
얻기가 쉽지 않았다. 지금의 청소년은 자기의 개성 표현도 잘하고 매체를 통해
많은 정보를 얻고 있어서 과거 세대와는 달리 잘 놀 줄 알아야만 또래 친구들
에게도 인기가 많고, 잘 노는 것을 통해 스트레스도 해소하며 자기의 행복까지
높이고 있다.

청소년의 여가문화는 단순히 노는 것이 아니고 그 시대의 문화적 맥락과 함
께 이어오고 있다. 1990년대 댄스곡이 유행할 때는 청소년이 댄스동아리 결
성과 더불어 장래 희망 직업에 '댄서'를 목표로 삼을 만큼 댄스가 영향력을 가
지고 있었다. 최근 자료인 교육부의 2022년 '학생 희망직업 조사' 결과, 인터넷
방송진행자(유튜버), 뷰티 디자이너 등 다양한 희망 직업군이 나오고 있다. 현
재 청소년의 여가문화는 그 시대의 문화 및 예술과도 연계성이 있어서 청소년
이 무엇을 갈망하고 있는지, 무엇에 스트레스를 받는지, 무엇을 바라보고 있는
지 무엇을 생각하고 있는지, 다양한 각도에서 바라볼 수 있으며, 청소년 놀이
문화를 통해 청소년의 정서 상태, 사고방식 등을 가늠할 수 있을 것이다.

그러므로 청소년에게 친화적인 분위기를 조성하고, 건전한 여가문화를 쉽게 접하게 하여 건강하게 성장하도록 돕는 것이 지역사회와 청소년지도자들의 역할이다. 청소년기에 다양한 체험활동을 통해 경험을 익히는 것이 중요하기에 학교에서도 창의적 체험활동과 자유학기제, 고교학점제, K-청소년 활동 등을 진행하고 있으며, 다양한 체험활동과 여가·놀이시간을 확보해 주려 하고 있다.

2. 청소년과 여가문화의 기능

1) 청소년의 여가 유형

여가활동 유형은 매우 다양한 형태로 구분할 수 있으며, 학자들에 따라 유형화하는 방식도 여러 가지임을 볼 수 있다. 이는 여가활동 형태가 서로 비슷한 내면적 특성이 있어 활동 간 구분 기준이 모호하기 때문이다(최유형, 2009).

크라우스(Kraus, 1977)는 여가활동 유형을 스포츠 참여 및 관람, 여행, 상업적 오락 활동, 도박, TV시청, 전자오락의 6가지 유형으로 구분하고 있으며, 라겝과 비어드(Ragheb & Beard, 1982)는 대중매체 관련 활동, 사회활동, 야외활동, 스포츠활동, 문화활동, 취미활동 형태로 구분하였다.

청소년기에서 여가와 놀이는 명확히 구별되기보다는 아직 학교에서 보내는 시간이 많기에 여가와 놀이를 혼용하는 경우가 많다. 놀이는 어린 시절에 행하는 다양한 형태의 비형식적 놀이로 놀이하며 겪는 즐거움에 초점이 맞춰져 있고, 여가는 시간 개념을 포함한 포괄적인 의미에서 시간과 활동의 총체성을 의미하며 상대적으로 목적지향성과 선택의 의미가 강조된다. 따라서 청소년 이후에 선택의 개념이 강조되는 측면에서는 놀이보다는 여가의 개념이 주로 사용된다(한국문화관광연구원, 2015).

2) 여가의 기능

(1) 개인적 기능

여가의 본질이 인간성과 자발성에 있다면, 여가의 기능은 휴식, 기분전환, 자기 계발에 있다고 볼 수 있다. 듀마즈디에르(Damazedier, 1967)는 여가의 기능을 현실적 개개인의 존재를 중시하는 차원에서 욕구를, 필요에 따라 자기실현을 지향하는 내적 행동 요소를 충족시키는 것으로 보고 있다.

첫째, 휴식의 기능이다. 일상생활 및 학업 스트레스에서 비롯되는 신체적·정신적 피로를 보완하고 회복시켜 준다. 둘째, 기분전환이다. 반복적인 일상에서 조금 떨어져서 다양하고 새로운 경험을 만난다. 셋째, 자기 계발의 기능이다. 틀에 박힌 사태를 벗어나게 하고 사고나 행동으로부터 자유로운 사회적 생활에 참여하게 된다.

(2) 사회적 기능

여가를 사회적 기능으로 보았을 때, 첫째, 사회적 학습의 기능이다. 청소년기에 많은 경험을 하는 학교와 가정 이외의 사회를 학습할 수 있다. 둘째, 학습 의욕 회복 등 재생산 기능이다. 여가를 통한 쉼과 스트레스 해소로 청소년의 삶에 활기를 줄 수 있다. 셋째, 사회적 통합의 기능이다. 또래와의 만남도 있겠지만 사회와의 만남으로 새로운 경험과 사고를 얻게 될 것이다. 넷째, 문화적 기능이다. 여가는 범죄나 비행, 문제행동을 예방하고 자기 취미, 진로에 관심을 기울이게 한다. 다섯째, 교육과의 상호 관련성이다. 여가를 통해 무의미하게 시간을 보내지 않고 사회를 통해 의미와 가치를 배우며 나와 다른 또래와 상호관계를 하게 된다.

(3) 여가문화 형성의 기능

건전한 여가를 통해 청소년들은 새로운 여가문화를 형성하게 된다. K-문화

(음악, 댄스, 요리, 드라마, 영화 등)와 스포츠, 관광 등은 새로운 참여 대상으로서 청소년들이 주도하고 있으며, 이들은 SNS를 통해 관심을 표현함으로써 여가활동에 큰 영향을 주고 있다.

오늘날의 우리 청소년에게 여가는 욕구를 발산시키고, 스트레스를 풀어 주며, 자아 발견의 기회를 얻게 하고, 성격 형성에 도움을 줄 수 있을 뿐만 아니라 그 자체가 사회질서 확립의 기능과 인간관계 회복의 기능 및 정서 순화 기능이 있기 때문에 없어서는 안 되는 것이다(김경철, 1993). 또한 청소년에게 놀이는 자아의 자유스러운 표현방식이며, 내적 치유의 수단이 될 수 있다(오익수, 박한샘, 김선남, 1998).

3) 청소년기 여가의 중요성

청소년기 여가활동의 긍정적인 영향은 다음과 같다. 첫째, 청소년의 여가활동은 인격 형성에 효과적이다. 여가활동은 성숙기에 접어드는 청소년에게 신체적·정신적·사회적·정서적으로 바람직한 인격 형성에 도움을 주는 활동이며, 여가활동을 통해 습득된 여가선용의 지혜는 성인이 되어서도 올바른 여가활동을 수행토록 하는 밑거름이 된다. 둘째, 여가활동을 통해 다양한 인간관계를 경험할 수 있다. 청소년기는 집단적인 활동의 경험과 능력이 요구되는 시기이며, 여가활동은 인간관계의 개선 및 원만한 의사소통과 문제해결 능력을 키우는 계기를 제공할 수 있다. 셋째, 여가활동을 통해 주체성을 기를 수 있다. 올바른 여가활동은 청소년이 진지하고 깊이 있는 또래 관계를 경험하게 하며, 서로 이해하고 상호작용할 기회를 제공한다. 청소년기에 경험하는 신체적 변화와 자아 정체의 심리적 위기, 사회구조적 긴장, 불안한 감정의 찌꺼기를 배설하고 활기찬 자신감을 불러일으키며, 청소년이 주체가 되는 여가활동은 숨겨져 있는 창조적 능력을 개발하고 발휘하게 함으로써 청소년의 주체적 상상력을 키워 줄 수 있다. 넷째, 정체성 확립에 이바지한다. 청소년기는 자신이 누구이고 어떤 존재인지에 대한 정체성 문제로 고민하게 되는 시기다. 다양한 여가활동은 청소년들의 불안과 갈등을 해소하고 자기 계발을 도모하며 원만한 인간관계를 형성하는 데에 이바지하며, 자신의 위치와 역할, 존재에 대한 정체성을 파악하는 데에 도움을 준다(이명숙, 2004).

3. 청소년의 여가문화 실태 및 현황

1) 청소년의 여가 실태 및 현황

시대의 빠른 변화 속도와 함께 청소년 여가문화도 변화하고 있다. '청소년 놀이문화' 하면 집단이나 단체로 신체활동 위주의 활동 등을 놀이로 구성하여

표 5-1 청소년의 여가활동 유형 (중복 응답)

구분	청소년		중등·고등	
	빈도	%	빈도	%
TV 시청	108	16.6	98	8.5
컴퓨터, 게임, 핸드폰	137	21.1	297	25.8
친구 만나기	107	17.8	218	18.9
운동	81	12.4	81	7.0
음악활동	17	2.5	59	5.1
여행	38	5.8	21	1.7
영화, 연극 관람	45	6.8	77	6.6
쇼핑	23	3.5	54	4.6
봉사활동	2	0.3	28	2.4
독서, 음악 감상	49	7.5	82	7.1
종교활동	17	2.5	24	2.1
수면	24	3.2	120	10.2

출처: 손진희, 김지민(2020).

심신이 건강한 청소년으로 성장하게 하였는데, 지금의 놀이 형태는 '놀이'라는 단어조차 '논다'로 그치고 있다. 놀이는 신체활동을 통해 자존감과 효능감을 높일 수 있고 놀이를 통해 규칙과 규범도 알고 지켰는데, 지금의 놀이는 단순한 혼자만의 놀이라고 볼 수 있다. 인터넷, 스마트폰과 함께 많은 시간을 보내다 보니 대근육보다는 소근육 위주의 불균형적 성장이 되고 있다.

청소년의 여가활동 유형은 스마트폰(컴퓨터, 게임, 핸드폰), TV 시청, 친구 만나기 순으로 나타나고 있으며(〈표 5-1〉 참조), 코로나19로 인한 비대면 수업, 비대면 활동으로 태블릿 PC 활용 시간이 더 늘어났다.

청소년의 여가 장소로는 집이 가장 많았으며 공원 및 길거리, 스포츠 시설, 학교 순으로 나타났고 상대적으로 청소년시설과 문화시설의 여가 장소 빈도가 적게 나타났다(〈표 5-2〉 참조).

청소년 여가시간으로는 1~2시간을 자유롭게 활용할 수 있음을 알 수 있다.

문화활동을 하는 청소년들은 대부분 영화관에서 영화를 관람하고 스포츠,

표 5-2 청소년의 여가 장소 (중복 응답)

구분	초등		중등·고등		전체	
	빈도	%	빈도	%	빈도	%
집	186	43.5	325	41.5	511	41.9
학교	34	7.7	36	4.5	69	5.7
학원	16	3.7	27	3.3	43	3.5
PC방, 노래방	15	3.4	168	21.3	183	15.0
청소년시설	5	1.2	11	1.4	16	1.3
스포츠 시설	37	8.6	49	6.1	86	7.1
문화시설	1	0.2	11	1.3	12	1.0
공원 및 길거리	78	18.2	71	9.0	149	12.2
기타	58	13.5	91	11.6	150	12.3

출처: 손진희, 김지민(2020).

청소년 여가시간

초 · 중 · 고등학생이 평일에 자유롭게 활용할 수 있는 여가시간　　　　　　　　　　　　　(단위: %)

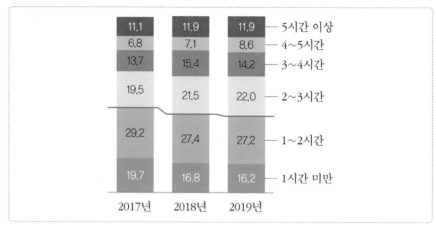

[그림 5-1] 청소년 여가시간

출처: 한국청소년정책연구원, 청소년정책분석평가센터(2020).

• 문화활동(13~24세, 복수응답, 2019년 기준) 그래프

[그림 5-2] 청소년 문화활동

출처: 한국청소년정책연구원, 청소년정책분석평가센터(2020).

무용, 연극, 음악 연주회 순으로 활동을 하는 것으로 나타났다.

1) 학교 안팎 청소년 여가문화, 동아리

(1) 청소년어울림마당

청소년어울림마당은 청소년들의 건전 여가 증진을 위한 콘텐츠 제공으로 청소년들이 문화적 감수성을 높일 수 있는 문화예술, 스포츠 등을 소재로 한 공연, 경연, 전시, 놀이 체험 등 다양한 청소년활동이 펼쳐지는 장으로 청소년의 접근이 용이하고 다양한 지역사회 자원이 결합한 일정한 공간을 의미한다. 또한 청소년들이 주체가 되어 기획 · 진행하여 청소년의 문화표현 장으로 운영될 수 있도록 하고 있으며, 모니터링을 통해 청소년의 눈높이에서 청소년들의 욕구가 적극적으로 반영될 수 있도록 유도하고 있다(여성가족부, 2022).

2023년 기준으로 16개 시 · 도/ 110개 시 · 군 · 구에서 총 126개소를 운영

표 5-3 │ 전국 시 · 도별 청소년어울림마당 지원 현황(2011~2022)

구분	어울림마당 지원 수		구분	중등 · 고등	
	대표 어울림마당	시 · 군 · 구 어울림마당		대표 어울림마당	시 · 군 · 구 어울림마당
서울	1	11	강원	1	6
부산	1	6	충북	1	6
대구	1	7	충남	1	6
인천	1	4	전북	1	7
광주	1	4	전남	1	6
대전	1	4	경북	1	8
울산	1	2	경남	1	11
세종	–	1	제주	1	1
경기	1	20	합계	16	110

출처: 여성가족부(2022).

중이다.

(2) 청소년동아리 지원

청소년동아리활동은 청소년들이 문화 · 예술 · 스포츠 · 과학 등 다양한 취미활동을 통해 건강한 또래 관계를 형성하고 자신의 특기 · 소질을 개발할 수 있는 자율적 활동이다. 여성가족부는 전국 시 · 도별 청소년시설 및 각급 학급(초 · 중 · 고)의 동아리활동 활성화를 위하여 인근 청소년수련시설과 연계해 우수 청소년동아리를 선정 · 지원하고 있으며, 2017년부터는 2,500개의 청소년동아리를 선정 · 지원하고 있다.

표 5-4 전국 청소년동아리 지원 현황   (단위: 개)

구분	동아리 지원 수	구분	동아리 지원 수
서울	440	강원	158
부산	140	충북	77
대구	122	충남	98
인천	94	전북	115
광주	70	전남	75
대전	117	경북	162
울산	50	경남	146
세종	16	제주	84
경기	536	합계	2,500

출처: 여성가족부(2022).

2) 청소년과 게임

청소년 여가에서 게임은 앞선 자료에서도 중심적인 위치에 자리 잡고 있으며, 게임이 중독과 이어질 수 있는 악영향도 있지만 여가 증진 및 스트레스 해소 등 긍정적인 면도 함께 살펴볼 필요성이 있다. 청소년들의 문화에서 게임이

| 표 5-5 | 인터넷 이용 빈도 및 시간 | | | | | | | (단위: %, 시간) |

연도	계[1]	주 평균 인터넷 이용 시간(%)							주 평균 이용 시간
		1시간 미만	1~3 시간	3~7 시간	7~14 시간	14~21 시간	21~35 시간	35시간 이상	
2013	100	0.7	4.9	10.7	39.8	24	18	2	14.1
2014	100	1.4	7.4	14.1	34.1	19.9	19.1	4	14.4
2015	100	0.7	7.4	13.6	36	20	16.1	6.1	14.5
2016	100	1.3	4.2	8.3	26	29.3	25.7	5.2	15.4
2017	100	1.2	2	4.6	26.9	29	29.7	6.6	16.9
2018	100	1	1.2	3.3	22	34.9	30.4	7.1	17.8
2019	100	0.9	2.8	5.3	22.4	29.7	31.3	7.6	17.6
2020	100	0.2	1.2	2.5	10.1	16.2	36.0	33.6	27.6

기준: 10대

주: 이동전화, 스마트폰, 스마트패드, IPTV, 인터넷전화 등을 이용한 인터넷 접속을 모두 포함

출처: 한국청소년정책연구원, 청소년정책분석평가센터(2020).

차지하는 영역은 매우 넓고 깊다고 할 수 있으며, 이는 곧 청소년들의 일상에서부터 사회생활까지 영향을 미칠 수 있는 중요한 요소라고 할 수 있다(한국콘텐츠진흥원, 2019).

코로나19 이후 PC기기 매체와 가까워진 변화된 디지털 미디어 환경에서 청소년들에게 게임이란 일상에서의 큰 부분을 차지하기에 청소년문화의 영역에서 다루는 시각이나 담론들이 확장될 필요가 있다. 최근에는 게임의 순기능에 관한 연구와 검증도 활발하게 이루어지면서 게임 이용자가 경험하는 순기능이 확장되고 있다. 게임은 일시적인 놀이를 위한 매체일 뿐만 아니라 다양한 사회적 행위를 실행하고 새로운 관계를 형성하거나 기존 관계를 공고히 하는 사회적 공간이기에(Thorne, 2012), 청소년들에게는 친교를 위한 또래 집단 간의 모임과 교제의 수단으로 작용한다(조민식, 2012). 특히 게임의 순기능에 관한 연구에서는 온라인 게임 내에서 관계를 확산하고 공동의 목표를 향해 협

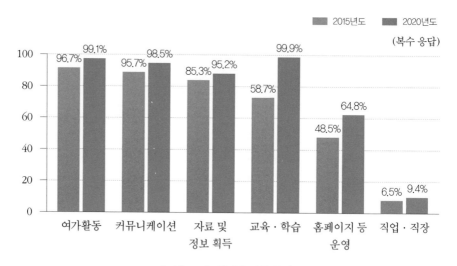

[그림 5-3] 인터넷 이용 목적

출처: 한국청소년정책연구원, 청소년정책분석평가센터(2020).

력하면서 사회자본 형성이 가능하다는 것을 주장한다(Coleand Griffiths, 2007;
Kobayashi, 2010; Steinkuehler, & Williams, 2006; Williams et al., 2006). 즉, 사회적

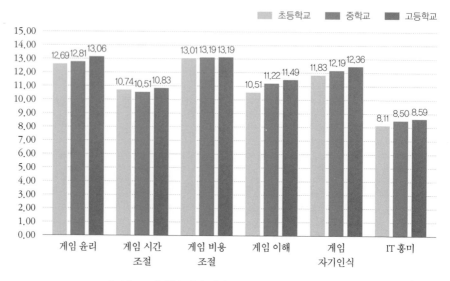

[그림 5-4] 청소년의 게임 리터러시 수준: 학교급별

출처: 한국콘텐츠진흥원(2022).

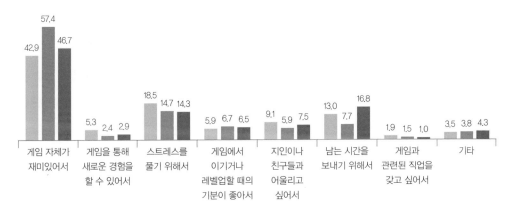

[그림 5-5] 청소년이 평소 게임을 하는 가장 큰 이유: 게임 행동 유형별

출처: 한국콘텐츠진흥원(2022).

관계를 형성하고 유지하기 위해 동원되는 자원이자 그러한 유대 관계에서 얻을 수 있는 혜택인 사회자본(social capital)이 게임을 통해 증진될 수 있다는 것이다(김혜영, 유승호, 2019).

　청소년에게 게임은 여가문화로 자리 잡고 있기에 청소년들 스스로 게임 리터러시에 관심을 가지고 게임 조절력과 게임 활용력을 함양할 수 있도록 분위기를 조성하고 최근 게임 이용 연령이 낮아지는 경향을 고려하여 청소년기 저연령대를 대상으로 게임 리터러시 제고 프로그램 도입이 필요하다. 특히 IT 흥미 등 게임 활용력 측면이 낮으므로 단순 재미, 흥미 중심보다 게임에 관한 관심을 영상 편집, 코딩 등의 다양한 IT 흥미로 연결하게 해 주는 교육 프로그램 개발이 필요하다.

4. 청소년 여가문화의 다양화를 위한 제언

　청소년의 건전하고 올바른 여가문화를 확산하고 지역사회에 정착하기 위해 다음과 같이 제언을 하고자 한다.

1) 여가에 대한 인식의 전환이 필요하다

여가는 단순히 '논다'는 의미가 아니다. 여가를 통해 인지적·사회적 학습을 해 나가고, 개인·집단 활동을 함으로써 상호작용 및 공동체 활동, 또래 친구들 간 소통의 시작이 될 것이다. 그러기 위해서는 여가를 단순한 시간 보내기식으로 여겨서는 안 되고, 여가를 통해 '성장해 나가는 기회'라는 인식의 전환이 필요하다.

2) 개인활동보다는 신체활동과 공동체, 집단활동의 확대가 필요하다

지금의 청소년문화에서의 여가는 단체보다는 혼자서 활동하는 여가가 많이 자리 잡고 있다. 또한 스마트폰, 컴퓨터를 통해 소근육을 쓰는 놀이 위주로 변화하고 있다. 이러한 여가의 형태를 균형 있는 성장을 위한 신체활동과 집단활동을 통해 규칙, 규범, 약속을 배우는 것으로 전환해야 할 것이다. 그리고 다른 청소년들과 의사소통을 하면서 자기 생각과 다르다고 단절하는 것이 아니고 다양성을 인정해 나가는 방법을 배울 수 있을 것이다.

3) 집에서의 여가활동이 아닌 청소년 이용시설의 활용이 필요하다

집에서 게임을 하거나 영상매체를 보는 청소년이 많기에 청소년 여가를 확대하기 위해 청소년시설을 더 만드는 것도 중요하지만 기존 시설을 활용하는 것도 중요하다. 기존에 있는 공간을 리모델링하여 청소년의 자유공간을 확보함으로써 청소년의 창의성 및 문제해결 학습의 도모를 기반으로 청소년이 그곳에서 쉼을 가질 수 있도록 만드는 것이다. 예를 들어, 주민센터와 학교의 유휴공간을 활용하여 청소년이 기존 시설을 이용하고 여가문화를 정착화시키는 것이 필요하다.

4) 청소년이 쉽게 접할 수 있는 여가활동과 프로그램의 개발·보급이 필요하다

청소년이 모인다고 다 해결되지는 않을 것이다. 모일 때 재미와 흥미가 없다면 모이지도 않을 것이다. 청소년의 관심사가 무엇인지를 조사하여 그 관심사와 연결하여 콘텐츠를 개발하고 즐길 수 있도록 해야 한다. 예컨대, 요즘 청소년들이 1인 크리에이터 등 미디어에 관심을 두고 있다면 이것을 쉽게 접할 수 있도록 콘텐츠를 개발하는 것이 필요하다.

5) 지역사회 속에서 청소년의 여가 분위기 조성이 필요하다

청소년의 올바른 성장은 그들을 키우는 부모만의 책임이 아니다. 지역사회 전체가 함께 노력하여 청소년 여가문화 만들기에 앞장서야 한다. 비행 및 탈선을 막기 위해 청소년이 많이 이용하는 곳에는 건전한 여가문화를 양성하고, 지역사회에서 여가활동이 충분히 이루어질 수 있도록 환경적 개선이 필요하다는 인식의 변화가 이루어져 청소년 모두가 관심을 받으며 함께 자랄 수 있도록 해야 한다.

추가 수업활동

토의(토론) 주제

1. 해외에서의 청소년 여가문화는 어떻게 형성되었는가?

2. 청소년 시기에 여가문화가 정착되지 않은 이유는 무엇인가?

3. 내 주변에 청소년 여가 공간으로 어떤 곳이 있는가?

추가 탐구 과제

1. 청소년시설에서 여가 프로그램은 무엇이 있는가?

2. 포함해야 할 내용

   • 여가 프로그램

   • 어울림마당과 연계성

   • 선호하는 활동 등

3. 분량: A4 용지 2~3매

참고자료

🌐 관련 사이트

| 청소년과 놀이문화 연구소 (www.ilf.or.kr) | (사)세계레크리에이션 교육협회 (www.creckorea.or.kr) | 한국여가레크리에이션 협회 (www.rec1960.or.kr) |

📖 관련 도서

성정원(2022). 십대를 위한 영화 속 지리 인문학 여행. 팜파스.

양계민(2017). 다문화청소년종단조사 및 정책방안 연구 5. 한국청소년정책연구원.

하태민 역(2017). 아이와 함께하는 10분 인성놀이. 학토재.

🎬 관련 영상

〈시간을 달리는 소녀(The Girl Who Leapt Through Time)〉(2006)

감독: 호소다 마모루

출연: 나카 리이사, 이시다 타쿠야, 이타쿠라 미츠타카, 하라 사치에

키워드: 문화, 동아리, 사랑

〈스윙걸즈(Swing Girls)〉(2004)

감독: 야구치 시노부

출연: 우에노 주리, 칸지야 시호리, 토시마 유카리

키워드: 문화예술, 우정, 학교

🔊워밍업 수업자료

집콕 청소년 놀이 문화–다양한 활동편
출처: https://www.youtube.com/watch?v=QdVrbmNyeNw

제**6**장

미디어와 청소년문화

주요 내용

    청소년문화는 대중매체와 영상매체로 조성되는 대중문화에 크게 영향을 받는다. 따라서 청소년문화를 바로 이해하기 위해서는 대중매체와 영상매체 그리고 그로 인한 대중문화의 특성을 제대로 이해해야 한다.

    대중매체란 우리 사회에서 동일한 정보를 대량으로 생산하여 대중에게 동시에 전달함으로써 사회 구성원 간의 의사소통을 진작시키는 매체, 즉 신문, 잡지, 텔레비전, 인터넷, 스마트폰과 같은 의사소통 수단을 말한다. 영상매체란 대중매체 중에서 TV, 영화 및 비디오, 컴퓨터와 같이 소리와 영상을 통해 내용을 전달하는 매체이며, 최근에는 인터넷, 스마트폰을 통한 매체의 접근이 이루어지고 있다. 대중문화는 대중·영상 매체를 수단으로 하여 다수의 불특정한 사회 구성원이 정보를 창출·보급·공유하는 삶의 유형이다.

    쌍방향적인 의사소통이 이루어지고 있는 현대의 대중문화가 청소년의 삶에 끼치는 영향에는 긍정적 측면은 물론 부정적 측면도 있으므로 청소년이 정보를 주체적이고 비판적으로 수용하며, 창의적으로 소화하도록 하는 여건이 마련되어야 한다.

주요 수업과제

- 대중문화의 개념과 특징은 무엇인가?
- 대중매체와 영상매체의 특징과 기능은 무엇인가?
- 청소년이 대중·영상 매체를 올바르게 수용하기 위한 방안은 무엇인가?

1. 청소년과 대중문화

1) 대중문화의 개념과 특징

영어의 'mass culture'에 해당하는 것이 우리말로는 대중문화다. 우리 사회가 대중사회로 접어들면서 전통적 귀족이 아닌, 시민혁명과 산업혁명 이후에 생겨난 새로운 사회계층으로서의 대중이 창출하는 문화가 바로 대중문화다(강현구, 김종태, 2003, p. 18). 아울러 'mass culture'에는 상업주의, 획일성, 저속성을 뜻하는 부정적인 의미가 내포되어 있기도 하다. 대중문화는 그 이전의 상위계급이 즐기는 고급문화와는 전혀 다른 특성을 지닌다. 따라서 '대중문화'라는 말 속에는 비인격적이며 경멸적인 의미가 포함되어 있기 때문에 서구 학계, 특히 유럽에서는 'mass culture'라는 말 대신 'popular culture'를 쓴다.

대중문화를 지칭하는 또 다른 말이 'popular culture'인데, 이는 가치중립성과 긍정성을 함유하고 있다. 'popular culture'는 자본주의 이전의 민중적 문화까지 포괄하는 개념이다. '일반적으로 넓게 확산되어 있으며, 함께 공유하고

[그림 6-1] 소셜 미디어 매체

출처: 핀터레스트(프리픽) (https://www.pinterest.co.kr)

있는' 것으로 정의될 수 있는 'popular culture'에는 민주적 가치에 대한 기대
와 희망이 담겨 있다. 'popular culture'로서 대중문화는 '다수의 사람이 향유하
는 문화' '인기문화'라는 뜻에 더 가깝다. 'mass culture'가 주로 문화의 생산과
정에 초점을 맞춘 개념이라면, 'popular culture'는 문화의 소비 내지 수용 과정
에 초점을 맞춘 개념이라 할 수 있다. 따라서 일반적 의미에서 대중문화의 개
념은 'popular culture'로서의 대중문화, 즉 다수의 사람 사이에서 인기를 누리
며 소비·향유되는 문화라는 관점에서 접근하는 것이 타당하다(김창남, 1998,
p. 24).

최근에는 'mass culture'에 민속문화(folk culture)나 전통문화를 포함하기도
한다. 민속문화는 그 의미와 목적이 의도적으로 이루어졌다기보다는 자연 발
생적이고, 자연 의식적인 측면이 크며, 그 내용이 보편적이지는 않지만 영구적
이고 특정 지역에서는 일반성을 띤다. 제도화의 측면에서 과거에는 흔히 무시
되어 왔지만 오늘날은 공식적으로 일부 보호받고 있는 문화이기도 하다. 따라
서 'mass culture' 'popular culture' 'folk culture'는 동일한 대상을 각기 다른 시
각에서 접근한 결과 얻어지는 개념으로 보아도 크게 틀리지는 않는다.

2) 대중문화의 발전

대중문화는 컴퓨터와 인터넷의 발전으로 급격한 발전을 이루었다. 이를 통
해 쌍방적 커뮤니케이션 관계로 전환함으로써 수용자인 대중의 참여를 가능하
게 하였고, 과학기술, 미디어에의 적응력이 빠른 성장 세대가 대중문화의 주도
권을 잡게 함으로써 수용자의 핵심 세력으로 자리매김하게 하였다.

대중미디어의 발전은 대중문화와 대중스타의 영역에 독특한 전환점을 제공
하였고, 대중문화의 영역에서 컴퓨터와 인터넷은 수용자이기만 했던 대중이
자생적 문화 생성력을 발휘할 수 있는 통로와 공간을 제공하였으며, 문화 예술
의 영역에 대중이 용이하게 참여할 수 있도록 하는 기반을 제공하였다.

수용자 개인들은 집단적 체계를 갖추어 또 다른 공공의 힘을 발현하게 하는 계기를 부여하여 지금까지의 대중매체가 '대중을 대상으로' 하는 대중적 매체라 한다면, 컴퓨터와 인터넷, 미디어의 발전은 쌍방향 전달체계와 네트워크 체계를 기반으로 비로소 '대중으로부터의' 문화 생성을 가능케 하는 대중문화의 진정성을 발현하였다. 대중매체의 출현과 역사적 발달은 대중문화의 생성과 대중문화가 인간 삶의 전범으로 안착하게끔 확산하는 기능을 발휘하였다.

청소년문화의 관점에서 보면, 인터넷, 디지털 미디어의 발전은 그동안 대중문화 수용자의 위치에서 주변부에 머물렀던 청소년을 주도적인 문화의 향유자, 소비자 그리고 생산자의 위치에 이르게 한 요인이라고 할 수 있다.

3) 대중문화와 청소년의 삶

(1) 청소년 대중문화의 특징

MZ세대 청소년은 발달한 인터넷과 스마트폰 문화를 어린 시절부터 접하면서 성장하였다. 일상생활 속에서 휴대전화를 놓고 있는 일이 없을 정도이며, 또래 친구들과 함께 다양한 정보를 자유롭게 접하고 공유하는 것이 가능해진 세대다. 하루에 15시간 정도를 공부와 관련하여 보내야 하고, 주로 학교 성적으로 자신을 평가받으며, 친구와 경쟁자가 될 수밖에 없는 고된 생활을 하는 청소년에게는 부모의 간섭만 없다면 스마트폰과 인터넷은 혼자 즐기고 시간을 보낼 수 있는 거의 유일한 탈출구이자 타인과 소통할 수 있는 매개체다.

이러한 청소년의 욕구에 영합하듯이 다양한 문화 콘텐츠 내용들은 청소년에게 맞추고 있다. 화려한 몸짓의 춤과 노래를 바탕으로 10대와 20대 아이돌이 가요 프로그램과 예능을 장악하고 있고, 드라마 속의 연예인은 청소년의 우상으로 자리 잡았으며, 그 인기에 힘입어 상품을 구매하도록 유혹한다. 이런 유혹은 공부로 인해 스트레스를 느끼는 청소년에게 좋은 탈출구가 된다.

청소년은 친구들과 TV 스타의 자료를 교환하고, 자신과 다른 처지에 있는 스타에게 감정을 이입함으로써 대리만족을 느낀다. 스타를 닮고 싶은 욕망은 그들이 유혹하는 상품을 소비함으로써 분출되고, '남과 다른 나의 개성'을 외쳐 대지만 거리에서 만나는 10대는 모두 비슷하다. 청소년의 소비 성향을 자극하는 것은 단순히 청소년 자신의 물품 구매에서 끝나는 것이 아니라 가족 전체의 물품 구매에도 영향을 미친다. 그래서 TV는 청소년이 선호하는 스타와 이미지를 끊임없이 만들고 상품화한다.

청소년문화는 이러한 청소년의 삶의 조건에 의해 규정된다. 청소년이 대중문화에 열광하거나 유해 환경 지역을 기웃거리는 행위도 이러한 삶의 조건과 연결시키지 않고서는 바르게 이해될 수 없다. 대중문화는 억압되고 강요된 일상생활의 패턴에서 청소년이 벗어나 도피할 수 있는 중요한 기제가 되고 있다. 결국 청소년은 대중매체가 만들어 내는 대중문화의 흐름 속에서 자신의 억압된 상태를 벗어나기 위한 저항의 한 방법으로 독특한 삶의 방식을 만들어 내는데, 이것이 청소년이 향유하는 하위문화의 한 형태가 되는 것이다. 큰 흐름에서 대중문화를 추종하다 보면 청소년은 가치관 형성에서 알게 모르게 대중문화의 영향을 받게 된다. 대중문화가 청소년의 가치관 형성에 주는 영향에 대해 살펴보면 다음과 같다.

• 소비 지향적 배금주의 가치관을 심어 주고 있다. 대량 생산, 대량 소비를 추구하는 대중문화는 주로 청소년을 소비자로 취급한다. 그리하여 청소년은 제품화된 문화상품을 그저 선택하거나 또는 대중적 취향에 동조하도록 요청받을 뿐이다. 청소년은 이런 문화에 익숙해져서 필요한 물품의 질이나 용도를 따지기보다는 상품의 가격이나 상표에만 주로 관심을 두게 된다. 사람은 소비하지 않을 때는 불안해지고 남들이 소비할 때 하지 못하면 초조해하는 경향이 있다. 그러다 보니 돈을 버는 과정과 일에 대한 성취감을 느끼기보다는 소비를 위한 돈을 마련하기 위해 무슨 짓이든지 하려고 든다. 소비 지향의 대중문화는 결국 청소년에게 배금주의적 가치관

을 심어 주게 되는 것이다.

- 쾌락과 오락 지향의 가치관을 심어 주고 있다. 대중문화가 제공하는 재미에는 생산성이나 창의성이 상대적으로 적다. 재미를 주는 문화는 사회 구성원을 주체적 입장에 서게 하기보다는 늘 수동적 입장에 서게 만든다. 예컨대, 매체를 통해 스포츠에 대한 규칙이나 선수에 대해서는 굉장한 지식을 갖고 스포츠를 즐기는 사람은 많지만 실제로 그 게임이나 경기를 할 줄 알고 즐기는 사람은 그리 많지 않다. 재미 중심의 대중문화에 물든 청소년은 쉽게 싫증을 느끼기 때문에 더욱 새롭고, 더욱 크며, 더욱 자극적인 내용의 프로그램을 찾게 되는데, 자신이 이런 문화에 어느 정도 중독되었는지조차 모르고 있다.

- 감성적 가치관을 심어 주고 있다. 10대의 취향을 드러내는 소아병적인 대중문화는 현실의 과중한 압박으로부터 벗어나고자 하는 현실도피적 충동과 터무니없는 환상에 대한 욕구가 깊이 도사리고 있다. 그러한 대중문화는 대단히 조작적이고 마취 성격이 강하며, 감정의 과잉 발산을 주요 근거로 삼는다. 지금 청소년을 사로잡고 있는 새로운 영상과 전자매체는 사람을 감각적 · 비사고적 · 비이성적으로 만든다. 이것들은 문화 수용자가 생각할 틈도 없이 즉각적으로 반응하고 느끼게 해 줌으로써 상황에 대응할 것을 요청한다. 이러한 대중매체 중심의 문화에 젖어 있는 청소년은 충동적이고 자제력이 약하며 정서적으로 불안하다.

- 비자주적인 가치관을 형성한다. 외래문화를 내용으로 하는 대중문화는 비자주적이고 비주체적인 청소년을 양산한다. 청소년뿐만 아니라 모든 계층에 가장 가까이 접근해 있는 TV 프로그램이 외래문화 소개의 창구라는 것은 이미 잘 알려진 사실이다. 그러나 이 밖에도 다양한 유튜브 영상, 전자오락 게임 등의 음반이나 프로그램 등이 외국에서 수입되고 있다. 이처럼 외래문화의 홍수 속에서 적절한 대책도 세우지 않은 채 청소년이 자주적이고 주체적이기를 바랄 수는 없다.

(2) 대중문화에서 나타나는 청소년문제

대중문화의 영향을 받아 일부 부정적인 청소년문제도 발생하는데, 그 내용을 살펴보면 다음과 같다.

- 미디어 매체(음란물)와 청소년비행은 상관관계가 있다. 청소년이 일부 영상매체에서 접할 수 있는 음란물과 청소년비행의 상관관계를 보면 음란물에 접촉한 지 오래 될수록 청소년비행과 상관관계가 높다. 음란물의 접촉 정도, 음란물을 보는 횟수, 콘텐츠 구입 경험 등이 청소년비행을 유발할 가능성이 높다. 다만 음란물 자체가 청소년비행에 직접적인 원인으로 작용한다고 단정할 수는 없으나 음란물을 본 후의 충동이 비행으로 이어질 가능성이 높다.
- 미디어 매체(폭력물)는 청소년의 모방범죄에 영향을 준다. 미디어를 통해 나오는 폭력적인 영화의 장면은 청소년의 폭력적 성향에 영향을 준다. 특히 비행청소년의 경우 폭력적인 영화를 보고 난 후 폭력적 경향이 훨씬 더 증가한다는 연구 결과가 있다.
- 미디어 매체(폭력성과 성적인 장면)는 청소년의 일탈에 영향을 준다. 미디어 매체의 폭력성과 성적인 내용이 청소년에게 지속적으로 노출될 경우 청소년의 일탈성향과 일탈행위에도 큰 영향을 미치고 정서적·행동적으로도 영향을 미친다(윤진, 1991).

2. 대중매체의 출현

1) 대중매체의 형성 배경

오늘의 시대는 정보화 사회 혹은 정보사회라 부른다. 이는 종래 농업사회와 공업화 사회에서는 가치를 생산해 내는 물질과 에너지가 가장 중요한 자원이었으나, 오늘날에는 정보가 가장 중요한 자원이 되고 있음을 강조한 말이다. 세계적으로 1970년대 두 번의 석유파동 이후 물질적 자원의 유한성이 강조됨에 따라 정보화 사회의 개념이 소개되기 시작하였고, 실제 이후 사회의 산업구조도 제조업에서 정보산업 중심으로 바뀌었다. 정보화 사회에서 대중매체 기관은 스스로가 정보를 생산하는 주체가 되며, 생산한 정보를 나눠 주는 공급자의 역할도 수행한다. 나아가 통용하는 정보를 고급과 저급으로 층화하거나 비판하는 평가자의 역할을 동시에 수행하기 때문에 사회에서 차지하는 영향력이 대단히 크다. 특히 대중매체는 컴퓨터와 인터넷의 발전으로 형성되었다고 해도 과언이 아니다. 이는 특히 청소년이 매중매체의 주요 소비층으로 등장하면서 형성되었다.

2) 대중매체의 개념과 특징

(1) 대중매체의 개념

대중매체는 매스미디어(mass media)를 우리말로 번역한 말이다. 이는 사회적 배경에 관계없이 불특정한 다수의 사회 구성원 간에 의사를 소통시키는 매체들의 총합을 지칭한다. 원래 미디어(media) 혹은 이의 단수형인 미디엄(medium)의 사전적 의미는 '거리를 두고 있는 두 사람 간의 의사소통을 위한 매체'를 뜻한다. 예컨대, A와 B가 의견을 나누는데 각자의 집에서 스마트폰, SNS를 활용해 이야기를 나눈다면 스마트폰과 SNS가 의사소통 매체(미디어)가 되는 셈이다. 그리고 대중(mass)은 사회를 구성하는 불특정의 다수를 지칭하므로, 자연스럽게 대중매체는 우리 사회에서 정보를 대량으로 생산하여 배포하는 인터넷, 스마트폰, 신문, 잡지, 텔레비전, 영화 산업과 같은 의사소통 제도 전반을 말한다.

(2) 대중매체의 특징

신문, 방송, 출판, 광고, 영화, 음반, 스마트폰, 인터넷, 유튜브 같은 대중매체 혹은 매스미디어는 다음과 같은 몇 가지 공통점을 갖고 있다.

- 매스미디어는 대규모의 자본을 바탕으로 운영된다.
- 매스미디어는 대량 복제 기술을 전제로 한다.
- 매스미디어를 통해 생산되는 의사소통의 산물(콘텐츠)은 상품적 가치(교환가치)를 지니고 유통된다.
- 매스미디어가 만들어 내는 콘텐츠는 한 사람의 힘으로는 제작하기 어렵다.
- 매스미디어가 의사소통하려는 대상은 특정한 부류의 사람이 아니라 불특정 다수(대중)이다.

3) 대중매체의 발전

의사소통 체제의 발달과정에서 인간은 초기에 메시지를 기록할 수 있는 문자를 고안하였고, 그 문자를 기록하여 오래 보관할 수 있는 종이를 발명했으며, 메시지를 문자나 그림으로 종이에 여러 장 복사할 수 있는 인쇄 기술을 발전시켰다. 이에 그치지 않고 인간은 자신의 목소리와 모습조차 시공을 초월하여 복제하고 저장하며 유포할 수 있는 전기, 전자, 전파 기술도 개발하게 되었다. 캐나다의 매체학자 맥루언(McLuhan)은 이러한 전자 매체의 등장을 '지구촌(global village)의 도래'로 압축하여 설명하고 있다.

매스미디어는 다음의 3단계로 발전하여 왔다.

- 제1단계: 대화의 송신자가 갖고 있는 신체적 조건을 활용한 직접적 의사소통의 단계다. 대면적 방법은 언어를 통한 대화와 만남을 통해 의사소통 당사자들이 얼굴 표정까지 관찰하면서 의사소통을 하며, 정적이고 감정

적인 내용까지 전달할 수 있다는 장점을 갖고 있다. 그리스 시대 아테네 광장에 모여 있는 청중을 대상으로 어느 정치가가 연설했던 것과 같은 형태가 이러한 형태의 의사소통 방법이라 할 수 있다.

- 제2단계: 대화의 송신자가 자기 의사를 수신자에게 직접 전달하는 것이 아니고 인쇄물을 활용한 간접적 의사소통의 단계다. 인쇄물을 통한 의사소통은 그 효과가 인쇄물이 유지되는 한 존속된다는 장점을 갖고 있다. 아직도 일간신문에 끼워져서 배포되는 전단지 등은 그것이 사회 구성원 간에 나눠 가질 수 있는 정보의 가치를 지니고 있는 한, 이러한 형태의 의사소통 방법이라 할 수 있다.

- 제3단계: 송신자와 수신자 사이에 반드시 기계를 활용하는 단계다. 이 기계에는 TV, 인터넷, 스마트폰 등이 포함된다. 이러한 의사소통 방식은 다수의 대상에게 차별 없이 동시에 접근할 수 있다는 장점을 갖고 있다. 엄밀한 의미에서 매스미디어란 제2, 3단계에서의 의사소통을 돕는 매체를 말한다.

[그림 6-2] 매스미디어의 종류(스마트폰)

4) 대중매체의 기능

현대사회에서 대중매체를 빼놓고 의사소통을 생각하기란 거의 불가능한 일이다. 특히 매스미디어를 중심으로 의사소통이 진척되는 현상을 매스커뮤니케이션이라 하는데, 오늘날과 같은 매스커뮤니케이션 사회에서 매스미디어는 다음과 같은 기능을 수행한다.

(1) 문화를 전승 · 보급하는 기능

사회의 각 집단은 스스로 처한 자연환경 속에서 저마다 삶의 형태를 개발하고 발전시킨다. 또한 집단과 집단이 상호작용하므로 또 다른 삶의 형태를 만들어 내기도 한다. 한 집단 내 혹은 집단 간 만들어진 독특한 삶의 형태는 매스미디어를 통해 세대 간 혹은 지역 간 전승되고 보급된다. 더 나아가 오늘날 매스미디어의 영향력은 일종의 거대한 지배권을 형성하여 어느 누구도 매스미디어가 전달하는 문화의 내용에서 자유로울 수 없게 되었다.

(2) 새로운 문화를 창출하는 기능

오늘날 일반 대중이 향유하는 문화는 대중 자신이 주체가 되어 생산 · 보급한 자생적 문화라기보다는 외부로부터의 영향력, 즉 매스미디어에 의해 주로 조정되고 보급된 문화라 할 수 있다. 산업혁명으로 시작된 비약적 경제 발전은 일반 대중에게까지 물질적 풍요와 시간적 여유를 가져다주었다. 그 결과, 인간 삶의 유형에 변화가 일어나게 되었고, 특히 상류 계층의 독점물로 간주되었던 오락과 예술을 경제적 · 시간적 여유를 가진 일반 대중도 향유할 수 있게 되었다. 아울러 기술 공학의 발달은 새로운 첨단 미디어(매스미디어)의 등장을 가능하게 하였고, 매스미디어는 대중문화를 창출 · 보급함으로써 경제적 · 시간적 여유 속에서 새로운 삶의 유형을 지향하는 일반 대중의 욕구에 부응하고 있다.

(3) 문화를 통합시키는 기능을 수행한다

현대의 매스미디어 발전은 지리적 · 문명적 · 계층적 · 연령적 집단에 따른 이질적 특수 문화를 어느 정도 동질적으로 변화시키고 있다. 즉, 현대사회에서 농촌과 도시의 문화가 유사하게 조정되어 가고 있고, 여성과 남성 간 문화적 차이가 좁혀지게 되었으며, 청소년과 기성세대가 쉽게 동세대의 연대감을 형성하게 되는 등 세대 간 공통성이 많은 경우 매스미디어에 의해 형성된다.

매스미디어의 문화적 동질화 기능은 문화 계층의 차이를 없애 주고, 사회적 불평등을 어느 정도 해소시켜 주며, 사회적 결속력의 증대와 사회통합의 증진에 크게 기여한다. 반면, 개인적 측면에서 볼 때 매스미디어는 사회 구성원이 주체적으로 자기결정을 하는 것을 어렵게 만들기도 한다. 즉, 매스미디어는 일반 대중의 무의식적 세계를 조정하는 마술적 힘을 갖고 있기 때문에 그들의 정상적이고 합리적인 사고를 저해할 수도 있다.

(4) 문화를 간접적으로 체험하게 하는 기능을 수행한다

매스미디어, 특히 TV는 인간이 직접 경험할 수 없는 여러 생활양식을 간접적으로 경험할 수 있게 하고, 다른 사회 상황에 있는 가치를 수용자에게 제공해 준다. 과학기술의 발전과 현대의 첨단 통신기술을 바탕으로 한 TV의 사실적인 보도는 사회적 현실을 생생하게 경험하고 있는 것처럼 받아들이게 하며, 그 경험에 대해 사실성과 더불어 객관성을 부여한다. 또한 시청자는 제작자 나름대로 유형화한 TV 프로그램이 보여 주는 세계를 그대로 해석한다. 그 결과, 대중매체의 수용자는 실제 현실과 대중매체가 전달해 주는 허구를 혼동하기도 하며, 연속극이나 만화에서 보는 인물이나 사건을 실세계의 인물이나 사건으로 착각하는 등 매스미디어의 콘텐츠에 비판 없이 반응하게 된다.

기술적인 매개를 통해 제공되는 유사 현상이 우리의 현실 상황과 사고, 행동 양식, 가치 기준 등을 규정할 때 대중매체에 의존하는 사람은 허구를 사실로, 사실을 허구로 생각하지 않을 수 없는 조작된 상황하에 놓이게 된다. 결국 현대사회의 구성원은 미디어 신화에 사로잡히고 대면적 의사소통이 약화됨에 따라 고립화·비인간화 경향을 보이며, 정치에 무관심하거나 무력한 대중이 되기도 한다.

3. 영상매체의 출현

영상매체는 영상을 통해 보이는 매체다. 방송, 영화는 물론이고 넓게는 주로 종이에 사진이나 삽화, 만화 등이 인쇄되는 인쇄매체 중 정지영상매체, 그리고 비디오 게임, 가상현실도 포함된다. 그 외에도, 라디오 방송 스튜디오를 화면을 통해 전달하는 라이브 스트리밍 서비스인 '보이는 라디오' 또한 영상매체로 간주된다.

1) 영상매체의 형성 배경

과거 인쇄매체의 등장이 과거에 대한 폭넓은 성찰을 불러일으켜 이성의 지평을 열었다면, 텔레비전을 통한 영상화·이미지화 현상은 글을 보완적으로 대체함으로써, 오히려 근대적 이성의 자리를 없애고 그 자리에 감각을 불러일으키는 결과를 초래하였다. 텔레비전은 이성보다는 감각의 우위성을 부여해 준 매체이기 때문에 형상과 이미지, 상업성과 상상력이 더 우선시되는 매체로 평가할 수 있다. 이처럼 텔레비전이 일방성과 동시성의 매체임에도 불구하고 영상 텍스트가 인쇄된 텍스트에 비해 우위를 점할 수 있었던 것은 몰입의 효과 때문이다. 즉, 이성의 개입보다는 감정적 동일시를 불러일으킴으로써 동질의 경험세계를 야기했던 것이고, 이것 때문에 영상 텍스트는 인쇄된 텍스트를 보완적으로 대체할 수 있었던 것이다.

문자해독 능력이나 특별한 지적 능력을 필요로 하지 않는 영상이 지니고 있는 대중성은 문화를 특정 계층보다는 대중이 향유할 수 있는 개방된 형태로 변화시켰으며, 그 결과 문화산업의 활성화를 촉진하였다. 텔레비전 영상은 정확한 시간 분할에 의거하고 이에 따라 정확한 시간 분할의 의식을 가정과 가족 개개인에게 심어 주게 된다.

영상이란 인간 내부의 지각 작용, 심적 작용에 관한 것뿐만 아니라 역사적 · 사회적 차원에서의 포괄적 의미를 지니고 있는 개념이다. 영상은 표시적으로 이러한 영상매체들이 보여 주는 사물과 의식의 상의 관계를 의미한다. 결국 영상은 공학적 문제와 함께 지각과 의식 구성, 지각상과 심적상 형성, 그리고 새로운 의미 연결이라는 문화적 차원으로 규정할 수 있다. 영상은 단지 개인적인 도구에 그치지 않고 사회적인 기록과 전달의 기능을 가지게 되었고, 나아가 기업 활동과 연결됨으로써 언어문화에 필적하는 영상 문화를 형성하기에 이르렀다.

2) 영상매체(미디어)의 개념과 특징

(1) 영상매체의 개념

영상이란 광선의 굴절이나 반사에 따라 비추어지는 물체의 모습, 머릿속에 떠오르는 사물의 모습이나 이미지, 영화나 TV의 화상을 말한다. 매체란 어떤 작용을 다른 곳으로 전하는 구실을 하는 물체, 어떤 일을 전달하는 데 매개가 되는 것(사전적 의미)을 뜻한다. 따라서 영상매체란 광선의 굴절이나 반사를 이용하여 물체의 상이 나타나도록 하는 하드웨어와 소프트웨어를 포함하며, 구체적으로 영상적 · 언어적 정보를 포착 · 처리 · 재구성하는 하드웨어(모든 전기적 · 기계적 기자재)와 소프트웨어(프로그램, 자료, 정보, 기술) 등을 지칭한다.

최근 우리는 영상 정보가 엄청나게 쏟아지는 영상시대에 살고 있다. 그래서 이전에 접해 볼 수 없었던 엄청난 양의 시청각 자료를 접하고 있다. 오늘날 대부분의 사람은 그들이 획득하는 정보 중 10% 정도의 내용은 귀로 들어서 배우지만, 80% 이상은 눈으로 보면서 배운다. 특히 더 중요한 것은 사람들이 귀로 듣는 것 중의 20% 정도만 기억하는 데 비해, 보고 들은 내용은 50% 이상을 기억해 낸다.

영상은 사진, 영화, 텔레비전 등의 총칭으로 이해되고 있다. 이것은 이와 같은 대중매체가 일상생활 깊숙이 침투되어 있어 영상 환경이라고까지 말할 수 있을 정도로 사회적 환경이 형성되었고, 영상을 접하지 않는 날이 없을 정도로 매우 당연한 생활적 현상으로 이해되고 있기 때문이다. 영상이라는 단어의 확신성은 영화의 등장과 텔레비전의 확산 이후 시대적 환경과 밀접히 관련되어 보편화된 용어라고 할 수 있다. 원래 영상이라는 개념은 영어의 이미지(image)에서 출발했으나, 다른 한편으로 시청이라는 개념과도 동의어로 사용되고 있다.

사전적 의미로 살펴보면, 영상이란 '광선의 굴절 또는 반사에 의하여 비추어진 상, 그리고 머릿속에 그려 내는 것의 모습과 광경'으로 정의되고 있다. 즉, 영상은 특정 기술에 따라서 표출된 객관적 대상이자, 인간들 간의 만남을 창조해 내는 공간이며, 동시에 인간 내부의 지각상이자 심적상의 대리자로서의 역할을 한다고 말할 수 있다.

(2) 영상매체의 특징

많은 경우 영상매체의 특징은 문자매체와 비교되어 설명되기도 한다. 흔히 활자가 논리성과 합리성을 강조하는 매체라면, 영상은 감각과 감성에 호소하는 매체다. 또한 활자문화 세대가 중요하게 간직해 왔던 가치 기준이 '무엇이 옳고 그른가'에 있었다면, 영상문화 세대가 주로 관심을 기울이는 가치 기준은 '어떤 것이 좋고 싫은가'로 바뀌었다. 결국 청소년의 새로운 가치관이 종전 기성세대의 가치관을 서서히 대체하고 있음을 알 수 있다. 영상매체는 다음과 같은 특징이 있다.

- 영상으로 상호 소통하기 때문에 전달하고자 하는 메시지가 더욱 분명해진다.
- 영상에 언어와 음향, 그 밖에 각종 상징적 부호를 종합적으로 사용함으로써 입체적 전달효과를 확보할 수 있다.
- 시공간적으로 제약을 극복하면서 전달 실체를 구성할 수 있다. 즉, 과거에서 미래로, 집 안에서 우주로 혹은 그 반대로 자유롭게 넘나들 수 있다.
- 영상매체는 시청각 매체이므로 관객의 주의를 집중시켜 주며, 감정을 불러일으키는 데 효과가 있다.
- 영상매체는 자연 그대로의 현상을 보게 할 수 있다.
- 영상매체는 실제 대상이나 사건과는 다른 상징적 현상을 나타낸다. 이것은 영상매체가 카메라를 작동하여 시공간적 조작이 가능하고 시간적인 순서를 다양하게 구성할 수 있기 때문이다.
- 최근 영상매체는 의사소통의 탈매스화(de-massification)로 특정 메시지가 특정 이용자에게 교환될 수 있는 개별화의 특성, 사람들이 아무 데서나 편리한 시간에 메시지를 보내고 받을 수 있는 시공간 초월화의 특성, 정보전달 체계에 있어서의 통제를 송신자로부터 수신자 쪽으로 옮기게 된 의사소통의 비동시적 특성 등으로 인간의 삶에 디지털 혁명을 일으키고 있다.

3) 영상매체의 발전

영상매체는 다수의 사람에게 동시에 빠른 속도로 생동감 있는 정보 전달이 가능하며, 상대적으로 깊이 있는 정보 전달에 한계가 있는 특징이 있다. 영상매체의 발전은 TV가 생겨나면서부터라고 해도 과언은 아니다. TV는 전기 신호가 닿는 곳이면 어디서나 영상을 볼 수 있으며, 소리를 들을 수 있는 기기를 말한다. 텔레비전(television)이라는 이름은 '멀리'를 뜻하는 '텔레(tele)'라는 라틴어와 '본다'를 뜻하는 '비전(vision)'이 합쳐진 말이다. TV 이후의 영상매체는 인터넷의 보급으로 더욱 발전하였다. 컴퓨터 통신매체의 급속한 발달과 보급으로 인터넷은 기존의 고전적 정보매체인 인쇄매체의 발전을 정체시켰다. 대다수의 사람은 신문이나 책을 읽기보다는 TV나 인터넷에서 나오는 영상 앞에 앉아 더 많은 시간을 보내며, 책이라는 형식을 갖춘 정보매체는 전자 영상 매체로 완전히 대체되었다고 보는 시각이 있다.

영상매체에 의한 메시지는 순간적으로 그 이미지에 대한 감각적인 반응이 수동적으로 이루어지기 때문에 심리적·시간적으로 경제적이다. 이런 점에서 영상매체는 책이 갖지 않은 장점을 갖고 있다. 그러나 그것은 필연적으로 순간적이고 단편적이며, 따라서 반성적이지 못하고 애매한 상태로 남을 수밖에 없다. 이런 점에서 메시지의 전달은 피상적인 단점도 함께 있다고 할 수 있다.

4) 영상매체의 기능

(1) 수용자의 자세를 획일화시킨다

영상매체가 개인과 대중을 위해 존재한다고 하지만, 그 근본적인 존재 이유는 공통성을 창출하기 위한 것이다. 공통성이란 어떤 점에서는 획일성을 의미한다. 그래서 한국 사회가 유지되려면 우리나라 사람이 똑같이 생각해야 하고, 똑같은 언어를 써야 하며, 똑같은 습관을 가져야 하고, 똑같은 제도를 숭상하도록 만들어 주어야 한다는 점을 은근히 강조한다. 획일화된 제도에 적응하지 못하는 사람은 결국 도태되어 사회적으로 낙오자가 되고 만다. 즉, 대중이나 청소년에게 인기가 있는 영상을 찾아서 시청하는 경향이 있다. 영상매체는 모든 사람에게 동일한 생각과 행동을 하게 하는 인도자로서의 역할을 담당하게 된다.

(2) 실제와는 다른 허구의 세계를 보여 준다

영상매체는 현실 세계와는 거리가 먼 이야기 혹은 사실과는 전혀 다른 왜곡된 이야기를 전달하기도 한다. 영상 콘텐츠 제작에 관여하고 있는 사람들의 편견과 의도를 전달 내용과 방법에 반영하기도 한다. 흔히 TV를 '미지의 세계를 향한 창문'이라고 말하는데, 이때 각 창문은 저마다의 특성을 지니며 창문은 그것이 갖고 있는 크기와 방향에 따라 제한된 외부 세계만을 보여 줄 수 있다. 일반인은 창문을 통해 죽은 세계를 보면서도 마치 살아있는 세계를 보는 것으로 착각할 수도 있다. 창문의 특성으로 인해 매스미디어로 우리가 보는 세계는 실제와는 다른 허구의 세계이고, 단절된 세계이며, 채색되고 변질된 세계가 될 수 있다는 점을 인식할 필요가 있다.

(3) 가치관의 혼란을 야기하고 물질주의를 조장한다

TV 방송국이나 인터넷 방송국의 어떤 프로그램에서는 도덕과 윤리를 강조하는 반면, 또 다른 프로그램에서는 수단과 방법을 가리지 않고 성공하는 주인공을 미화하기도 한다. 한편으로는 소비 절약을 호소하면서 다른 한편에서는 광고를 통해 필요하지도 않은 물건을 사도록 소비행위를 조장하기도 한다. 사람의 동등한 가치와 인권을 강조하는 언론이 모금 행사에 더 많이 기부한 사람의 이름을 더 크게 표기하기도 한다. 이러한 가치관의 혼란은 건전한 성에 대한 인식을 선정성으로 바꾸어 놓았고, 인간의 생에 대한 근본적인 의지를 권력과 불의에 대한 탐욕으로, 자신에 대한 존경심을 자만으로, 인간의 근본적인 불완전성에 대한 의식을 불안과 초조로, 레크리에이션을 끝없는 경쟁으로 바꾸어 놓았다.

영상매체로 인한 인간 가치관의 전도가 물질적이고 외형적인 면으로 치우치게 되면서 비인간화의 문제가 야기되었다. 흉악한 청소년 범죄, 사회 전반에 만연된 한탕주의, 찰나주의 등은 인간의 비인간화라는 최대 모순이 만들어 낸 무서운 결과다.

(4) 자극—반응 관점에서 모방행위 · 범죄행위를 조장한다

영상매체, 특히 TV나 유튜브(YouTube)는 아동 · 청소년의 공격 성향이나 폭력행위 등에 크게 영향을 미치는 것으로 분석된다. 영상매체에서 묘사되는 좋지 않은 장면은 직접적 모방행위를 유발하여 청소년 범죄나 비행을 저지르게 한다. 영상매체는 비행이나 범죄 기술을 가르쳐 주는, 범죄학교와 같은 역할을 수행하기도 한다. 폭력영상은 직접 행위를 유발하는데, 어떤 특수한 상황에 처하여 범죄행위나 불량행동을 억제해 오던 도덕적 저항력이 약화되었을 때 내재적 비행 욕구가 표면화 · 행동화될 우려가 있다.

5) 영상매체의 효과

- 영상매체는 다양한 자료를 활용하여 특정한 정보를 보다 생생하고 흥미롭게 시청자에게 전달할 수 있다.
- 화면 영상으로 주된 정보를 전달하고 해설자(전달자)는 해설이나 내레이션으로 화면을 보충 설명하여 시청자의 이해를 돕는다.
- 음향과 편집 화면을 통해 시청자에게 흥미를 주어 영상 방송을 계속 시청하게 만든다.
- 인쇄매체보다 정보의 전달이 신속하며 감각적으로 정보를 제시하므로 생생한 현장성을 전달할 수 있다.
- 짧은 시간에 다양한 사람들에게 많은 정보를 전달할 수 있는 경제성을 가지고 있으며 문자, 소리, 영상의 복합적 정보를 비언어적 · 효과적으로 제시할 수 있다.

4. 미디어와 청소년

1) 청소년과 영상미디어

현대사회에서 영상미디어 산업이 발달함에 따라 청소년은 영상미디어를 받아들이기만 하는 입장이 아닌 미디어를 창작·제공하는 역할을 수행하고 있다. 영상 기술의 지속적인 발전에 힘입어 비디오 캠코더, 컴퓨터 등 하드웨어와 영상 편집 프로그램 등 소프트웨어의 성능이 점점 좋아지고 있으며, 저렴한 가격으로 대중화에도 성공하였다. 2010년 이후 국내에 스마트폰이 보급되면서부터는 대부분의 청소년이 혼자서도 촬영과 편집이 가능한 1인 제작 시스템을 구축하게 되었다. 이미 미디어 컨버전스(media convergence)[1] 시대를 살아가는 청소년에게 영상은 중요하고도 자연스러운 일상의 한 부분이 되었다. 따라서 청소년이 생활 속에서 영상미디어를 통해 영상물을 만들어 활용하는 형태는 점점 세분화되고 있으며, 그 목적 또한 다양해지고 있다(오세섭, 2016).

(1) 청소년과 영화

영화란 스크린 위에 움직이는 영상과 음향으로 이루어진 예술이다. 한마디로 말해, 영화는 움직이는 그림(motion picture), 활동사진이다. 영화를 예술의 장르 중에서 문학, 미술, 음악, 무용, 건축, 연극에 이은 '제7의 예술'이라고도 하고, 종합예술 혹은 기계 복제 예술이라고도 한다.

일반적으로 청소년이 기성세대보다 영화를 더 많이 찾는 이유는 무엇인가? 영상예술매체가 생활에 밀착되지 않았을 때에 청소년기를 보낸 앞선 세대에

---

1) 디지털기술의 발달로 콘텐츠 및 서비스를 구현하는 단말기가 서로 수렴하거나 방송, 통신 등의 미디어 서비스의 경계와 구분이 서로 모호해지는 현상(예: 휴대전화를 통한 방송 서비스 제공)

게는 그들이 지식을 얻고 상식을 알며 세상을 이해할 수 있는 수단으로 문학이라는 활자매체가 주종을 이루었다. 하지만 신세대는 기성세대가 책을 통해 얻었던 지식을 영상매체(영화)를 통해 받아들인다. 더 나아가 영화를 통한 첨단기술에 의해서 기성세대보다도 더욱 많은 정보를 더욱 입체적으로 받아들일 수 있다. 오늘의 청소년에게는 문학으로 대표되는 문자 기록에 의한 낡은 방식의 인생교육보다 영화로 대표되는 영상매체를 통한 새로운 방식의 인생교육이 더욱 효과적이라는 것이다(김동훈, 1999, p. 22).

또한 영화의 기술적인 발달은 청소년으로 하여금 새로운 미디어를 접할 수 있는 기회를 제공하고 있다. 입체 안경을 통해 3차원의 입체감을 구현한 3D영화, 시청각 이외의 다른 감각을 추가하여 관객 몰입도를 높이는 4D영화, 나아가 4차 산업혁명 시대에 발맞추어 VR로 영화를 감상하는 등 다양한 방식으로 지식을 습득하고 서로 공유하게 되었다. 이러한 영화를 통해 청소년은 정보를 공유하는 과정에서 공감대를 형성하고 하나의 공통된 문화를 형성하게 된다.

청소년의 영화에 대한 관심은 청소년영화제가 활성화되는 것을 보면 알 수 있다. 매년 약 100여 회에 가까운 청소년영화제와 영상공모전이 개최되고 있으며, 여기에 출품되는 청소년 영상물만 약 1,000여 편에 이르는 것으로 파악되고 있다. 이들은 완성도 높은 영상물을 제작하여 청소년영화제 및 공모전에 출품하거나 온라인 공간과 TV에서 상영하고 있으며, 그중 일부는 관련 대학으로 진학하여 미래의 영상 전문가가 되기 위한 준비를 하고 있다.

(2) 청소년과 애니메이션

움직이지 않는 사물이나 그림 등에 '움직임'을 불어넣어 움직이는 생명으로 창조하는 것, 이것이 바로 '생명을 불어넣는다'라는 'animation'의 어원과 동일한 데서 애니메이션의 출발점이 되었다. 애니메이션은 '움직이는 그림을 다루는' 예술이 아니라 '그려진 움직임을 다루는' 예술이다. 프레임에서 보이는 것보다는 각 프레임 사이에서 일어나는 작업이 더 중요한 일이다. 따라서 애니메이션은 프레임과 프레임 사이에서 사람들에게 보이지 않는 '틈(사이)'을 조작하는 예술이다. 왜냐하면 바로 여기에서 움직임이 나오기 때문이다. 그리고 이 틈이 바로 그 작품의 뼈이자 살이며 피다. 대신 각 프레임 안에 있는 것은 단지 겉옷일 뿐이다(이종한, 조미라, 2005, pp. 14-15). 결국 애니메이션은 종이나 셀 위에 그리든, 입체로 만들든, 컴퓨터로 작업하든 모두 정지 동작(stop-motion)의 이미지로 나타나는 일차적인 제작 과정이 선행된다. 이로써 카메라가 필름 프레임마다 정지하는지, 그렇지 않은지에 따라 영화와 애니메이션이 구분된다.

청소년이 자신의 정체성을 대변하는 데 사용하는 영상문화 장르 중의 하나가 애니메이션이다. 청소년이 애니메이션을 통해 정보를 표현하는 데 있어 다루는 소재는 학교폭력, 친구, 우정 등에 관한 내용이며, 청소년의 생활 기반인 가정, 학교, 놀이 공간 사이에서 발생하는 내용에 대한 자신의 생각을 애니메이션의 표현 특성을 이용하여 표현하고 있다(오세섭, 2016). 또한 해적 만화, 배구 만화 등 청소년은 우리나라 애니메이션뿐만 아니라 다양한 해외의 애니메이션을 통해서도 공감대를 형성하고 하나의 팬덤 문화까지도 형성하고 있는 추세를 보이고 있다.

애니메이션의 특성은 이것의 가장 큰 수요층인 신세대 청소년의 문화적 특성과 밀접하게 연관되어 있다는 것이다. 신세대 청소년이 획일주의를 거부하고 권위주의에 저항감을 표현하는 것이나 기성세대가 이해하지 못하는 조각난 이미지들에 대해 감각적 선호를 보이는 것, 또한 상품이나 공간의 사용가치보다 이미지와 분위기를 소비하는 경향 등은 이들이 영상매체로 애니메이션을 선호하는 것과 같은 맥락에 있다(사이 間 편집부 편, 2000, pp. 122-125).

(3) 청소년과 미디어 방송
1995~2005년에 출생한 Z세대의 문화 중 다양한 미디어의 발달, 특히 인터넷과 스마트폰의 발달은 청소년으로 하여금 하나의 새로운 문화를 새롭게 창

조해 내게 하였다. 바로 유튜브 등과 같은 다양한 인터넷 미디어를 활용한 방송 매체다. 인터넷 개인 방송국을 운영하는 BJ(Broadcasting Jacky), 동영상 플랫폼 유튜브에 직접 제작한 다양한 장르의 영상을 게시·공유하는 유튜브 크리에이터 등 다양한 개인이 만들어 내는 정보를 청소년은 공유한다. 한편, 온라인 동영상 플랫폼의 이용 역시 유튜브에 집중되어 있다. 온라인 동영상 플랫폼 이용자의 98.1%가 유튜브를 이용하고 있다. 다양하고 재미있는 콘텐츠가 많아서, 시간을 때우기 위해서, 새로운 정보나 뉴스를 얻기 위해서, 찾고자 하는 맞춤형 정보가 많아서, 동영상 형태로 보는 것이 이해가 잘 돼서 등의 이유로, 다양한 욕구를 충족시키기 위해 유튜브를 이용하고 있었다. 이용하는 콘텐츠를 보다 세부적으로 살펴보면, 게임(60.7%), 음악·댄스(53.1%), TV 드라마·예능(40.9%), 먹방·쿡방(39.5%), 영화(34.2%), 스포츠(26.2%), 애니메이션(24.5%), ASMR(24.1%), 토크·캠방(24.1%), 패션·뷰티(22.7%), 학습·교육(19.0%), 펫방(16.6%), 생활정보(16.5%), 뉴스·시사정보(10.8%) 등 다양했다. 이전 세대들이 텔레비전을 통해 다양한 프로그램을 즐겼던 것처럼, 10대 청소년들은 유튜브를 통해 더욱 다양한 영상 콘텐츠를 즐기고 있다는 것을 알 수 있다(한국언론진흥재단, 2019).

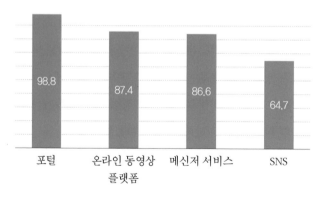

[그림 6-3] 'Z세대'의 미디어 이용률

출처: 한국언론진흥재단(2019).

또한 한국언론진흥재단의 '2019년 10대 청소년 미디어 이용조사'를 보면, 청소년 4명 중 한 명(26.7%)은 일주일에 한 번 이상 1인 미디어 방송을 본다. 중학생이 32.2%로 가장 많았고, 고등학생 24.8%, 초등학생 22.6% 순이었다. 미디어 이용률은 포털, 온라인 동영상 플랫폼, 메신저 서비스, SNS 순이었다. 미디어는 청소년으로 하여금 미디어 방송에 빠져들게 하고 청소년 상호 간의 소통을 통해 하나의 청소년문화를 형성해 나가고 있다.

5. 청소년과 대중문화의 시사점

대중문화가 청소년의 일상생활에 미치는 영향이 점점 더 커짐에 따라 이에 따른 대중문화 매체별 문제점 또한 크게 드러나고 있다. 청소년에게 영향을 주는 대중매체가 청소년의 삶에 주는 시사점은 다음과 같다.

1) 청소년과 영화

영화의 가장 원초적인 매력은 '움직임을 보는 즐거움'인데, 이것은 사실 일종의 눈속임에 의해 가능하다. 이런 영화가 사람들에게 사랑을 받는 순간부터 영화는 장사의 수단이 되어 버린다. 그러나 TV의 등장으로 그 전성시대가 끝이 난 것으로 보였던 영화는 새로운 모습과 신기한 구경거리로 다가오고 있다.

아마 영화를 싫어하는 청소년은 없을 것이다. 방학이 시작되거나 시험이라도 끝나게 되면 으레 청소년은 영화관을 찾는다. 그런데 여기서 우리의 관심은 청소년을 위한 영화들이 대단히 폭력적이라는 점이다. 지금 우리 사회의 심각한 사회 문제의 하나가 범죄의 증가다. 뉴스에 소개되거나 피부로 느끼는 사실 중 하나는 이런 흉악 범죄자의 상당수가 청소년이라는 것이다.

그런데 가시적 폭력과 비가시적 폭력에 의해 둘러싸여 있으면서 우리 사회는 점점 더 폭력에 대해 둔감해지고 있다. 특히 청소년 관람 불가의 영화라 할지라도 인터넷의 발달과 함께 청소년이 쉽게 내용을 접할 수 있으며, 오히려 일부 영화는 사회적 폭력을 해학화시키고 미화까지 시키고 있다. 예컨대, 영화 〈아저씨〉(2010)에서 사람을 거리낌 없이 죽이고, 청소년을 밀거래 등에 이용하는 폭력적이고 선정적인 부분을 보여 주었으나 이는 청소년으로 하여금 또 다른 환상을 가지게 할 수도 있다. 폭력적인 사회에서 폭력영화가 근절될 수는 없겠으나 청소년만큼은 쉽게 보게 해서는 안 될 것이다. 무자비한 살상과 고문, 극도의 증오와 난폭한 복수 등 잔혹한 장면으로 점철된 청소년 입장가 영화는 청소년의 정서를 해칠 뿐만 아니라 폭력 만능주의, 영웅 숭배, 생명에 대한 경시 등의 문제를 가져온다. 아무리 오락이고 허구라 해도 판단능력이 성숙하지 못한 청소년에게는 생생한 현실로 받아들여지고 있고 폭력에 대해서 저항감을 갖기는커녕, 한낱 유희의 소재로 받아들이고 있는 것이 큰 문제라 하겠다.

2) 청소년과 미디어 방송

유튜브(YouTube)는 무료 동영상 공유 사이트이며, 인터넷을 통해 제공되는 다양한 1인 방송미디어들은 특별한 제약 없이 누구나 이용이 가능하다. 하루가 멀다 하고 셀 수 없는 다양한 동영상이 업로드되고 있는 상황에서 제일 큰 문제점은 이미 상식화된 폭력과 음란성의 파급이라 하겠다. 영상을 쉽게 접할 수 있는 유튜브, 1인 방송미디어들은 별도의 회원 가입 없이도 언제든지 영상물을 시청할 수 있는 구조로 운영되고 있다. 성인물의 경우 별도의 성인 인증을 필요로 하지만 청소년이 어려움 없이 접근할 수 있는 구조로 운영되고 있다. 일부 플랫폼의 경우에는 성인방송의 동영상을 제외한 방송 제목, 음성, 채팅 내용은 누구나 볼 수 있는 것으로 조사됐고, 유튜브는 성인 인증 없이도 성인 동영상을 시청하는 방법이 블로그나 유튜브 동영상을 통해 공유되면서 미성년자들이 이들 영상물에 쉽게 접근할 수 있는 것으로 알려졌다.

또한 다양한 플랫폼을 통해 제공되는 미디어 방송 역시 수익을 창출하기 위해 타 방송들과 경쟁하며, 이 과정에서 자극적인 영상, 사진, 채팅, 제목 등을 이용하고 있다. 아울러 게임 플레이, 영화 등을 통해 시각적으로 폭력적인 내용을 접할 수 있게 하며 폭언, 욕설, 성적인 발언 등 자극적인 미디어 방송을 진행하기도 한다. 자극적이고 음란한 내용은 성적 호기심이 왕성한 청소년에게 영상을 통한 성적인 흥분과 자극 경험을 제공하고, 때로는 강렬한 충동으로 인해 공격행동을 촉발하여 성폭력, 폭행, 원치 않은 임신, 미혼모 문제, 변태행위 등의 문제를 유발할 수 있다. 또한 자극적이고 폭력적인 영상을 지속적으로 접하게 됨으로써 공격행동에 대한 금지의 해제 현상을 일으킨다. 즉, 폭력을 하는 자가 처벌받기는커녕 오히려 성공하는 것을 보고 '바람직하지 못한 행동'으로 규정되어 금지와 억제의 대상이었던 공격행동을 더 이상 억제할 필요가 없다고 생각하게 된다. 이러한 이유로 유튜브와 방송미디어가 청소년과 청소년문화에 끼치는 영향력은 대단히 크다고 할 수 있다. 청소년 개인이 스스로 정보의 소비자이자 생산자로서 새로운 청소년문화가 일어나도록 유도하기도 하며, 새로운 트렌드로 발흥했다가 쇠퇴하는 특정 청소년문화의 유형을 우리 사회가 평가하기도 하기 때문이다.

[그림 6-4] 청소년 정보 공유의 매체 YouTube

3) 영상매체의 한계와 해결 방안

스스로 감당할 수 있는 이성적 판단 능력이 부족한 청소년은 영화, TV, 비디오, 컴퓨터 등에서 무분별하게 비춰지는 화면을 접함으로써 이것을 통해 제공되는 정보를 무비판적으로 받아들여 영상 속의 허상을 실제 사실인 것으로 받아들이거나 이를 모방할 위험이 있다. 특히 인터넷을 이용한 정보의 검색은 필요한 도움이 되는 정보를 획득하는 것에서 벗어나서 상업적으로 제공되는 음란 정보에 노출되게 함으로써 사회와 성에 대해 잘못된 가치관을 갖게 할 수 있다.

뿐만 아니라, 영상매체의 놀라운 복제력과 파급력을 활용하여 사적인 정보를 쉽게 입수하고 복제하여 보급함으로써 프라이버시 침해의 문제를 야기할 수도 있다. 또한 작은 휴대전화 영상에 익숙해져서 일반적 가로 배율 중심의 영상이 아니라 세로 배율 중심의 영상에 빠져드는 수직영상 신드롬(vertical video syndrome), 컴퓨터의 가상공간에 빠져 버리는 웹 중독증(webholic, netholic) 또는 인터넷 중독증(Internet Addiction Disorder: IAD) 등이 양산되어 비인간화된 전자영상매체 속에 빠져 인간의 상호작용 관계가 소원해지는 인간 소외 현상이 가속화될 수 있다.

따라서 청소년을 영상매체를 접하는 데 있어 비판적 수용자로 키울 수 있는 방안이 필요하며, 이상적인 방법으로는 감상교육과 제작교육을 병행하는 방법이 있다. 청소년을 세련된 감상자로 훈련시키는 감상교육은 영상의 내용을 비롯한 영상매체의 형태와 기술이 어떻게 사용되어 내용을 창조하는지 교육하는 것이다. 또한 제작교육을 통해 창조자로서의 경험을 병행할 수 있도록 하여 제작 방법이 무엇이며, 어떤 심리적 실험을 거쳐 삽입되는지 등에 대한 교육을 제공하여 청소년이 능동적인 감상자가 되도록 할 수 있다. 그리고 최선의 영상을 선정한 후, 원제작자의 등급 기준이나 내용을 참고하여 등급을 선정하여 좋은 영상물을 추천하고, 집단이 영상을 모니터링함으로써 영상의 제작 의도, 가치관, 세계관 등을 알아보는 활동을 통해 영상물의 주인이 될 수 있도록 해야 한다.

4) 청소년과 대중가요

대중문화를 구성하는 한 요소로서 대중가요가 청소년의 삶에 미치는 영향은 자못 크다. 대중가요 시장에서 청소년층이 절대적인 비중을 차지하는 것과 함께 청소년의 삶에서 대중가요의 비중은 그 어느 계층에 비해서도 큰 것으로 이해된다. 학업 이외의 여가시간을 갖지 못하고 입시의 중압감에 시달리는 청소년이 가장 쉽게 접촉하고 찾을 수 있는 출구가 대중음악인 것이다. 특정 아이돌을 통해 서로 간의 공감대를 형성하고, 콘서트, 공연 영상, 직캠 영상, 출연한 방송 프로그램 등을 보며 스트레스를 해소하는 계기로 작용하고 있다.

대개 기성세대는 대중음악에 대한 청소년의 열광을 '광란' 또는 '맹목적 동경' 등의 용어로 표현하면서 비판적으로 바라보는 경우가 많다. 반면에 청소년문화에 동정적인 입장에서는 대중음악에 대한 청소년의 열광을 자연스러운 일시적 과정 정도로 이해하는 태도를 보인다. 이 두 가지 시각은 상당히 상반된 입장의 표현으로 볼 수 있지만, 두 가지 시각 모두 청소년의 문화 수용 행위를 수동적이고 맹목적인 것으로 본다는 점에서는 사실상 같은 입장에 있다고 할 수 있다. 하지만 청소년의 문화 수용이 자신이 처한 삶의 조건과 외적으로 강요되는 지배적인 가치에 대한 나름대로의 대응이라고 본다면 문제는 달라질 수 있다.

(1) 육체적 참여를 통한 욕구의 해소

청소년은 자신이 동경하는 대상의 안무를 따라하거나, 버스킹 공연 및 안무 챌린지 등을 통해 육체적 참여의 욕구를 표현한다. 댄스뿐만 아니라 밴드, 힙합, 디제잉 등 다양한 장르에 청소년이 많은 관심을 보이고 참여하고 있다. 그런 대중음악을 왜 좋아하느냐는 질문에 많은 청소년이 '스트레스 해소'라는 표현을 쓴다. 청소년에게 스트레스 해소는 다분히 육체적인 움직임 혹은 그와 유사한 느낌을 동반하는 것이 보통이다.

(2) '나만의 상상적 공간'으로서 도피

많은 청소년이 대중음악을 통해 남에게 침해받지 않는 자신만의 세계를 갖고 싶어 한다. 그것은 혼자만의 세계이며, 상상의 공간이다.

(3) 스타일의 추구: '동일시'와 '대리만족'

청소년은 특정한 노래 때문이라기보다는 특정한 가수가 좋아서 그의 음악 모두를 좋아하는 경우가 많다. 이때 청소년의 취향은 그 가수가 부른 노래에 국한되는 것이 아니라 가수의 용모, 머리 모양, 의상, 몸짓과 율동 등 가수가 나타내고 있는 이미지와 스타일에 대한 선호를 의미한다.

(4) 또래집단끼리의 정체성

청소년에게 자기들끼리의 또래집단은 절대적 가치를 지닌다. 대부분의 시간을 함께 보내는 또래집단에서 소외되는 것은 견디기 어려운 일이다. 대중음악을 공유하고 하나의 공통된 대상을 좋아하는 팬덤 문화가 형성되는 과정에서 청소년의 또래집단을 하나의 정체성으로 묶어 주고 모두가 같은 또래집단에 함께 속해 있다는 안도감을 주는 역할을 한다.

(5) 성적 대상으로서의 가수

청소년은 흔히 특정 가수에 대한 선호를 노래에 대한 선호와 연결시키는 경향이 있다. 예컨대, '어떤 가수가 좋으면 그가 부른 노래 한 곡이 좋아지고, 그다음에는 그 가수가 부른 노래가 다 좋아진다.' 등과 같은 경향을 들 수 있는데, 청소년은 좋아하는 가수를 일종의 이성적 대상으로 느끼는 경우가 많다.

결론적으로, 청소년 집단은 대중음악 수용에 있어 그 어느 집단보다 더 적극적인 태도를 가지고 있다. 그런 적극성은 억압적인 일상생활에서 벗어날 수 있는 문화적 통로가 청소년에게 극히 제한되어 있기 때문에 그들의 삶에서 차지하는 문화적 비중이 그만큼 크다는 점에서 비롯된다. 또한 매스미디어는 메시지 전달에 있어서 강력한 영향력을 지닌 사회교육 매체다. 이는 우리나라 교육이 학교교육에 한정되어 이루어지는 것이 아니라 이제는 매스미디어를 통한 사회교육이 이루어지는, 우리 사회의 전반적인 수준 향상의 한 단면을 보여 준다. 따라서 이제는 대중매체 스스로가 책임을 갖고 자율 규제하는 자세를 보여야 한다.

한편으로는 청소년 입장에서 미디어교육을 통해 대중매체를 평가해서 선별하는 능력을 키워야 할 것이다. 우리 청소년은 가정에서의 부모나 학교에서의 교사보다 이들 매체에 의해 더 강한 영향을 받고 있다. 따라서 선진국에서처럼 청소년을 대상으로 한 매체교육의 실시가 필요하다. 미디어교육을 통해 청소년은 미디어 환경에 대해 정확히 이해하게 되며, 아울러 미디어를 주체적으로 활용하며 이에 대해 자율적으로 대응할 수 있게 되는 것이다.

미디어교육은 학교에서뿐만 아니라 청소년 기관에서도 시작할 수 있을 것이다. 미디어교육을 통해 문화 창조자로서의 자각을 갖게 한 후, 영상물을 비롯한 각종 미디어물을 청소년 스스로가 제작해 보도록 하는 환경을 조성해 줄 수도 있다.

서울특별시립 마포청소년센터(일명 '유스나루')가 운영하고 있는 방송·미디어 특성화사업은 대중문화에 대한 청소년들의 욕구를 반영한 긍정적 체험 활동장의 모범 사례로 본다. 유스나루는 방송문화콘텐츠공작소를 통해 청소년들이 방송미디어 및 문화 콘텐츠 제작활동을 경험하며 예술적 감각과 창의력을 발휘할 수 있도록 방송중계, 홍보·마케팅, 콘텐츠 제작, 미디어 활동의 동아리를 운영한다. 그리고 방송·미디어 분야의 전문직업군을 체험할 수 있는 직업체험활동 '원데이'와 방송미디어박람회를 통해 방송·미디어 관련 진로를 꿈꾸는 청소년들에게 현직에 종사하는 전문 직업인과의 직업체험의 기회를 제공하여 청소년들이 자신의 소질과 적성·진로를 탐색할 수 있도록 한다. 또한 '2022 제3회 청소년정책 '현답' 포럼' '제48회 청소년정책포럼 청소년 정치참여 현실정치로' 등을 통해서 청소년들이 직접 실시간 중계하여 구성원의 일원으로 참여할 수 있는 긍정적 경험을 제공한다. 이 외에도 방송부중계 활동, 청소년 크리에이터, VR영상 제작, 방송미디어축제·콘테스트를 직접 기획·운영하는 활동을 통해 청소년들의 긍정적인 변화와 성장을 도모하고 있다.

이처럼 청소년들이 주체가 되어 방송미디어를 이해하고, 긍정적 경험을 할 수 있는 교육과정을 활성화하여 더 많은 기관에서 다양하게 제공되어야 한다.

추가 수업활동

토의(토론) 주제

1. 대중미디어를 통해 경험한 청소년문화의 특징은 무엇인가?
2. 내가 경험한(본) 영상(미디어)매체의 피해 사례가 있었는가?
3. 대중미디어를 올바로 이해하고, 사용하기 위한 효과적인 방안은 무엇인가?

추가 탐구 과제

1. 내가 좋아하고 권장하고 싶은 대중(미디어 매체) 프로그램 조사
2. 포함해야 할 주요 내용
   - 내가 좋아하는 이유와 프로그램 선정 이유
   - 프로그램의 주요 내용과 특징
3. 분량: A4용지 3~5매

참고자료

🌐 관련 사이트

한국언론진흥재단
(www.kpf.or.kr)

시립청소년미디어센터
(www.ssro.net)

시립마포청소년센터
(www.youthnaroo.or.kr)

한국청소년상담복지개발원
(www.kyci.or.kr)

📖 관련 도서

강정훈(2013). **청소년을 위한 미디어 여행**. 한나래.

공훈의(2014). **SNS는 스토리를 좋아해**. 메디치미디어.

김경화(2013). **세상을 바꾼 미디어**. 다른.

박모 역(1999). **문화연구와 문화이론**. (J. Storey 저). 현실문화연구.

대도서관(2018). **유튜브의 神**. 비즈니스북스.

🎬 관련 영화

〈제이콥의 거짓말(Jakob The Liar)〉(1999)

감독: 피터 카소비츠

출연: 로빈 윌리엄스, 알란 아킨, 아민 뮬러 스탈, 마이클 제터

키워드: 나치, 원작소설, 희망, 제2차 세계대전, 라디오

워밍업 수업자료

하나의 문화가 된 팬덤! 그 심리는 무엇일까?
https://www.youtube.com/watch?v=MAiKNo4RA_I

제7장

청소년과 스타

주요 내용

　현대사회는 청소년이 스타에 대한 팬 활동을 할 수 있는 여건이 잘 갖춰져 있다. 디지털 미디어를 기반으로 청소년은 과거와 다르게 능동적으로 팬 활동을 하고 있다. 최근 세계적으로 K-POP 열풍이 불면서 세계의 청소년들이 같은 스타를 추종하며 함께 팬 활동을 이어 가기도 한다. 청소년은 스타를 찾아 열광하는 한편, 스타가 되고 싶어 하기도 한다. 오늘날 스타를 만들어 내는 체제에서는 수많은 스타가 수면으로 떠올랐다가 이내 또 사라진다. 그렇다면 과연 오늘의 우리 청소년은 왜 스타를 추종하는가, 스타는 어떤 시스템에 의해 만들어지는가, 스타 시스템 안에서 팬으로서의 청소년은 어떤 위치에 있고 무엇을 할 수 있는가에 대해 생각해 볼 필요가 있다.

주요 수업과제

- 우리나라 청소년 팬클럽은 어떠한 흐름을 보이고 있는가?
- 청소년 팬문화의 특징은 무엇인가?
- 스타를 준비하는 청소년의 삶은 어떠한가?

1. 청소년과 스타

오늘날 우리 시대는 청소년이 스타를 매우 좋아하는 시대다. 스타가 되기를 꿈꾸는 예비 청소년 스타들이 즐비해 있는 시대이며, 실제로 스타가 되기를 열망하는 청소년을 대상으로 교묘하게 스타를 만들어 내는 스타 생산체제가 작동되고 있는 시대이기도 하다. 스타를 찾아 열광하고, 스타가 되고 싶어 하며, 스타를 만들어 내는 체제가 작동하는 속에서 수많은 스타가 수면에 떠올랐다가는 이내 또 사라진다.

1) 우상과 스타의 특징

(1) 사회현상으로서 우상과 스타

역사에서는 시대와 사회를 막론하고 늘 사회적 우상이 만들어지고 유지되어 왔다. 우상은 그 사회의 지배 가치를 나타내는 상징으로 규범체계와 도덕질서를 지키는 역할을 담당한다.

고대사회에서 우상은 이방인(침입자)에 대항하여 전쟁을 승리로 이끌고 자국 영토를 확대하여 제국을 키우는 영웅이었다. 『플루타크 영웅전』에 나오는 영웅들, 『삼국지』에 나오는 영웅들이 동서양 영웅의 상징이라 하겠다. 그들 모두는 신화적 존재로서 남다른 능력을 지닌 카리스마적 영웅(charismatic idols)이었다.

근대사회에서 당대의 우상은 신으로부터 부여받은 남다른 이성을 갖고 인간의 사상적·예술적 한계를 극복한 사람들이었다. 이로써 시대의 추앙을 한 몸에 받기도 하였다. 루소(Rousseau)나 니체(Nietzsche)와 같은 철학자, 베토벤(Beethoven)이나 모차르트(Mozart)와 같은 예술가, 셰익스피어(Shakespeare)와 같은 문호, 뉴턴(Newton)이나 에디슨(Edison)과 같은 과학자가 이들 영웅 집단에 속한다. 근대의 우상은 생산 활동에 참여하는 인간에게 가시적으로 생산성을 높여 준 생산적 우상(productive idols)이었다.

20세기 우상은 영화, TV, 스포츠, 대중음악 등의 대중문화에 등장하는 대중스타로 바뀌었다. 대중스타는 대중매체를 통해 빼어난 용모, 남다른 재능, 뛰어난 기량의 이미지로 많은 사람의 흠모와 열광을 한 몸에 받는다. 현대의 대중스타는 자신 안에 내재해 있는 위대함과 천재적 능력으로 인정받기보다는 매스컴을 통해 인위적으로 만들어진 이미지에 의한 측면도 있다.

(2) 스타의 특징

스타는 하늘의 별을 말한다. 스타는 대중의 인기를 누리는 대중 속에서의 별, 즉 연예인을 말한다. 하늘에 떠 있는 별을 나름대로 즐기거나 동경의 대상으로 삼을 수는 있어도 만지거나 가질 수는 없는 것처럼 스타에게 접근하기는 쉽지 않다. 간혹 스타와 대중의 거리가 가까워지기도 한다. 하지만 이는 스타의 자리를 유지하기 위해서 필요할 때만 의도적으로 이루어진다.

오늘날 흔히 말하는 스타 시스템은 1910년 중반부터 할리우드에 도입되었다. 1910년 이전에는 배우의 이름이 영화의 자막에 나타나지도 않았다. 영화제작자가 배우의 이름이 널리 알려질 경우 그들이 높은 출연료를 요구할지도 모른다는 점을 우려했기 때문이다. 그러나 대중은 어떠한 방식으로든 좋아하는 배우에게 이름을 붙이게 되었다. 그리고 나중에는 영화사도 널리 알려진 스타의 이름이 돈을 버는 데 큰 도움이 될 수 있다는 것을 깨닫게 되었다. 더 나아가 영화사는 흥행을 성공시키기 위한 보험증서로서 스타를 적극 양성하기 시작했다(강준만, 2000, p. 81).

2) 청소년의 스타 추종 경향성

(1) 청소년기와 스타 우상화

스타에 대한 우상화란 특정 대중 스타에 대해 강한 애착을 가지고 그의 내적·외현적 특성을 모방하고, 그 대상과 같아지려고 노력하고 행동하는 것이다. 스타를 우상화하는 청소년들은 스타 우상과 관련된 정보나 물건 수집, 우상의 대상을 직접적(예: 공연장이나 집을 찾아감), 간접적(예: 우상이 출연하는 매체 시청)으로 접촉하기 위한 노력, 팬클럽 가입 및 활동에 참여하거나 스타의 패션 등을 따라하면서 자신의 역할 모델로 삼게 된다. 그러면서 우상화하는 스타의 개인적 신념이나 가치관을 수용한다(임영식, 2002).

청소년이 특정 대상을 우상화하려는 경향성은 그들의 발달과정에서 나타나는 특징이다. 청소년기 이전 유아기와 아동기를 지나는 동안에는 부모가 전지전능한 신의 존재로 다가온다. 이어서 아동 후기에 들어오면서 동료집단의 중요성을 깨닫게 되고 차차 자신과 동료를 사고의 중심으로 여긴다. 청소년기에 접어들면 논리적 사고가 가능해진다. 부모와 자신 그리고 주위 집단의 한계를 인식하게 되면서 새로운 인간상을 추구하는 과정에서 제3의 대상을 우상화한다. 청소년이 우상화하는 대상에는 학교의 교사, 연예인, 운동선수, 영웅이나 위인 등이 포함된다. 그중에서도 우리나라의 청소년은 연예인 중에서도 특히 가수를 좋아하는 경향을 보이고 있다. 일반적인 의미로는 특정 가수(아티스트)를 좋아하여 그의 앨범을 사거나 그의 콘서트를 보러 가는 등의 행동을 하는 사람을 '팬'이라 한다. 팬이 없으면 스타는 존재하지 않는 만큼, 스타는 팬의 존재를 기반으로 존재한다. 팬 가운데 좀 더 열광적으로 심취해 있으면서 자기 나름의 경지를 개척하는 사람을 '마니아'로 분류한다. 같은 스타에 대한 동일한 취향을 나타내 보이면서 집단적으로 행동의 연대를 나타내 보일 때 이들은 팬클럽을 형성한다. 흔한 말로 '오빠(누나)부대'로 부르며, 좀 더 세련된 표현으로는 '워너비(wannabe)' 혹은 '그루피(groupie)'라 하기도 한다.

1990년대까지 청소년의 팬 활동은 남들이 모두 자는 깊은 밤, 심야의 라디오를 들으며 저마다 좋아하는 스타와 상상의 데이트를 즐기는 행태를 보이다가 기껏해야 일 년에 한두 번 열리는 방송국 공개 쇼에 참석하는 정도였다. 하지만 오늘의 청소년은 그들이 좋아하는 스타에 대해 공개적으로 나타내는 열정의 정도는 물론이고 스타에 집착하기 시작하는 시기가 점점 어려지는 등 이전과 현격한 차이를 보이고 있다. 특정 스타에 대해 청소년의 열정과 관심을 단적으로 나타내는 것이 종전에는 팬클럽의 형태였다면, 요즘은 청소년의 스타 추종 현상이 인터넷 미디어를 통해 팬덤(fandom)문화 현상으로 표출되고 있다.

(2) 시대별로 살펴본 팬클럽의 변천사

① 1980년대: 오빠부대의 결성

우리나라에서 팬클럽이 처음 결성된 계기는 1982년 가수 조용필이 본인의 4집 앨범의 수록곡 〈비련〉을 부를 때에 "기도하는(조용필)~ 꺅(소녀 팬)!"으로 '기도하는~꺅!'이라는 유행어가 만들어지면서였다. 이때 팬들의 열기는 정말 뜨거웠고, 조용필의 공연에 모여 지지 함성을 지르는 팬들을 지칭하는 단어가 오빠부대였다. 오빠부대는 자발적이지만 체계적이지는 못한 단순한 팬들의 모임이었지만, 오늘날과 같은 팬클럽이 만들어지게 된 시발점이었다. 이 시기 오빠부대는 주로 여자 청소년들이 남자 가수를 추종하는 형태였다.

오빠부대는 동대문구장이나 잠실운동장에서 농구 등 인기 있는 선수들의 경기가 있는 날, 적게는 1~2천 명, 많게는 5~6천 명의 청소년이 몰려들어 자신이 좋아하는 선수를 "오빠, 오빠 사랑해요!"라고 소리치며 열렬히 응원한 데서 비롯되었다. 오빠부대는 단순히 인기 있는 스포츠 선수를 중심으로만 결성되지 않고, 각기 좋아하는 가수나 탤런트 등을 후원하기 위해 결성되기도 하였다.

오빠부대는 청소년 각자가 좋아하는 스타를 후원하기 위해 자발적으로 결성된 모임의 성격을 벗어나 사회적으로 물의를 일으켜 당시 성인들에게 곱지 않은 시선을 받기도 하였다. 그 대표적인 예가 '뉴 키즈 소동'이다. 1992년 2월 17일 밤 7시 30분, 올림픽체조경기장에서 '뉴 키즈 온 더 블록(New Kids on the Block)' 공연을 보기 위해 극성팬이 한꺼번에 무대에 몰리는 바람에 70여 명이 중경상을 입는 대소동이 일어났다. 미국의 세계적인 팝 그룹인 '뉴 키즈 온 더 블록'을 우리나라에 초청해서 공연한 첫날 발생한 소동이자 대참사였다.

오빠부대는 스타에 대한 모방과 숭배를 특징으로 나타내 보인다. 모방은 우상으로 여기는 스타의 옷차림, 헤어스타일, 말투, 행동 등을 따라 하며 스타와 똑같이 되고 싶은 바람을 말한다. 숭배는 우상으로 여기는 스타에 대한 정보를 수집하거나 스타를 개인적으로 만나려고 하며, 그들과의 결혼을 상상하는 것 등을 포함해서 스타에 대한 찬양 혹은 찬미를 아끼지 않는 것을 말한다.

② 1990년대: 팬덤의 출현

1990년대는 우리나라 대중문화가 그 흐름에 있어서 전환기를 맞이한 기간이었고, 그 가운데에는 '서태지와 아이들'이 있다. '서태지와 아이들'은 우리나라 최초의 아이돌 가수, 자신들의 노래를 기획사에 의존하지 않고 순수하게 자신들의 힘으로 창작한 점, 당시 10대의 속 깊은 감정(〈난 알아요〉 〈교실이데아〉 〈시대유감〉 〈인터넷전쟁〉 〈컴백홈〉 등)을 대변한 점 등을 들어 당시 '10대의 문화대통령'이라고 불렸다. 단순한 연예인이 아니라 사회 전반에 걸쳐 큰 영향력을 행사했던 서태지는 조용필의 오빠부대를 뒤이어 '팬덤'이라는 새로운 단어를 탄생시켰다.

팬덤(fandom)의 어원은 본래 교회에 속해 있거나 헌신하는 봉사자를 의미하는 라틴어 '파나티쿠스(fanaticus)'에 접미어-dom이 결합된 말이다(Jenkins 1992). 팬덤이란, 특정한 분야나 인물을 열정적으로 좋아하는 사람들 또는 그러한 문화현상을 뜻하는 용어로, 특정 대상에 몰입하고 이러한 기호나 취향을 공유하는 사람들의 집단 또는 현상을 말한다. 기존의 오빠부대가 약간 수동적이고 부정적인 느낌을 풍기는 팬클럽을 지칭한다면, 팬덤은 좀 더 긍정적이고 체계적으로 운용되는 팬클럽이라 할 수 있다. 팬을 자처하는 사람들끼리 모여서 대화를 하고 함께 공연을 보러 가는 정도였던 이전의 팬활동과는 달리, 서태지 팬덤은 음반 사전 심의제 폐지 운동을 시발점으로 한국음악저작권협회 개혁 운동을 벌이는 등 좀 더 적극적인 형태를 띠었다. 또한 방송국에 자신들의 의견을 요구하고, 각종 시위와 신문 등을 통한 광고까지 내면서 조직적인 힘을 보여 주었다. 이때부터 팬클럽이 대중문화의 한 요소로 자리 잡기 시작했고, 무시할 수 없는 조직이 되었다.

③ 2000년대: 관리되는 팬클럽 문화

2000년대는 팬클럽 문화가 더욱 활성화되었지만, 이는 의도적이고 계획적으로 관리되는 팬클럽 활동이라 볼 수 있다. 아티스트로서 가수가 자연스럽게 데뷔하기보다는 준비되어 적절한 시기와 장소를 선택해 출시된다고 볼 때, 관련 가수의 기획사는 팬클럽을 모집해 기획사 차원의 관리를 시작하였다.

유료인 팬클럽에 가입하면, 팬 복, 풍선, 팬 카드 등 일명 굿즈를 주고 팬 미팅, 연예인의 생일파티 등에 참석할 수 있는 권한을 주는 등 특별대우를 받을 수 있게 되었다. 관점에 따라 달리 해석할 수 있지만, 이러한 배경에서 조직적으로 운영된 팬클럽이 HOT, god, 신화, 젝스키스, 비, 슈퍼주니어, 동방신기 등의 팬클럽이다. 청소년은 자신이 좋아하는 가수의 팬클럽임을 상징하는 팬복을 입고 모두 같은 색깔의 풍선을 흔들며 팬클럽에서 활동하고 있음을 드러내기 시작했다. 이때부터 현재까지 각종 음악방송이나 대형 콘서트 등에서 서로 자리를 맡아 팬클럽 자리의 위치를 확보해 자신들이 좋아하는 가수에게 보여 주고자 하며, 돈을 모아 플래카드나 대형 현수막 등을 만들어 공연 때마다 가지고 다니는 등 완전히 조직적인 활동을 하기 시작했다. 이러한 팬클럽 관리 운영은 팬들의 수요와 요구를 정확히 파악하여 팬들에 대한 서비스의 질을 높인다는 긍정적인 측면을 보여 줬다.

④ 2010년대 이후: 문화 실천의 생산자이자 향유자

1990년대 팬문화를 영위한 청소년세대가 기성세대가 됨에 따라 최근에는 기성세대도 팬 활동을 하고 있다. 요즘 아이돌 가수의 팬층은 10대뿐만 아니라 삼촌팬, 이모팬, 누나팬 등 다양한 연령층으로 확대되었다. 1990년대 팬클럽 경험이 있는 기성세대가 새로운 아이돌 스타의 팬을 자처하면서 새로운 형식의 팬 활동이 나타났고, 팬 활동에 대한 의식 또한 더욱 성숙해졌다. 이에 영향을 받은 청소년 역시 아이돌 가수 중심의 대중문화를 향유하며 그 가운데 다양한 의미 찾기를 보여 주고 있다.

디지털 기술의 비약적인 발전으로 이제는 누구나 디지털 카메라와 컴퓨터를 통해 손쉽게 간단한 동영상을 만들 수 있고, 포토샵을 활용하여 자신이 좋아하는 가수를 더욱 예쁘게 만들 수 있게 되었다. 팬들은 자신이 좋아하는 스타의 다양한 패러디 작품을 만들고, 인터넷을 통해 확산시키고 있다. 과거에는 팬덤활동이 주로 오프라인으로 이루어졌다면, 최근에는 오프라인은 물론 온라인에서도 활발하게 이루어지고 있다. 또한 팬픽의 창작, 응원도구나 응원법의 활용 등 다양한 방식으로 문화적 내용을 구성해 내고 있다. 특히 청소년 팬들은 과거와는 달리 디지털 기기를 기반으로 스타와 관련한 정보를 적극적으로 수용·소비할 뿐만 아니라 스타와 관련된 새로운 정보와 그 의미를 생산하고 공유·확산하여 새로운 문화를 창조하는 역할을 하고 있다(이지아, 서승희, 2017; 주경희 외, 2013).

(3) 청소년 팬클럽 문화의 특징

① 저항성 중심의 문화

청소년이 대중문화 시장의 최대 소비자라는 것의 이면에는 나름의 어두운 교육적 배경이 있다. 청소년은 학교에서는 이미 만들어진 환경에 적응할 수밖에 없고, 빠르게 변화하는 시대 속에서 대중문화의 경험을 통해서만 욕구를 충족시킬 수밖에 없다. 그러다 보니 청소년은 이러한 욕구를 저항적으로, 더 나아가서는 공격적으로 분출한다. 이러한 현상은 대중문화가 아닌 다른 사회 이면에서도 많이 나타나 새로운 사회 문제로 대두될 정도다.

욕구를 다른 곳에서 발산하지 못하는 청소년은 '안티'라는 문화를 만들어 내어 연예인에 대한 추종을 공격성과 저항성의 한 출구로 정당화한다. 이러한 공격과 저항성은 자신이 지지하는 스타 외에는 인정하지 않는 배타성과 차별성으로 나타나 팬클럽 간의 대립과 반목을 정당화하면서 이러한 대립과 반목조차도 공격성을 분출하는 출구로 활용한다.

② 수동성 중심의 문화

입시 위주의 교육방법과 교과서를 그대로 외워서 시험에서 높은 점수를 받는 것만이 자신을 지탱해 줄 수 있는 현실은 청소년으로 하여금 적극적이고 생산적인 문화생활을 영위할 수 있는 시간과 의욕을 빼앗아 간다. 변화와 새로운 물결에 적응하는 능력이 매우 뛰어나고 그 자체가 하나의 생활양식이 되어 버리기도 하는 10대 청소년은 심리적으로 감수성이 예민하고 개인의 독특성을 가꾸며 인정받고 싶어 한다.

그럼에도 그들은 개성 없는 자신의 무기력한 모습에 대한 탈출 방법으로 대중문화에 몰입하게 되는데, 그 모습이 스타를 모방하고 스타를 좇는 형태로 나타난다. 청소년은 스타를 바라보며 대리만족을 느끼고 자신과 같은 생각을 하고 있는 다른 사람들과 교류하며 자신의 행동을 합리화하는 것이다.

③ 청소년 간 문화 불평등을 어느 정도 해소

청소년이라는 동질집단에서도 남녀 간, 도시-농촌 간, 소속 계층 간에 문화 불평등은 계속되고 있다. 이러한 이질성은 결국 전체 사회의 이질성으로 이어질 수 있다. 하지만 팬 문화는 이러한 문화 불평등을 극복하기 위한 하나의 방안이 될 수 있다. 나이, 지역, 성별 등을 막론하고 하나의 공통된 관심사로 뭉치는 이들에게 좋아하는 스타만 서로 같다면 그 외의 것들은 문제가 되지 않는다. 팬활동은 비단 청소년문화뿐만 아니라, 사회 전반적으로 나타나는 불평등 현상이 나타나지 않는 소수의 집단 중 하나로서 청소년에게 자존감을 심어 줄 수 있다.

④ 스트레스 해소에 긍정적으로 기여

우리나라 청소년은 학업과 성적에 대한 부담감이 크다. 가정이나 학교 그리고 사회에서도 청소년을 평가하는 방법으로 지적 성취를 꼽는 우리나라에서 청소년은 공부를 잘하지 못하면 개인의 인격까지 인정받기 어려운 현실에 놓여 있다.

이러한 청소년의 긴장과 갈등을 해소하기 위해 용인된 장소나 활동은 극히 제한적이다. 따라서 이러한 억압에 대한 저항의 표현으로 나타난 현상이 대중음악과 스타에 대한 열광적 행동일 것이라는 점을 생각하지 않을 수 없다. 청소년은 자신이 숭배하는 집단의 구성원이 되기를 희망하고, 그 집단의 사회적 기술과 전략 그리고 규범을 추종하고 배우며, 그 속에서 자신의 존재 의미를 찾으려고 한다. 그들은 자신의 열정을 쏟아부을 대상을 찾아 그런 우상에 대해 열광하고 지대한 관심을 보이며 자신의 동일시 모델로 삼는 경향이 바로 팬 문화를 형성하는 것이다. 경기장이나 공연장에서 한껏 소리 지르고 환호하면서 현실에서 잠시 도피하여 원시적이고 인간적인 기쁨을 누리고, 이런 행동을 자신의 삶의 일부로 만들며, 그 속에서 자신의 감정을 표현하고 스트레스를 풀고 있는 것이다.

⑤ 주체적인 사회참여의 통로

디지털 원주민인 청소년은 디지털 미디어를 기반으로 시공간을 초월한 팬덤활동을 펼치고 있다. 특히 전 세계적으로 방탄소년단(BTS)이 인기를 얻게 되면서 그들의 팬클럽 아미(A.R.M.Y)는 새로운 팬덤문화를 형성하였다. BTS

의 유튜브 채널 'BANGTAN TV'의 구독자 수는 약 7,530만 명(2023년 6월 기준)으로 우리나라 전체 인구(약 5,140만 명, 2023년 기준)보다 많으며, 인구학적 다양성을 보여 주고 있다. 아미로 활동하는 팬의 연령층은 다양하지만 대다수는 Z세대로 이들의 활동은 이 시대 청소년의 문화적 특징을 대변하기도 한다. 아미의 활동이 세계적으로 이목을 끌었던 요인 중 하나는 사회적 문제에 대한 관심과 기여, 주체성이라 할 수 있다(김인설, 2020). 이들은 기부의 형태로 사회에 영향력을 끼치고 있다. 아미의 활동은 초기에는 방탄소년단의 기부 또는 메시지를 단순히 따르던 형태였으나, 이후 자신들이 스스로 사회문제를 인식하고 이에 대한 기여를 아미라는 공동 정체성을 통해 자발적으로 실행하고 있다.

2020년 BTS의 서울 공연이 코로나19로 취소되자 한 명의 아미가 콘서트 취소 환불금액을 코로나19 확산 방지를 위한 성금으로 기부하자는 글을 올렸고, 이로써 기부 운동이 확산되어 5억 원이 넘게 모금되었다(시사저널, 2020). 로이터통신은 'BTS 아미의 동원력'이라는 제목의 기사에서 BTS가 조지 플로이드 사건을 계기로 시작된 인종차별반대운동을 응원하는 의미로 기부한 12억 원에 대한 회신으로, 아미 또한 하루만에 12억 원(100만 달러)을 모금하여 기부한 일을 대대적으로 다루었다(연합뉴스, 2020). 아미는 '우리도 100만 달러를 모금하자.'는 뜻의 '매치어밀리언(#MatchAMillion)' 해시태그를 전파하며 모금운동에 참여했으며, 온라인상에서 '흑인의 생명도 소중하다(Black Lives Matter: BLM).' 시위를 조직하여 운영하기도 했다.

아미는 디지털 네트워크를 통해 의사소통을 하고, 뉴미디어를 적극 활용하여 갖가지 연결망을 형성함으로써 시공간의 제약을 넘어 확산하고 실천적 행위로 이어 갔다. 이러한 현상은 스타가 아닌 팬들 스스로 만들어 낸 자기 완성적 실현 행위이자 정서적 공감대를 형성하여 공동체의 일원들과 바람직한 사회를 구축해 나가는 데 일조하고자 하는 욕구이며, 이들의 문화적 코드이기도 하다. 이러한 청소년들의 문화적 코드는 세계가 BTS를 주목하게 했다. 앞으로 디지털 시대 속에서 청소년의 문화적 영향력은 다양한 형태로 확장될 것이다.

2. 스타의 탄생

스타는 대중의 요구에 의해서 자연스럽게 부상하기도 하지만, 스타가 가져다주는 경제적 이윤(사업성)이 확인되고 난 후로는 스타가 특정한 이미지로 제조된다고 보는 관점도 있다. 스타가 만들어지는 과정을 살펴보면 다음과 같다.

1) 매스컴의 스타 만들기

언론은 원칙적으로 대중문화의 감시자이고 선도자이어야 하지만 현실은 꼭 그렇지 못하다. 언론 자체가 상업자본으로서 시장에서 살아남기 위해서는 대중소비문화를 부추겨야 하는 입장에 있다.

매스컴은 갈수록 연예계에 관련된 기사를 늘리고, 연예기사는 주로 스타(엄밀히 말해서 매스컴이 창출해 낸 스타의 이미지에 부합되는 조건을 지닌 연예인)에게 집중된다. 특히 TV의 경우, 그 상업성은 전적으로 스타에 달려 있다. 시청률이 올라야 높은 광고 수익을 올릴 수 있는데 그것은 시청률이 바로 인기 스타에 의존하기 때문이다. 그래서 판매 촉진(프로그램의 시청률을 높이는 것 = 광고 수익을 올리는 것)을 위해서는 늘 새로운 톱스타를 탄생시켜야 하며, 쉽게 식상해하는 시청자의 취향에 맞게 늘 새로운 스타가 출현함으로써 앞선 스타는 잊힌 스타가 되어 버린다. 스타가 교체되는 스타 교체 주기는 리모컨으로 채널을 선택하는 가구가 늘어나면서 더욱 짧아졌다(강준만, 2000, p. 85). TV는 심지어 단순한 사실을 전달하는 뉴스나 다큐멘터리 프로그램에서조차 새로운 뉴스 앵커 혹은 기상 캐스터를 스타로 만들어 시청자를 사로잡으려고 한다.

2) 영화의 스타 만들기

스타는 영화 자본에 의해서 만들어지기도 한다. 세계 영화 자본은 할리우드가 대변한다. 스타는 다음과 같은 관점에서 할리우드 경제학의 가장 중요한 요소로 받아들여지고 있다(강현두, 2000, pp. 363-366).

- 자본: 스타는 제작사가 소유한 자본의 한 형태였다. 메이저 영화사들은 스타의 영화출연 계약권을 갖고 있을 뿐만 아니라 이들의 출연으로 만들어지는 생산물에 대해서도 소유권을 갖고 있었다.
- 투자: 스타는 투자의 손실을 막아 주고 나아가 투자에 대한 이윤을 보장해 준다.
- 비용: 스타는 영화예산의 주요 부분을 차지한다. 따라서 영화적 관점에서 스타 관리는 주의 깊고 정확해야 한다.
- 시장: 스타는 영화를 팔고 시장을 조직하기 위해 이용되었다. 그 메커니즘은 이렇게 전개된다. 스타가 은막에 등장하여 대중 앞에 보이기 여러 달 전 심지어 수년 전부터 스타의 이미지 구축을 위한 예비 홍보 작업을 시작한다. 흔히 이러한 사전 홍보 작업에 사용되는 전형적인 방식은 스타에 대한 새로운 이야깃거리를 만들어 내기, 스타의 풍만하고 아름다운 몸매를 보여 주는 사진들을 전국의 신문이나 잡지에 싣기, 이미 대중이 잘 알고 있는 대스타와의 염문설이나 혹은 주요 영화의 출연설을 퍼뜨리기 등이다. 이와 같은 홍보 작업은 전국의 신문, 잡지, 연예잡지에 스타 스토리를 공급하면서 시작된다.

남녀 배우가 실제 영화에서 역할이 확정되면 그 영화제작사는 전담 홍보담당자를 배치한다. 이 홍보담당자는 전국 판매 잡지와 일요판 신문에 스타에 대한 기사들을 실리게 하는 작업을 시작한다. 스타를 TV 프로그램에 출연하도록

하는 것은 스타와 영화의 홍보단계에서 '사전세일(pre-sale)' 기간에 확보하고
자 하는 중요한 선전기획이다.

3) 청소년 스타

(1) 스타를 꿈꾸는 아이들

청소년의 희망진로 10위 안에는 연예인이 포함된다. 특히 초등학생이 중·고
등학생보다 더 많이 연예인을 희망직업으로 정하고 있다(교육부, 2022). 최근에
는 유튜버와 같은 크리에이터에 대한 희망도 늘고 있다. 이러한 풍조와 추세에
대해 성인들은 우려 반, 비판 반의 목소리를 내고 있지만 기성세대의 이러한 목
소리에 대해 '내 알 바 아니다.'라는 듯, 지금도 청소년은 당당하게 '내 꿈은 스타
가 되는 것'이라고 외치고 있다(사이 間 편집부 편, 2000). 10대의 마인드, 10대의
상식은 기성세대와는 다르다.

(2) 스타를 준비하는 청소년의 삶

K-POP으로 불리는 아이돌 산업이 성장하면서 우리나라에서는 많은 아이
돌 그룹이 생겨나기도 하고 없어지기도 한다. 2020년대에 아이즈원(IZ*ONE),
있지(ITZY), 뉴진스(New Jeans) 등 10대 청소년으로 구성된 아이돌 스타가 세
계적으로 큰 인기를 끌면서, 많은 청소년이 나도 지금 스타가 될 수 있다는 꿈
을 가지고 연예기획사의 문을 두드리고 있다. 스타를 꿈꾸는 청소년들이 늘면
서 연예기획사들은 연습생이라는 시스템을 두고 청소년들을 스타 양성 시스
템 안에 두고 있다. 연예기획사는 연습생 선발, 트레이닝, 팀 구성, 음반 제작,
매니지먼트에 이르는 아이돌 제작 시스템을 갖추고 있다. 이러한 시스템으로
기량 높은 스타가 배출되고 K-POP이 세계적인 수준이 되었다고 할 수도 있
다. 그러나 그 이면에는 기획사와 연습생의 불공정 계약, 과도한 사생활 규제
등 여러 부작용이 있다. 이러한 문제가 사회적 이슈가 되면서 문화체육관광부

[그림 7-1] 뉴진스(데뷔 당시 멤버들의 나이는 14~18세였다)

사진 출처: https://www.donga.com/news/People/article/all/20221211/116952454/1

에서 연습생의 실태를 인지하고 표준계약서 제정에 나섰다.

2020년을 기준으로 국내 연예기획업체에 소속되어 있는 연습생은 총 1,895명
이었고, 이 중 10대 청소년이 819명으로 전체의 42.9%를 차지한다(한국콘텐츠
진흥원, 2021). 스타를 꿈꾸는 청소년들은 오디션을 거쳐 합격하면 '예비 연습
생', 계약서를 쓰면 '연습생', 신인 그룹 멤버로 정해지면 '데뷔조'로 불리며 신
분을 달리한다. 데뷔조에 들기 위해서는 연습생 간 치열한 경쟁 구도에 놓이게
된다. 청소년 연습생은 노래, 춤, 악기, 보컬, 연기, 외국어 등 데뷔에 필요한
교육을 받고, 매월 성취도 평가를 받게 된다. 학교에 다니는 청소년 연습생의
경우 하교 후부터 밤 10시까지 이러한 교육을 소화하고, 집이 지방이거나 외국
인인 연습생은 숙소 생활을 하며 관리를 받게 된다. 그렇다 보니 연습생 생활
을 하는 청소년이 학교생활과 학업을 제대로 수행하기 어려운 경우가 많다. 연
습생 생활에 매진하기 위해 자퇴를 하거나 연예 활동에 관대한 예술고등학교
에 진학하는 청소년도 많다.

15세 미만 청소년 연예인은 학습권과 휴식권, 수면권 등 인권 보장 차원에
서 밤 10시부터 새벽 활동이 법적으로 제한되어 있지만, 연습생의 경우 연예인
으로 계약서를 작성한 것이 아니기 때문에 규정의 사각지대에 있어 이들의 인

권이 지켜지지 않는 경우가 발생하게 된다. 연습생 생활을 하는 과정에서 계약 서를 작성하는 비율은 70.9%에 불과하다(한국콘텐츠진흥원, 2021). 2017년에는 연습생 계약서에 계약 해지 때 투자비용의 2~3배 청구하는 억대 위약금 조항 이 있어 공정거래위원회가 불공정약관을 바로잡기도 했다. 기획사가 연습생 데뷔에 전권을 가지다 보니 청소년들이 연습생 기간 중 폭언, 폭행, 성추행 등 의 피해를 당하기도 한다. 10대 밴드 '더이스트라이트'의 이석철·이승현 형제 의 폭로는 충격을 줬다. 폭행 피해 청소년 연습생들은 데뷔 전인 2015년부터 기획사 프로듀서로부터 상습적으로 폭행당했다며 "K팝 시장에서 아동학대와 인권 유린이 사라져야 한다."고 목소리를 냈다(한국국제문화교류진흥원, 2019). 일련의 사건이 대중에게 알려지면서 제작자들부터 인권을 중시하는 사회변화 에 맞게 연습생에 대한 처우도 개선되어야 한다는 지적이 늘고 있다.

3. 청소년 스타문화와 관련한 개선 사항

청소년 스타문화와 관련하여 다음과 같은 사항이 개선되어야 한다.

첫째, 쇼핑을 나설 때 사전에 본인이 필요로 해서 구입해야 할 품목을 미리 상정하고 그에 따른 구입의 조건 등을 판단해야 하는 것처럼, 청소년으로 하 여금 본인의 주체적인 판단 기준에 따라 스타를 선호하고 그에 따른 행동을 할 수 있는 능력을 길러 주는 매체교육의 기회가 제공되어야 한다.

둘째, 우리나라 청소년의 스타에 대한 숭배가 점점 초등학생에게까지 확산 되고 있는 추세다. 이는 스타가 수반하는 상업문화가 아동에게까지 전파될 수 있다는 염려를 낳고 있다. 스타 중심의 대중문화에 대적할 만한 다양하고 영향 력 있는 대항 문화산업(애니메이션 혹은 기행문화 등)을 더욱 육성시키고, 이를 향유할 수 있는 기회도 늘려야 한다.

셋째, 청소년의 스타 숭배 행위가 자칫 개인적인 탈선과 횡포, 범법적인 차원에 이를 수 있는데, 이에 대한 적절한 조치가 이루어져야 한다. 일부 청소년들은 자신이 좋아하는 스타를 만나기 위해 하루 종일 스타의 스케줄에 맞춰 따라다니는 경우가 있는데, 이들을 사생팬이라고 한다. 사생팬은 자신이 좋아하는 스타를 팬 이상의 감정으로 쫓는 열성팬을 말한다(선승주, 2015). 자신이 좋아하는 스타를 만나기 위해 지방에서 올라와 밤샘을 하거나 그 연예인과 다른 주민들이 살고 있는 빌라의 1층부터 4층까지 온갖 낙서를 하며, 스타의 차 번호판을 떼어 가는 것 등의 횡포와 탈선행위를 보이는데 이에 대해서는 적절한 책임을 일관성 있게 부과하도록 해야 한다.

넷째, 청소년은 스타에 대한 '친근의 환상(illusion of intimacy: 드라마 속의 주인공과 그 배역을 담당하는 탤런트를 동일시하는 현상을 보이며 TV를 보면서 스타와 얼굴을 마주하고 있다는 착각을 가짐)'을 심각할 정도로 가질 수 있다. 이 경우 청소년은 드라마 속의 주인공 혹은 실제 스타의 실제 행위를 모방하여 따라 할 수 있다. 즉, 주인공이나 실제 스타가 자살할 경우 친근의 환상에 빠진 청소년도 함께 자살을 자행할 가능성이 높다. 현실이 불만족스럽고 고민이 많은 청소년일수록 스타에 대한 집착이 더욱 강할 수 있다.

다섯째, 청소년에게 자신의 스타 숭배 자체가 스타 시스템 안에서 치밀하게 계산되고 관리되고 있다는 사실을 깨닫게 해 줄 필요가 있다. 최근 스타 시스템에서는 팬덤을 활용한 다양한 수익활동을 펼치고 있다. 공연티켓을 높은 가격에 판매하거나 음반 안에 팬미팅 응모권을 끼워 팔아 한 사람이 여러 장의 음반을 구매하도록 부추기기도 한다. 과거 스타의 응원도구 수준이었던 스타의 굿즈는 마스크 팩, 가방, 옷 등 다양한 물건으로 확대되어 비싸게 팔고 있다. 대형 기획사는 공식 판매처를 운영하며 굿즈산업을 펼치고 있는데, 청소년의 75.9%가 아이돌 굿즈 제품을 구매한 경험이 있는 것으로 나타나 아이돌 굿즈 시장의 성장을 주도하는 소비자가 청소년이라는 것을 알 수 있다(박은정, 안성아, 2019). 스타에 열광하는 청소년들에게 이러한 스타 시스템에 대해 제대로 알 수 있도록 하여 청소년이 주체적으로 팬 활동을 할 수 있도록 도와야 한다.

여섯째, 스타를 꿈꾸는 청소년들에게 그 준비 과정의 어려움을 알려야 한다. 청소년들은 십대 아이돌 스타를 보면서 막연하게 자신도 그렇게 될 수 있다고 생각하며 스타가 되겠다고 달려들 수 있다. 하지만 청소년들이 매체를 통해 바라보는 스타는 결과적인 모습일 뿐이다. 아이돌 스타는 스타의 자리에 서기까지 수많은 희생과 어려움을 겪는다. 그 준비 과정에 대한 충분한 이해 없이 화려함만을 좇을 경우 좋은 결과를 얻을 수 없게 된다. 청소년들은 진지하게 자신의 흥미 · 적성 · 재능을 탐색하고, 스타가 되기까지의 준비 과정에 대한 충분한 이해를 바탕으로 진로를 결정할 필요가 있다.

추가 수업활동

토의(토론) 주제

1. 내가 좋아하는 스타와 그 이유는 무엇인가?
2. 만약 내 자녀가 연예인을 지망하게 되면 부모로서 어떻게 할 것인가?

추가 탐구 과제

1. 청소년 팬덤 사례를 제시하고, 팬덤의 긍정적 측면과 부정적 측면에 대한 개인 의견을 기술하시오.
2. 포함해야 할 내용
   • 청소년 팬덤의 사례 제시
   • 긍정적 측면과 부정적 측면에 대한 분석
3. 분량: A4 용지 2~3매

참고자료

🌐 관련 사이트

아이돌차트
(www.idol-chart.com)

디스패치
(www.dispatch.co.kr)

📖 관련 도서

박희아(2018). **아이돌의 작업실**(케이팝 메이커 우지, LE, 라비, 방용국, 박경의 음악 이야기). 위즈덤하우스.

민경원(2018). K-POP MAKERS. 북노마드.

🎬 관련 영상

〈번 더 스테이지: 더 무비〉(2018)

감독: 박준수

출연: RM, 진, 슈가 등

키워드: 방탄소년단, 우정, 스타, 아이돌

〈아이돌레시피〉(2022)

감독: 이호성

출연: 이지훈, 손병호, 배우희

키워드: K-pop, 아이돌, 경연대회

워밍업 수업자료

"아이돌을 할까요 제가?" 아이돌 다시 할거냐는 질문에 그들이 한 대답
https://www.youtube.com/watch?v=n2jX36g-KpU&t=2s

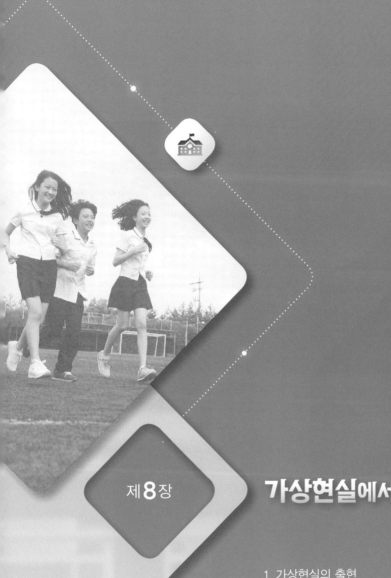

제**8**장

가상현실에서의 청소년문화

새로운 물결, 제4의 물결 그리고 4차 산업혁명. 정보통신 기술이 비약적으로 발전함에 따라 청소년의 삶도 문화도 소통 방법도 인류의 의식도 많이 변화하였다. 새로운 매체가 등장하고, 청소년은 다양한 매체의 사용에 익숙해지며 이에 따라 청소년 사이에서 문제점이 발생하고 있다.

디지털 혁명과 가상현실에 가장 익숙하면서도 가상현실의 삶을 가장 적극적으로 살아가는 집단이 바로 청소년이며, 이들을 N세대라 부르기도 한다.

이 장에서는 가상현실(가상공간)이 형성된 배경과 새로운 현실을 능동적으로 대처해 나가는 청소년의 새로운 삶을 비춰 보고, 이것이 갖는 문제점과 대처 방안에 대해 살펴보고자 한다.

- 가상현실이 형성된 배경과 그 개념 그리고 특징은 무엇인가?
- 가상현실 속에서 청소년은 어떤 삶의 형태를 유지하고 있는가?
- 사이버불링은 무엇이고, 그 피해 사례는 어떠한가?

1. 가상현실의 출현

1) 가상현실의 형성 배경

오늘날 우리 생활의 또 다른 터전이 되어 버린 가상현실은 인류의 오랜 경험과 문명이 축적된 결과로 얻어졌다. 엘빈 토플러(Alvin Toffler, 이상백 역, 1989, pp. 12-24)와 존 나이스비트(John Naisbitt, 1999, pp. 1-22)는 인류가 오늘에 이르게 되기까지의 과정을 몇 단계로 나누어 설명하고 있다.

토플러는 인류 문명의 발전 과정을 큰 변화의 물결이 교차하는 것으로 파악하면서 각각의 물결을 제1, 2, 3의 물결로 지칭하고 있다. 그는 제1의 물결이 기원전 8,000년경 농업혁명에서 시작하여 17~18세기 산업혁명이 발흥되기 직전까지 진행된 것으로 보았다. 제1의 물결에 의한 농업혁명은 수천 년에 걸쳐서 완만하게 전개되었다. 17~18세기 산업혁명으로 시작된 제2의 물결은 300여 년 만에 인류의 삶에 대변혁을 가져왔다. 그리고 탈산업화혁명 혹은 지식혁명으로 일컬어지는 제3의 물결은 불과 20~30년 이내에 새로운 가족관계·기업상황·사회관계를 엮어 낼 것으로 예견되고 있다. 최근 들어 또 하나의 물결, 즉 제4의 물결이 이미 우리 생활에 흐르고 있다는 지적이 일고 있다. 이는 정보기술혁명으로, 이러한 물결 속에서 가상의 세계가 가상이 아닌 현실의 세계로 받아들여지고 있다.

나이스비트는 오늘날 우리의 사회를 '기술에 취한 사회(Technologically Intoxicated Society: TIS)'라 칭하면서, 현대인이 만들어 내는 문화의 특징으로 인스턴트 성향, 기술 숭배 성향, 실제와 가상의 구분 깨뜨림 성향, 폭력의 일상적 성향, 기술의 오락 성향, 격리되고 단절된 삶의 경향성 등을 꼽고 있다. 미래학자들이 이미 예견하였듯이, 가상세계의 창출과 도래는 과학혁명의 결과 이제 피할 수 없는 현실이 되고 있다. 이러한 가상세계와 가상현실이 이론적으

(2020년 12월 기준)

2014년	30억 7천 900만 명(42.4%)
2015년	33억 6천 600만 명(46.4%)
2016년	36억 9천 600만 명(49.5%)
2017년	41억 5천 600만 명(54.4%)
2018년	43억 1천 300만 명(55.6%)
2019년	48억 3천 300만 명(62%)
2020년	50억 9천 800만 명(64.7%)

[그림 8-1] 세계 인구 대비 인터넷 사용자 비율

출처: Internet World Stats(https://www.internetworldstats.com/emarketing.htmv).

로만 존재하는 세계가 아니라 실제 우리의 실생활 속에서 경험해 볼 수 있는, 가상이 아닌 현실로 다가가게 한 것은 인터넷 사용자 증가와 PC의 획기적인 보급 덕택이다.

전체 인구 대비 인터넷 사용자 비율은 'Internet World Stats'에서 제시한다. 2014년 30억 명을 넘어서면서 2020년 50억 9천 800만 명으로 이는 세계 전체 인구 대비 64.7%에 해당된다. 연도별 세계 인터넷 사용자 비율을 보면 [그림 8-1]과 같다. 결과를 보면, 매년 빠른 속도로 인터넷 사용자 비율이 증가되고 있는 것을 알 수 있다.

2) 가상현실의 개념

'가상'은 '사실이 아니거나 존재하지 않는 것을 사실이거나 실제로 있는 것처럼 가정하여 생각한다.'는 사전적 의미가 있다. 가상(Virtual)의 어원은 라틴어(Virtus)이며, '속이다' '가장하다'를 의미한다. 가상이라는 것은 보고 만질 수 있는 실재가 아닌, 잠재되어 있는 존재를 의미한다. 따라서 가상현실은 가상을 실질적 또는 형식적으로 구체화하기 전의 개념이라고 할 수 있다.

최근 컴퓨터 기술의 발전과 디지털 기기의 빠른 보급으로 인해 과거 논의되던 정보화 사회가 이미 우리 생활 속에 파고 들어온 상황이다. 이러한 디지털 혁명은 우리에게 새로운 패러다임을 가져다주었다. 디지털 기술과 인터넷으로 대표되는 네트워크를 통해 기존의 시공간을 뛰어넘어 사이버공간에서 무한한 정보의 유통이 이루어지고 있다. 이렇게 디지털 기술과 디지털 정보는 우리의 일상 업무와 생활 속에 깊숙이 자리 잡게 되었다. 이에 따라 각종 디지털 기기가 폭발적으로 증가하였고, 특히 스마트폰 등 개인 디지털 기기의 광범위한 보급으로 업무와 개인생활에 대한 대부분의 정보가 디지털 방식으로 저장 및 유통되고 있으며, 사이버공간을 통해 전파·공유·확산되고 있다. 또한 생활환경이 변화되면서 기존의 물리적 공간을 통해 이루어지던 업무, 거래, 대화 등 다양한 활동이 이제는 사이버공간에서 보다 활발하게 이루어지고 있으며, 이에 따라 새로운 사회적·문화적 현상이 나타나게 되었다(정대용, 2018, p. 1).

깁슨(Gibson, 1984)[1]은 가상현실을 '전자매체에 의해 가능한 고해상도의 화상과 데이터의 그래픽 표현 등이 합성되어 만들어진 환상'으로 특징짓고 있다. 그리고 환상이란 신경과 직접 연결된 컴퓨터의 작용을 뜻한다. 이런 점에서 가상현실은 전자장치를 이용한 시뮬레이션이나 단순한 비주얼 이미지뿐만 아니라 인간 상호 간 의사소통을 위한 기술적인 측면도 포함하고 있다. 따라서 가상현실은 전자우편, 전자게시판, 채팅룸, 인터넷 웹사이트, 전자도서관, 쌍방향 TV 등의 매체 수단과 그곳에서 만들어 공유하는 모든 정보의 내용을 지칭한다 하겠다.

---

1) 'Virtual Reality'라는 용어는 윌리엄 깁슨(William Gibson)의 소설인 『뉴로맨서(Neuromancer)』를 통해 '사이버공간'이라는 개념을 처음 소개하였다.

3) 가상현실의 특징

전통 매체와 다른 인터넷 매체의 특징은 인터넷에서의 인격권 침해를 더욱 빈번하고 강렬하게 발생시킬 수 있는 요인이 된다. 즉, 전통적인 매스미디어는 사실 그대로의 내용을 객관적으로 보도하거나 명예 훼손적 표현의 경우 간결한 문장, 간접 인용, 여론조사를 근거로 표현하는 경우가 많고, 표현이 비교적 객관적 · 선형적 · 이상적인 문자 문화적 특성을 보이는 반면, 온라인 공간에서의 표현은 주로 감정이입적 · 주관적 · 편향적 · 유희적인 구술 문화적 특성을 보인다. 따라서 오프라인 공간과 차별화되는 이와 같은 인터넷 공간의 특성이 경멸적 감정 표현(김은주, 2012, p. 9)이나 상대방에 대한 모욕 등 부정적인 커뮤니케이션 양상을 극대화하기 쉽다.

가상현실은 다음과 같은 특징을 갖고 있다.

- 익명성과 비대면성을 유지하는 특징을 지닌다. 가상현실은 자신의 신분을 노출시키지 않은 채 활동하는 것이 가능한 매체 공간이다. 누가 누구인지 밝혀지지 않음으로써 사이버공간에서 만나는 사람들은 장소 귀속적이고 대면적인 상황에서 대화자의 활동을 제약하는 연령, 성별이나 지위, 사회적 정체성이나 신체적 또는 심리적 정체를 직접적으로 드러낼 필요가 없다.
- 리셋신드롬(reset syndrome)과 공동체 유대감 결여의 특징을 지닌다. 가상현실은 언제 어디서든지 관계의 고리를 끊고 사라질 수 있으며, 언제든지 리셋(reset)하여 새로이 시작할 수 있는 리셋신드롬의 특징을 갖는다. 사이버공간에서의 공동체 구성원의 무책임성과 책임 소재의 불분명과 같은 특성은 공동체적 유대를 결여시킴으로써 일탈행위에 대한 사회적 통제력을 약화시킨다.
- 시공을 초월한 새로운 공동체적 특징을 지닌다. 가상현실은 물리적 장소

가 갖는 제한성과 구속성을 벗어나 새로운 사회적 관계를 갖는 하나의 공동체로서의 의미를 갖는다. 인터넷을 예로 들면, 시공간에 구애를 받지 않는 탈공간성과 비동시성의 특성을 지닌다. 인터넷의 공간 초월 의사소통으로서의 특징은 이용자가 거리상으로 정보의 중심부로부터 멀리 떨어져 있다는 이유로 더 이상 불리한 조건에 있지 않게 되었다는 점이다. 누구든지 인터넷을 24시간 이용할 수 있으며, 세계 어느 곳에 있는 사이트에도 접속할 수 있다.

- 놀이 공간적 특징을 지니고 있다. 가상현실은 현실세계에서 자신의 존재를 인정받지 못하고 소외되고 있거나 불만이 있는 청소년·성인의 경우 더욱 활발히 이용할 수 있다. 청소년의 경우 입시 중압감으로 인한 놀이 시간의 부족과 사회적으로 제공되는 놀이 공간의 부족이 청소년에게 사이버공간을 또 다른 놀이 공간으로 만들도록 유인하고 있다. 그래서 청소년 사이에서는 사이버공간을 개인적 욕구를 충족시키는 오락용으로 생각하는 경향이 나타나고 있다.
- 정보의 빠른 공유를 특징으로 한다. 가상현실 중에서 인터넷 공간의 대표적인 특징은 빠른 정보의 공유에 있다. 인터넷과 소셜미디어 등의 사이버공간을 통해 이루어지는 정보의 빠른 전파는 긍정적인 면도 있지만 부정적인 정보의 무차별적 전파도 가능하게 하고 있다.

2. 가상현실 속에서의 청소년

1) 새로운 세대의 등장

월드와이드웹(World Wide Web)이 등장한 1990년대 초 이후에 출생한 이들을 가리키는 I세대의 I는 Internet(인터넷)의 약자로, 인터넷 세대를 지칭하는 말이다. 세계적인 인터넷망인 월드와이드웹이 창안된 1990년대 초 이후에 출생한 이들은 어려서부터 컴퓨터와 인터넷으로 놀이와 학습을 하며 자라 인터넷 환경에 아주 친숙하고 디지털 문화에 지대한 영향을 받으며 생활해 왔다. I세대는 월드와이드웹, 메신저, 유튜브, 휴대전화 문자메시지와 스마트폰 애플리케이션의 활용 빈도가 높고 MP3, 모바일 폰, 태블릿 PC, PDA, 디지털 카메라 등 디지털 기기를 능숙하게 사용한다는 이유로 디지털 원주민이라는 별칭이 생기기도 했다(두산백과, I세대 정의).

돈 탭스콧(Don Tapscott)은 『N세대의 무서운 아이들(Growing up digital: Net generation)』에서 이 세상을 완전히 변화시킬 새로운 세대가 성장하고 있음을 발견하고, "디지털혁명이 가속화되는 가운데 인터넷을 일상생활의 동반자처럼 활용하는 세대가 N세대(Net Generation)다."(허운나, 유영만 역, 2000, pp. 59-62)라고 말했다. 탭스콧은 미국에서 인구학적인 통계를 응용하여 제2차 세계대전 이후의 세대를 '베이비붐 세대-X세대-메아리 세대-N세대'로 구분하였다.

베이비붐 세대는 1946~1964년에 태어난 사람들을 일컫는다. 전쟁으로 결혼 적령기를 놓친 세대가 한꺼번에 결혼하여 붐을 이루어 태어난 세대이며, 전후 사회적 인구 증가의 필요성과 탄탄한 경제를 바탕으로 성장한 세대다. 또한 1950년대에 본격 보급된 TV에 처음으로 영향을 받으며 성장한 세대이기도 하다.

X세대는 1965~1976년에 출생한 연령층을 일컫는다. 이들은 어떤 면에서는 베이비붐 세대의 막둥이에 해당된다. 이들은 30대가 되어 사회에 진출하지만 자신의 선배가 이미 요직을 차지하고 있다는 사실을 깨닫게 되고, 의미 있는 사회 참여를 하고자 하는 이들의 희망은 무참히 꺾이고 만다. 또한 X세대는 경제적 암흑기를 지내면서 사회에 대항적인 태도를 견지하는 세대이기도 하다. 따라서 어떤 의미에서는 X세대가 '배제'라는 뜻의 'eXclusion'에서 'X'가 기인했다는 설을 펴기도 한다. 하지만 X세대는 매체 지향적인 통신광의 특성을 나타내기도 하였으며, 라디오, TV, 영화, 인터넷 등 모든 매체를 거부감 없이 사용

[그림 8-2] 스마트폰에 몰입하고 있는 N세대

하는 최초의 세대이기도 하다.

　메아리 세대는 1977~1999년에 태어난 연령층으로, 베이비붐 세대가 자녀를 왕성하게 갖기 시작해서 태어난 세대이기도 하다. 베이비붐의 반향은 1990년 전후에 정점을 이루어 1990년대 말까지 이어진다.

　N세대는 특수한 연령층을 지칭하기보다는 새로운 환경, 즉 디지털 환경에 익숙한 신사고(新思考)를 소유한 세대를 널리 지칭하는 말이다. N세대는 '접속'을 중시하는 네트워크 세대인 만큼 PC와 휴대전화가 필수품이다. PC와 휴대전화는 N세대를 시간과 장소의 제약으로부터 해방시키고 있다. N세대는 나이와 관계없이 네트워크로 연결되는 세대이며, 새로운 정보기술의 활용 능력을 중심으로 구분되는 세대다. 강요에 의해서가 아니라 자발적으로, 소외에 짓눌리지 않고 자신의 생각을 함께 나누고 공유하는 집단으로, 감성적이며 강한 독립성과 지적인 개방성을 소유하고 있다.

　N세대는 자유로운 표현, 확실한 소신, 탐구정신 등을 갖고 있으며, 인터넷을 통해 또래집단과 끊임없이 대화하면서 사회성과 공동체 의식을 기르는가 하면, 자신들 사이에서만 통용되는 상징을 사용하고 글만이 아닌 모든 사용 가능한 의사소통 수단을 익숙하게 쓰고 있다. N세대의 노는 방식도 기존의 다른

세대와는 달리 외부에서 하는 농구나 축구와 같은 운동이 아닌 피시방에 가거
나 단체 게임을 즐기는 등 실내에서 할 수 있는 놀이로 바뀌었다.

보통 N세대는 다양성을 수용하는 자세를 견지하고, 가상현실에 대해 전례
없는 호기심을 견지하며, 자기주장이 확실하고 자기 독립성이 강하다는 특징
을 갖고 있다. 또한 보통 N세대는 네 가지 N의 특성을 지닌다. 즉, 'Network'에
익숙한 세대, 새로움을 추구하는 'inNovation'에 앞장서는 세대, 기성세대의
권위에 대해 'No'라고 말할 수 있는 세대, 인생을 유희처럼 즐기면서 'eNjoy' 하
는 세대가 N세대다.

2) 가상현실 속에서 청소년의 삶

(1) 언어생활

청소년이 가상현실에서 보이는 문화적 특징은 다음과 같다. 먼저, 언어 표
현에 있어서 청소년은 문자를 주고받을 때 자신의 감정을 글 대신에 그림 문자
나 특수 기호를 압축해 전달하는 특징이 있다. 문자로 표현하기에 쑥스럽거나
귀찮은 내용, 또는 재미로 이모티콘을 즐겨 사용한다. 또한 줄임말의 사용도
두드러진다. 축약어, 신조어, 은어, 이모티콘 등의 사이버 언어는 텍스트 제조
시간을 줄여 줄 뿐만 아니라 빠른 의사소통에 의한 청소년의 욕구를 대변함과
동시에 그들 세대 간의 집단 특수성과 공감대를 형성하는 역할을 한다.

이제는 통신언어가 사이버공간에서만이 아니라 일상생활에서도 흔히 쓰이
는 언어가 되고 있다. 이와 관련한 연구 결과에 따르면, 통신언어를 단순히 변
형하거나 욕설을 그대로 쓰고 있는 경우가 빈번함을 알 수 있다(박진규, 박용성,
2009, pp. 207-228).

- TMI = Too Much Information
- 롬곡 = 눈물

- 혼코노 = 혼자 코인 노래방
- 할많하않 = 할 말은 많지만 하지 않는다
- 엄근진 = 엄격, 근엄, 진지
- 갑분싸 = 갑자기 분위기 싸해짐
- 커엽다 = 귀엽다
- 인싸 = 인사이더(반대말: 아싸 = 아웃사이더)
- 소확행 = 소소하지만 확실한 행복
- 문찐 = 문화찐따

(2) 이성교제

요즈음 청소년은 스마트폰에서 쉽게 사용할 수 있는 소개팅과 관련된 애플리케이션, SNS 채팅을 매개로 하여 이성 간의 감정을 교류한다.

실제 국내 소개팅 앱 업체는 170여 개를 웃돌고 있으며, 시장 규모가 약 500억 원에 이르며, 이용 회원 수도 330만 명 이상으로 추산된다. 적극적으로 연인을 찾아주는 데이팅 앱이 급부상한 만큼 어마어마한 규모다(헤럴드경제, 2017. 11. 1.).

가상현실에서의 채팅을 통한 이성교제는 이성을 마음대로 고를 수 있고, 어느 때나 접속할 수 있으며, 특별한 데이트 비용이 들지 않고 시간이 절약되는 이점을 갖고 있다. 또한 채팅을 통한 이성교제에서는 마음에 들지 않으면 언제든 교제 상대를 바꿀 수 있으며, 이에 따른 격식과 절차를 밟을 필요가 없는 것으로 받아들이고 있다.

입시와 꽉 짜인 학교 일과로 많은 중압감을 갖고 있는 우리의 청소년은 공부 밖의 일로 새로운 돌파구를 찾고자 하며, 바로 그들이 가장 손쉽게 접근할 수 있는 것은 채팅을 통한 이성교제라 할 수 있다. 채팅 과정에서 서로 간에 어느 정도까지 마음이 맞는다고 생각이 들면 그들은 벙개(번개: 번개처럼 신속하게 만남)를 시도하여 직접 만나 보기도 한다.

청소년이 채팅을 통해 이성교제를 하는 중요한 이유는 얼굴을 보지 않는 상태에서 이성을 만나면 왠지 신비롭고 환상적이며, 혼자만의 상상의 세계를 펼칠 수 있어 일종의 쾌감이나 만족감을 느낄 수 있기 때문이라고 한다. 실제 벙개를 통해 상대 이성을 만나면 이성에 대해서 가졌던 환상과 기대감이 깨지기도 하지만, 그래도 잠시나마 이성에 대해 기대를 갖고 상상의 세계를 펼쳐 보는 것은 무척 흥미 있는 일이라 한다.

3) 가상현실이 청소년의 삶에 미친 긍정성

가상현실은 현대를 살아가는 우리 모두가 접촉하는 또 하나의 현실이다. 하지만 가상현실에 가장 쉽게 적응하며, 이의 활용에 능숙한 세대는 N세대라 할수 있다. N세대로서 가상현실에 잘 적응하고 가상현실을 잘 활용하는 것만큼 가상현실이 청소년의 삶에 미치는 긍정성 또한 크다 할 수 있다.

- 청소년은 네트워크를 통한 만남을 유지하면서 자신의 삶을 끊임없이 새롭게 정립해 나간다. 통신망으로 연결된 가상공간은 물리적 공간처럼 제한이 있는 것이 아니며, 정복을 위한 수고가 물리적 공간을 밟고 돌아다니는 데에 비할 바가 못 된다.
- 가상현실 세계의 형성은 시민사회의 역동성 회복에 크게 기여할 수 있다. 현실세계에서 불평등의 기제로 작용했던 서열, 인종, 민족, 성 등의 정체성이 가상현실 세계에서는 상당 부분 배제될 수 있다.
- 가상공동체의 형성을 통해 청소년은 자신들의 공동의 관심사를 실제 사회에서 실현할 수 있다. 즉, 온라인에서의 결속이 오프라인에서의 실제적 행동으로 승화될 수 있다.
- 가상공동체가 더욱 확대됨에 따라 가상공동체의 참여자들은 기호와 관심 그리고 지식을 공유함으로써 문화를 더욱 풍부하게 할 수 있다.

3. 청소년 사이버문화

1990년대 말을 기점으로 인터넷 보급이 급격히 확산됨에 따라 익명성과 이용자들의 자율성을 전제로 다양한 범주의 사이트와 채팅룸, 온라인 커뮤니티가 활성화되는 등 인터넷을 통한 커뮤니케이션과 상호작용을 위한 행위들을 포함하는 사이버공간에서의 문화가 확대·발전되어 왔다.

현재까지 연구된 바에 따르면, 사이버문화를 만드는 공간의 기술적인 특성은 다음의 세 가지로 정리할 수 있다(이수자, 2003; Fernback, 1998; Flower & Wackerverth, 1980; Shaw, 1998; Tannen, 1990; Weedman, 1990).

- 수평적이고 개방적인 데이터베이스로서의 공간으로 네티즌이 스스로 정보의 생산자이자 소비자, 동시에 관리자가 되기 때문에 정보 통제가 없는 민주성이 유지되는 것이 특징이다.
- 매체적 접근으로 소수의 인원으로도 운영이 되는 기술 집약적 매체로서, 사이버는 신속하고 유연한 정보 처리 속도라는 장점 외에 다양한 목소리를 전달할 수 있는 일반 대중의 매체라는 의의를 가진다.
- 사이버는 비동시적이고 시공간을 초월하며 익명성이 보장되고 다수 대다수의 의사소통을 가능케 하는 쌍방향 커뮤니케이션이다. 누구라도 성별, 연령 등 사회적 조건을 초월하여 어떠한 소재든 자유롭게 그리고 자발적으로 의사를 개진할 수 있는 공론의 장이나 사이버 공동체를 결성할 수 있게 한다(이현영, 2011, pp. 35-36).

1) 청소년과 SNS

SNS는 'Social Network Service' 또는 'Social Network Site'의 줄임말로 웹

2.0을 기반으로 하는 인터넷 서비스다. 'Social Network Service'의 'Social'은 사회를 뜻하는 말로 공동체를 의미하며, 'Network'는 일련의 과정을 통해 연결된 관계망을, 'Service'는 이러한 것들이 가능할 수 있도록 기반을 만들어 주는 것을 의미한다(차승봉, 박성열, 구병두, 2014). 즉, SNS란 인간이 인터넷과 웹 2.0을 기반으로 온라인을 통해 사회적 관계망을 형성·가능하게 하는, 오프라인과는 또 다른 새로운 가상사회다.

웹 2.0의 특성을 반영해 주는 대표적인 1인 미디어의 새로운 패러다임으로서 SNS는 그 입지를 굳히고 있으며, 페이스북(현 메타), 트위터, 인스타그램 등이 현재 SNS 커뮤니티의 주요 사이트로 사용자들이 이용하고 있다.

이들 SNS는 정보 공유 및 상호 의사소통의 목적도 있지만 주된 목적은 대인 관계를 넓히는 것으로, 개인의 일상이나 관심 영역을 공유하고 소통하여 인맥을 구축하는 인적 네트워크를 형성하는 데 목적을 두고 있다. 이는 미디어와 정보통신 기술의 발달이 인간의 개인적인 영역을 더욱 독립적으로 만들어 주었기 때문이며, 특히 스마트폰의 보급은 이러한 현상을 확산시키는 요인으로 작용하였다.

현대사회에서 인터넷 미디어의 발달은 청소년의 심리사회적 특성과 밀접한 관련을 갖는다. 그중에서도 최근 청소년이 가장 많은 이용을 하고 있는 SNS는 운영이나 조작이 편리하고 시공간의 제한 없이 이용할 수 있다는 장점으로 즉흥적이고 빠른 소통을 원하는 청소년에게 매우 매력적인 미디어라 할 수 있다. 현재 SNS는 청소년 개인의 삶을 주도할 만큼 일상생활의 한 부분을 차지하며, 개인의 심리사회적 특성에 영향을 미치고 있는 것으로 나타났다(김세희, 2013).

한편, 청소년기의 원만한 대인관계는 청소년의 긍정적인 발달을 위해 필수적이다. 그중에서도 친구관계는 청소년에게 소속감과 심리적 안정감을 주기 때문에 가장 중요하지만, 동시에 청소년의 가장 큰 고민거리이기에 청소년기 친구 문제에 대한 관심이 필요한 실정이다. 특히 청소년들이 주된 소통의 도구로 활용하고 있는 SNS는 청소년기의 대인관계 만족감과 대인관계 유능감에 긍정적인 영향을 주고 있는 것으로 나타났다(이지원, 2023).

이러한 SNS 이용의 대중화는 오프라인 관계의 확장에 큰 영향을 주게 되었다(최보미, 박민정, 채상미, 2016). We Are Social(2023)에 따르면, 세계적으로 소셜미디어의 이용 동기는 'Keeping in touch with friends and family(친구 및 가족과 연락하며 지내기)'가 47.1%로 압도적으로 높게 나타났다. 국내의 연구에서도 SNS를 이용하는 동기 중 '친구ㆍ교제를 위해서'가 75.9%로 높게 나타났다(한국지능정보사회진흥원, 2022). 또 다른 연구에서도 SNS마다 이용 동기가 다르지만, 특히 청소년들이 가장 많이 사용하는 인스타그램의 이용 동기는 '친구(지인, 페이스북 친구)의 최신 소식을 알고 싶어서'가 59.7%로 가장 많았다. 이처럼 SNS는 친구의 소식을 주고받는 등 기존 관계를 강화하거나, 친구의 지인 및 새로운 관계를 맺는 목적으로 사용되고 있었다. 이는 더 이상 대인관계가 면대면 하지 않아도 형성될 수 있다는 것을 의미한다.

(단위: %)

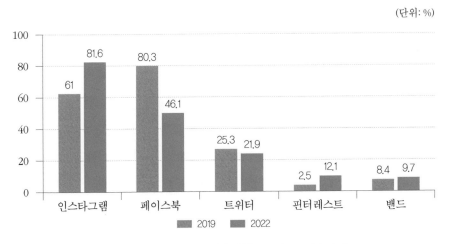

[그림 8-3] 청소년 SNS 이용경험(2019년, 2022년 비교)

출처: 한국언론진흥재단(2022).

2) 청소년과 스마트폰

한국지능정보사회진흥원(2022)에 따르면, 만 6세 이상 국민의 스마트폰 보유율은 95.7%에 달했으며, 이용자가 스마트폰을 통해 주로 이용하는 것은 '채팅, SNS 등 커뮤니케이션(71.2%)'으로 나타났다. 실제로 SNS 이용자는 2011년 이후 꾸준히 증가하고 있으며(정보통신정책연구원, 2021), SNS 이용률 또한 2019년 47.7%, 2020년 52.4%, 2021년 55.1%로, 모든 세대에서 지속적인 상승세를 보이고 있다(정보통신정책연구원, 2022).

구체적으로 청소년의 이용실태를 살펴보면, 10대와 20대의 스마트폰 보유율은 각각 100%, 99.4%로 전 연령대 중 가장 높게 나타났으며, 이들은 '커뮤니케이션'을 스마트폰 기능의 중요한 순위 1, 2위로 평가하였다(정보통신정책연구원, 2022). 이러한 스마트폰 이용률 증가는 청소년의 SNS 이용량 증가로도 이어졌다. 특히 중·고·대학생(14~24세 청소년)에 해당하는 Z세대의 44.5%는 하루에 1회 이상 매일 스마트폰을 활용하여 다른 사람의 게시글(피드)을 확인하는 등 적극적으로 스마트폰을 이용하고 있었다(정보통신정책연구원, 2022).

3) 청소년과 인터넷(게임)

전 세계가 정보화 사회로 변화하면서 지금은 언제 어디서나 인터넷에 접속할 수 있는 유비쿼터스 사회로 진일보하고 있다. 최근에는 스마트폰 이용의 확산으로 인터넷의 영향력이 더욱 커지고 있으며, 현재 우리나라 청소년 인구 중 99% 이상이 인터넷을 사용하고, 청소년들은 인터넷을 학습, 여가, 오락의 도구로 사용할 뿐 아니라 새로운 문화를 경험, 창출하는 매체로 활용하기까지 한다. 이처럼 인터넷은 청소년에게 유익하게 활용되고 있지만 그로 인해 발생하는 다양한 형태의 부작용도 적지 않은데, 그중 대표적인 것이 청소년의 인터넷(게임)중독이라 할 수 있다. 인터넷(게임)중독이란 상황에 관계없이 인터넷

(게임)을 계속적으로 사용하고자 하는 의존, 사용하지 않으면 나타나는 금단증상, 사용했던 시간보다 더 많은 시간을 사용해야 만족이 생기는 내성이 동반되는 심리적 장애로 정의하고 있다. 지나친 인터넷(게임) 접속으로 인한 의존성과 금단증상 등이 나타나 일상생활에 사회적 · 정신적 · 육체적 · 금전적 지장을 받고 있는 상태를 인터넷(게임)중독이라고 한다. 지금까지 알려진 인터넷(게임)중독의 부정적인 영향을 살펴보면, 인터넷(게임)에 중독된 청소년들은 우울, 소외감과 외로움, 공격성, 스트레스 수준이 증가하고 수면부족과 시력저하 같은 문제를 호소하며, 학업과 대인관계의 어려움 및 부모와의 갈등이 심화되는 것으로 나타나고 있다(김포검단심리상센터, 2023).

4) 청소년 사이버문화(사이버불링)

최근 몇 년간 다양한 기술의 발전과 온라인 접근성은 '사이버불링(Cyber Bullying)'이라는 새로운 형태의 학교폭력을 등장시켰다. 사이버불링은 이메일, 문자메시지, 인터넷, SNS와 같은 사이버매체를 활용하는 괴롭힘의 새로운 형태다. 경멸적인 문자 메시지를 그 상대방이 아닌 다른 사람이 함께 보게 하거나, 위협적인 이메일을 보내는 것, 그리고 비밀스러운 이메일을 다수에게 공개하여 모욕감을 주는 것 등의 행위를 포함한다(신소라, 2015).

(1) 사이버불링의 유형(한국사이버보안협회, 2020)

사이버불링은 여러 형태로 나뉠 수 있다. '방폭' '카톡감옥' '떼카' 등은 요즘 청소년이 자주 사용하는 사이버불링으로 주로 SMS, SNS 등의 매체를 통해 이루어진다. 사이버불링의 구체적인 유형에는 사이버 비방, 사이버 따돌림, 사이버 명예훼손 및 신상정보 유출, 사이버 성폭력, 사이버 스토킹, 사이버 갈취, 사이버 강요 등이 있다.

① 사이버 비방

인터넷에서 누군가를 괴롭히기 위해 욕이나 비방하는 내용을 담은 글이나 사진 또는 연상을 공유하는 행위이며 욕설이나 인격모독 또는 허위사실을 유포하면서 상대방을 의도적으로 비방하는 행위다.

② 사이버 따돌림

사이버 따돌림에는 단체 카톡방에서 한 청소년에게 단체로 비방이나 욕을 퍼붓는 떼카, 피해청소년만 그 방에 남게 하는 방폭, 피해청소년을 대화방으로 초대한 후 나가지 못하게 하고 나갈 경우 끊임없이 초대하는 카톡감옥, 피해청소년의 메시지를 마비시키는 행위 등이 있다.

③ 사이버 명예 훼손 및 신상정보 유출

타인의 명예를 훼손하는 사진이나 글을 인터넷이나 SNS 등을 통해 유포하는 것으로 누군가의 신상정보, 즉 이름, 사는 곳, 학교, 사진 등을 퍼뜨리는 행위다.

④ 사이버 성폭력

사이버상에서 음란한 말이나 음향, 글, 사진 및 그림 영상 등을 유포하여 상대방에게 성적 수치심을 주거나 혐오감, 불쾌감을 일으키는 행위이며, 특정인을 대상으로 성적인 묘사나 성적 비하, 성차별적 발언 등을 포함한 내용을 인터넷이나 SNS상에 올리거나 적극적으로 유포하는 행위다.

⑤ 사이버 스토킹

사이버공간에서 원하지 않는 문자, 사진 또는 동영상을 반복적으로 보내는 것으로 상대방에게 점차 이 행동에 대해 불안함과 두려움을 주는 일체의 행위다.

⑥ 사이버 갈취

스마트폰 데이터를 연결할 수 있도록 와이파이를 억지로 공유시키는 행위, 친구의 게임 아이템을 억지로 뺏는 행위, 기프티콘을 강제로 보내게 하는 행위 등이 있다.

⑦ 사이버 강요

인터넷에서 다른 사람에게 그 사람이 원치 않는 말이나 행동을 하도록 강요하는 행위와 강제로 심부름을 시키는 행위 등이 있다.

(2) 청소년 사이버불링의 특징

사이버불링의 가해 특성을 살펴보면, '상대방이 싫어서' '상대방이 먼저 내가 싫어하는 행동을 해서' '재미나 장난으로' '내 의견과는 달라서' '특별한 이유가 없다' 등으로 좁힐 수 있다. 또한 학교의 단속이나 처벌을 피하기 위한 신종 사이버불링 수법도 등장하고 있다. 에스크 에프엠(ASKfm)이 대표적이다. 에스크는 사용자끼리 질문을 주고받는 문답 형식의 SNS로 페이스북(현 메타)이나 트위터 등 다른 SNS 계정과 연결해 사용한다. 질문자는 익명으로 질문을 남길 수 있다. 문제는 이 익명성을 이용해 괴롭히고 싶은 상대의 에스크를 찾아 질문을 빙자한 모욕이나 성희롱적 발언을 한다는 것이다. 익명으로 글이 남겨지기 때문에 가해 학생을 찾아내 처벌하기가 힘들다. 이러한 청소년들 사이에 일어나고 있는 사이버불링의 특징을 정리하면 다음과 같다(한국사이버보안협회, 2022).

① 현실과 사이버공간의 경계 모호

현실에서의 학교폭력 등을 온라인으로 옮겨 와 연장선상에서 진행하면서 사이버공간에서의 행위가 보다 활발해지고 과감해지고 있다. 일반 폭력에 비해 가해 진원자 추적이 어렵고, 보다 쉽게 폭력을 행사할 수 있기 때문이다. 이는 청소년들로 하여금 폭력에 대한 현실과 사이버공간의 경계를 인식하지 못하게 하고 있다.

② 고의성 희박

청소년들 사이에서 놀이나 게임 과정에서 일어나는 사이버폭력행위는 폭력의 고의성이 희박한 경우가 많다. 이는 청소년 사이버폭력을 성인의 사이버폭력과 동일하게 처벌의 관점으로 볼 수 없는 가장 중요한 이유다.

③ 행동의 비일관성

청소년들의 사이버폭력은 다양한 형태로 나타나고 있다. 또한 폭력의 합리성 부족으로 인해 폭력행위의 일관성이 부족하다.

④ 익명성과 무관

성인의 경우에는 현실공간에서 억제되었던 자아 통제 장치를 익명성을 통해 해제하면서 탈억제 효과를 보이지만, 청소년의 경우에는 학교폭력이 사이버폭력으로 이어지면서 굳이 익명으로 폭력행위를 할 필요성이 없어 대놓고 사이버폭력을 일삼는 사례가 많아지고 있다. 청소년 사이버폭력의 경우 오히려 자신을 드러내는 경우가 많다.

(3) 사이버불링의 사례

외국에서 크게 보고된 사건 중에 사이버공간의 특징을 잘 보여 주는 사건을 소개하자면, 캐나다 퀘벡 주의 15세 소년이 〈스타워즈〉의 한 장면을 따라 한 영상을 친구에게 전송한 것이 공개되어 전 세계 수만 명의 사람들과 언론이 그 소년을 스타워즈 꼬마라고 불렀던 사건이 있다. 이 사건은 의도된 영상의 유포가 아니었지만 해당 소년은 큰 스트레스를 받게 되었다. 시공간적 제약을 받지 않는 사이버공간의 특징이 사이버불링에서 나타날 경우에 그 심각성이 어느 정도일지 나타내 주는 사건이다. 이러한 정보통신 기기 활용은 그 의도가 악의적이었을 때에는 더욱 심각한 피해를 야기할 수 있다.

이러한 피해 사례는 외국에서만 발생하는 것이 아니다. 우리나라 청소년들도 현재 사이버불링을 겪고 있다.

실제, 한 중학교 1학년 청소년은 옷이 이상하다며 자신을 향해 한마디를 쏘아 올렸던 같은 반 친구들에 의해 카톡감옥에 갇혔다. 모르는 단체 대화방에 초대된 줄 알았지만 인사를 하거나 말을 해도 아무도 대답을 해 주지 않았다. 오직 자신들의 대화를 이어 갈 뿐이었다. 뭔가 이상한 낌새에 대화방을 나갔지만 곧바로 다시 초대되어 투명인간 취급을 받는 일이 반복되었다.

사이버불링을 겪은 피해 청소년들은 모두 입을 모아 "욕을 하거나 험담을 하는 건 아니지만 대놓고 무시를 하니 자존감이 낮아지는 기분이었다."라고 이야기했다.

(4) 사이버불링의 대책

사이버불링은 「학교폭력 예방 및 대책에 관한 법률」상 사이버괴롭힘의 유형으로 처벌이 가능하고, 학교에서는 학교폭력자치위원회를 개최하여 가해학생에 대한 조치의 범위 내에서 처벌이 가능하다. 처벌을 통한 재발방지를 위해서는 피해청소년의 적극적인 신고가 무엇보다도 중요하다. 사이버불링의 피해 청소년은 '학교 안전 Dream117 학교폭력 신고센터'에 신고하거나 '#0117'을 통해 채팅 상담이 가능하며, 'Wee센터'를 통해 고민 상담이 가능하다. 또한 가해 청소년의 처벌을 위해서는 반드시 증거를 녹음하거나 피해자료를 캡처하여 보관하는 것이 중요하다. 다양한 유형의 사이버불링 피해로부터 청소년을 지키기 위해서는 무엇보다 가정에서 부모가 그 심각성을 깨닫는 것이 중요하다. 성인에게는 단순한 장난처럼 느껴질지 몰라도, 사이버불링은 피해자에게 정신적인 고통을 주는 분명한 폭력이다. 뿐만 아니라 2차, 3차 피해가 발생할 위험도 매우 높으므로, 자녀가 피해를 겪고 있지는 않은지, 평소에 자녀의

행동을 세심히 살피고 많은 대화를 나누는 것이 필요하며, 작은 관심으로 소중
한 자녀를 지킬 수 있다는 사실을 인식하는 것이 필요하다.

4. 메타버스의 출현과 청소년문화

1) 메타버스의 등장 배경

'메타버스(Metaverse)'란 말이 처음 등장한 것은 지금으로부터 약 30년 전으
로, 미국의 공상과학 소설가인 닐 스티븐슨이 1992년 출간한 소설 『스노 크래
시(Snow Crash)』 속 주인공인 히로가 '아바타'를 통해 접속해 사회 · 경제적 활
동을 영위하고 적들을 물리치는 가상세계의 이름이 바로 메타버스다. 메타버
스의 등장 배경을 구체적으로 제시하면 다음과 같다.

(1) 가상융합 기술 성장
가상융합 기술은 산업계 위주에서 일상생활 접목으로 변화되었다. 경제사
회와 산업 전반에 걸쳐 디지털 전환이 가속화되면서 산업계 위주로 활용되
던 가상융합 기술이 일상생활의 최첨단 기술로 등장하기 시작한 것이다. 또한
5G 서비스가 개시되면서 고해상도 콘텐츠 전송 속도가 크게 향상되고 HMD
(Head Mounted Display) 등 디바이스 연산 속도가 증가되고 기반 기술이 대폭
향상되었다.

(2) 접촉 없는 연결 확산
코로나19 팬데믹으로 인한 거리두기의 일상화로 비대면 문화가 확산되었고
사회적 거리두기로 인한 관계 단절 속에 다양한 여가 형태가 양산되면서 새로
운 문화 형태가 등장하기 시작하였다. 특히 공연 문화계는 오프라인 공연 형태

를 온라인에서 재현하는 것을 넘어 색다른 장르의 개척을 시도하면서 새로운
문화 형태를 창출하였다.

(3) 콘텐츠 소비 변화

주 소비층의 소비 패턴이 변화되었고 놀이와 경험을 중시하는 MZ세대를 중
심으로 가상현실 속에서 여가 시간을 소비하며 아바타를 통해 사람들과 교류
하는 새로운 풍속이 등장하면서 생활상의 변화를 보이게 되었다. 즉, 현실과
가상을 연결하는 경험이 증가되고 가상의 일상생활을 현실에 가깝게 경험할
수 있는 메타버스에 열광하면서 메타버스 사용자가 폭발적으로 증가하였다.

구분	1990년대 후반 '포털의 시대'	2010년대 '소셜네트워킹의 시대'	코로나19 전후, 현재 '메타버스의 시대'
배경	PC, 초고속 인터넷 확산	스마트폰 대중화	코로나 확산, 5G 보급
특징	PC를 활용해 고정장소에서 필요한 기능 이용	스마트폰, 모바일 앱을 활용, 언제 어디서나 기능을 이용하고 공유	'아바타' 통해 통합된 가상환경에서 게임· 소통·관광 등 일상생활 영위
대표 기업	네이버, 다음카페, 옥션, 이베이 등	트위터, 페이스북, 쿠팡, 에듀피아, 유튜브, 넷플릭스 등	제페토, 로블록스, 포트나이트, 동물의 숲 등

[그림 8-4] 메타버스 개념의 발전

출처: 고선영, 정한균, 김종인, 신용태(2021).

2) 메타버스의 개념과 특징

(1) 메타버스의 개념

메타버스는 '가상' '초월' 등을 뜻하는 영어 단어 '메타'(Meta)와 우주를 뜻하

는 '유니버스'(Universe)의 합성어로, 현실세계와 같은 사회·경제·문화 활동이 이뤄지는 3차원의 가상세계를 가리킨다. 메타버스는 가상현실(VR: 컴퓨터로 만들어 놓은 가상의 세계에서 사람이 실제와 같은 체험을 할 수 있도록 하는 최첨단 기술)보다 한 단계 더 진화한 개념으로, 아바타를 활용해 단지 게임이나 가상현실을 즐기는 데 그치지 않고 실제 현실과 같은 사회적·문화적 활동을 할 수 있다는 특징이 있다.

(2) 메타버스의 5C 특징

① **세계관(Canon):** 메타버스 시공간은 설계자와 참여자들에 의해 채워지며 확장됨
② **창작자(Creator):** 참여자가 자발적으로 세계를 구축하는 창작자이자 동시에 이용자임
③ **디지털 통화(Currency):** 생산과 소비 가능, 가치를 저장/교환하기 위한 디지털 화폐가 통용됨

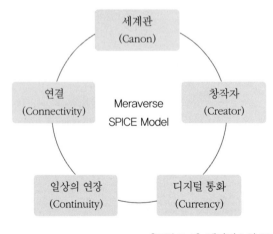

메타버스는 사람과 사람, 가상과 현실, 메타버스와 메타버스가 연결된 공간에서 일상이 반영되어 현실과 다른 세계관 속에서, 자유로운 창작과 수익을 낼 수 있는 곳이다.

[그림 8-5] 메타버스의 5C 특징

출처: 김상균, 신병호(2021).

④ **일상의 연장**(Continuity): 일상이 일회성 체험에 그치지 않고 지속적인 인생 여정처럼 진행됨

⑤ **연결**(Connectivity): 시공간을 연결하고, 사람과 사람(아바타)을 연결하고 현실과 가상을 연결함

3) 메타버스의 유형

메타버스를 연구하는 기술 연구 단체인 Acceleration Studies Foundation(ASF)은 메타버스를 구현 공간과 취급 정보에 따라 크게 네 가지 유형으로 구분한다. 구체적으로는 구현되는 공간이 현실 중심인지 가상 중심인지, 구현하는 기술의 정보가 외부 환경과 관련 있는지 이용자와 사적으로 관계가 있는지로 볼 수 있다.

(1) 증강현실(Augmented Reality: AR)

현실에 CG나 시청각적 장치를 덧씌워 가상세계를 덧붙인다. 현실에서 받기 어려운 감각을 증강시키는 것을 목표로, 실제 공간 위에 가상의 정보를 겹쳐 현실세계를 확장한 것이다.

(2) 라이프로깅(Life-logging)

개인이 현실에서 활동하는 정보가 가상에 연결되어 통합되는 형태다. SNS나 브이로그처럼 일상적 경험과 정보를 기록하거나 저장한 세계를 뜻하며, 그밖에 웨어러블 디바이스로 신체 데이터를 연동하는 일도 라이프로깅에 속한다.

[그림 8-6] 메타버스의 유형

출처: 최승훈(2021).

(3) 거울세계(Mirror Worlds)

가상공간에 외부의 환경 정보가 통합된 구조다. 현실세계를 가상으로 재현한 것으로, 구글맵이나 배달의 민족, 줌과 같은 원격회의가 거울세계의 예로 들 수 있다.

(4) 가상세계(Virtual Worlds)

현실과 별개로 작동하는 완결된 구조를 갖춘 가상의 세계를 뜻한다. 대표적으로 로블록스, 제페토, 포트나이트 등 온라인 게임과 영화 〈레디 플레이어 원〉 등을 우리에게 친숙한 가상세계로 들 수 있다.

4) 메타버스의 기술

(1) 메타버스의 핵심 기술과 청소년

증강현실(AR)은 가상현실(VR)과 비교해 볼 때 많은 면에서 차이가 있다. 가상현실은 주체(객체)와 배경·환경 모두가 현실이 아닌 가상의 이미지를 사용하고 있는데 비해, 증강현실은 현실의 이미지나 배경에 3차원 가상 이미지를 겹쳐서 하나의 영상으로 보여 주는 기술이다. 현실세계에 실시간으로 부가 정보를 갖는 가상세계를 합쳐 하나의 영상으로 보여 주므로 혼합현실(Mixed Reality: MR)이라고도 한다. 분명 증강현실은 가상현실의 한 종류지만 현실과 강하게 융합돼 그 영향력과 친화력이 크다. 증강현실은 플라톤이 말했던 이데아를 꿈꾸는 인간들이 만들어 낸 작은 이데아이기도 하다. 증강현실은 1990년 보잉사의 톰 코델(Tom Caudell)이 항공기 내부 설계를 보여 주기 위해 실제와 가상이미지를 동시에 보여 준 기술에서 비롯되었다.[2]

예를 들면, VR 격투게임은 경기자를 대신하는 캐릭터가 가상의 공간에서 가

가상현실 (VR)	컴퓨터 그래픽 기술을 동원해 현실이 아닌 환경을 현실처럼 느끼게 하는 기술(전용 안경, 장갑, 헤드셋과 같은 특수 장비를 사용하여 현실 같은 가상의 공간을 재현시킴)
증강현실 (AR)	현실에 가상을 덧입힌 기술(카메라를 통해 실제 얻는 이미지 위에 가상의 그래픽을 덧입힘)

[그림 8-7] 가상현실(VR)과 증강현실(AR)

출처: 박진규(2016).

---

2) 황인선(2010. 4. 19.). KISTI의 과학향기 칼럼: '상상 그 이상의 '증강현실', http://terms.naver. com/entry.nhn?docId=3408914&cid=58413&categoryId=58413

상의 적과 대결하지만, AR 격투게임은 현실의 경기자가 현실의 공간에서 가상의 적과 대결을 벌이는 형태가 된다. 이러한 현실과 가상의 접목과 응용은 응용통신 이용자가 이동이 불가능하거나 쉽지 않았던 개인 PC로는 불가능하였으나, 이동통신인 스마트폰이나 태블릿 PC의 진화로 가능하게 되었다. VR과 AR의 차이를 간단히 비교해서 정리하면 다음과 같다.

① 청소년과 증강현실

증강현실(AR)은 현실에 가상을 덧입힌 기술이다. 즉, 카메라를 통해 실제 얻는 이미지 위에 가상의 그래픽을 덧입힌 기술이다. 과거 '포켓몬 GO'의 출시와 인기로 증강현실에 대한 관심이 증가되었고, 또한 AR을 활용한 콘텐츠에 관심이 집중되고 있다. 게임은 물론이고 방송과 교육, 스포츠, 테마파크 등과 같은 산업과 증강현실을 접목하면 현장에서 직접 바로 보는 듯한 생생한 장면을 체험할 수 있기 때문이다. 또한 실제로 고도의 위험한 군사훈련, 쉽게 접근할 수 없는 수술 현장, 의료 실습교육 및 부동산 정보 서비스 제공 등의 분야에서 실제와 같은 효과 확보와 체험을 증강현실 상황에서 할 수 있기 때문이다(박진규, 2016).

증강현실은 지리/위치 정보를 송수신하는 GPS 장치 및 중력 센서, 이 정보에 따른 상세 정보가 저장된 위치정보 시스템, 그 상세 정보를 수신하여 현실 배경에 표시하는 증강현실 애플리케이션, 그리고 이를 디스플레이로 출력할 IT 기기(스마트폰, 태블릿 PC) 등이 만들어 낸 인식 확장이다. 증강현실이 실현되는 단계를 보면, 우선 사용자가 (증강현실 애플리케이션 실행 후) 스마트폰 등의 내장 카메라(캠)로 특정 거리나 건물을 비추면 GPS 수신기를 통해 현재 위치의 위도/경도 정보, 기울기/중력 정보 등이 스마트폰에 임시 기록한다. 그다음 이 GPS 정보를 인터넷을 통해 특정 위치정보 시스템에 전송된다. 해당 위치 반경의 지역이나 건물의 상세 정보를 모두 스마트폰에 저장하기가 현실적으로 불가능하기 때문이다. 사용자로부터 위치/기울기 등의 GPS 정보를 수

신한 위치정보 시스템은 해당 지역 또는 사물의 상세 정보를 자신의 데이터베이스에서 검색한 후 그 결과를 다시 스마트폰으로 전송한다. 여기에는 물론 특정 건물의 상호, 전화번호 등이 들어 있다. 이 데이터를 수신한 스마트폰은 증강현실 애플리케이션을 통해 현 지도 정보와 매칭시킨 후 실시간 화면으로 보여 주는 것이다. 이러한 데이터 송수신 단계는 지속적으로 유지·수행되므로 스마트폰을 들고 거리를 지나면 해당 지역 및 주변에 대한 상세 정보가 순차적으로 화면에 나타나게 된다.

과거 '포켓몬 GO' 열풍으로부터 다음과 같은 시사점을 얻을 수 있다. 첫째, '기술'을 위한 연구개발 투자가 아닌, 실질적 부가가치를 창출하는 연구개발 투자가 시급하다. 둘째, 기업들은 플랫폼 사업에 대해 포괄적이고 장기적인 관점에서의 전략을 마련해야 한다. 셋째, 창조경제시대의 국가 기업 경쟁력 제고를 위해 콘텐츠 산업의 육성이 필요하다. 넷째, O2O 비즈니스 산업 성장을 지원하는 차원에서 안정적 사업 기반 마련을 위한 선도적인 대책 마련이 요구된다. 다섯째, 가속화되는 신제품 출시 주기 및 확산 속도에 대응한 기업들의 철저한 준비 및 대응 방안 마련이 바람직하다. 이와 같은 분석과 결과는 '포켓몬 GO'를 순전히 경제적인 측면에서 접근한 것이다. 하지만 어떤 문화콘텐츠가 성공적인 경제적 자본이 되기 위해서는 그 핵심코드로 참여·공유·개방의 가치를 갖고 있어야 하고 '포켓몬 GO'는 이러한 핵심의 가치에 기초하여 개발·보급되고 있다는 점에 주목하지 않을 수 없다.

② 청소년과 가상현실(VR)

가상현실(VR)이란 사용자가 컴퓨터가 만든 가상공간 안에서 사람의 오감을 활용해 현실과 유사한 체험을 가능하게 하는 기술이다. 이러한 가상현실의 기술 원리는 사람의 두 눈이 입체감을 느끼는 원리와 360도 카메라 및 자이로스코프 센서 기술을 통해 정적 또는 동적 2차원을 3차원으로 인식하는 방식이다. 가상현실기술은 1980년대 비행기 시뮬레이션과 같은 군사 훈련 목적으로 개발되었으며, SF 소설, 사이버 펑크 문학을 통해 일반인의 가상현실에 대한 인식 제고 과정을 걸쳐 2010년대 이후 VR HMD 제작 기업 오큘러스(메타), 삼성, SONY, 구글 등 글로벌 IT 기업 중심으로 발전해 왔다. 가상현실이 구현하는 가상공간(현실)은 시·공간을 뛰어넘는 경험을 인간에게 제공하면서 인간으로 하여금 가상을 진짜(현실)로 느끼게 한다.

가상현실이 구현하는 공간이 가상공간(假想空間, cyberspace)이며, 그곳이 곧 가상현실이다. 이는 통신망으로 연결된 컴퓨터 사이에 서로 정보나 메시지 등이 오가는, 보이지 않는 활동 공간이나 영역으로 정의된다. 가상공간은 기본적으로 시공간적이라는 물리적 장애에서 자유롭기 때문에 언제 어디서나 접속이 가능하다. 가상현실의 세계란 상상의 세계를 현실과 같이 만들어 내고 인체의 모든 감각기관(눈, 코, 귀, 입, 피부 등)을 인위적으로 창조한 세계에 몰입함으로써 자신이 바로 그곳에 있는 것처럼 느낄 수 있는 공간을 의미한다. 가상현실 세계에서는 현실세계에 대한 시뮬레이션뿐만 아니라 현실 세계에서 불가능한 체험을 가능하게 해 줄 수 있다. 이러한 특성을 이용한 사이버스페이스는 최근 기존의 물리적 공간의 대안으로서 급부상하고 있다. 가상공간이란 인위적으로 만들어진 가상적 삶의 공간인 동시에 그 안에서 사회적 현상, 즉 의사소통과 삶의 일반적 인간관계가 형성되는 곳이라 할 수 있다. 사이버공간의 발전과정은 통신을 하고 정보에 접근하게 해 주는 진보적인 경제적 도구에서 채팅 룸이나 가상공동체와 같은 하나의 장소(네트워크) 개념으로, 그리고 구체적인 사회적 관계가 이루어지고 실제 생활의 대안이 되는 존재양식(생활세계) 순으로 발전되어 왔다.

청소년들은 이러한 가상현실(공간)에 시간을 투자하고 또래와 관계를 맺고 의사소통의 공간으로 활용하는 등 매우 다양하게 몰두하고 있다. 하지만 가상공간(현실)에서는 표정과 몸짓이 자세히 전달되지 않기 때문에 이로 인한 상호 간의 오해가 생기기 쉽고, 대화와 소통의 통로가 막히면 오해와 갈등이 더욱 증폭되는 부작용이 나타날 수도 있다. 따라서 가상공간(현실)에만 몰두하는 청소년이 있다면 또래친구와 직접 만나 대화하고 어울릴 수 있는 직접적인 관계를 형성할 수 있도록 도와주는 것이 필요하다고 할 수 있다.

5) 메타버스와 청소년문화

예전과는 달리 10대들의 대안적인 활동, 소통, 협업의 공간으로 메타버스가 주목을 받으면서 초·중등교육 영역에서 이에 관한 논의와 연구가 활발해지고 있다(계보경 외, 2021). 오늘날의 메타버스는 AR/VR, 5G, 블록체인, IoT와 같은 다양한 기술과 결합해 현실 세계를 복제하는 데서 나아가 인간과 시간, 공간을 결합한 새로운 경험을 설계한다는 점에서 교육에 있어서도 시사하는 바가 크다.

최근 1~2년 동안 관련 플랫폼 시장이 활성화되면서 로블록스, 마인크래프트, 게더타운, 제페토, 이프렌트 등 다양한 플랫폼들이 교육현장에서도 시범적으로 활용되고 있다. 소통과 협력에서 화상회의 시스템의 한계를 넘어서는 장점을 보이고 있는 게더타운, 교육용 버전이 별도로 있는 마인크래프트 등 다양한 유형의 메타버스가 교육 현장의 주목을 받고 있다. 아직까지 메타버스를 교육적으로 활용하고 있는 사례는 많지 않고, 활용 기간이나 다양성에도 한계가 있지만, 초·중등 교육현장에서 메타버스를 활용한 경험이 있는 청소년들은 공통적으로 메타버스가 학습의 흥미와 몰입을 향상시키고, 실재감 높은 상호작용과 의사소통을 촉진하는 긍정적 경험을 제공하고 있음에 좋은 평가를 내리고 있다. 더불어 교실을 벗어난 확장된 교수-학습 경험 제공, 창의력·문제해결력·디지털 역량 등의 미래 핵심역량의 강화, 저성취 학생이나 학습에 대한 동기가 부족한 학생들의 학습 참여 유도 등에 있어 메타버스의 교육적 잠재성을 높이 평가하고 있다.[3]

---

3) 계보경 외(2022). 메타버스의 교육적 활용: 가능성과 한계.

6) 가상현실과 청소년문화의 시사점

정보통신기술(Information and Communication Technology: ICT)의 발전과 소셜미디어 사용이 보편화됨에 따라 소위 넷세대(Net Generation)인 우리 청소년들은 이제 기존 전통적 실제 세계에서 생활하는 것에 더해서 가상현실(VR)과 증강현실(AR)에서 생활하는 것이 일상화되고 있다. 더욱이 우리나라는 스마트폰의 보급률이 97% 이상으로 세계 최첨단의 정보통신 환경이 조성되어 있다.

이러한 변화와 새로운 환경 속에서 우리 청소년들은 여가활동을 포함한 삶 전반(학교문화, 인간관계, 언어 사용, 가치체계, 진로 선택 등)에서 큰 변혁을 경험하고 있을 뿐만 아니라 스스로 변혁을 창출해 내고 있다. 피할 수 없는 VR, AR 출현 환경에 우리 청소년들이 현재 생활에서 능동적으로 대처하면서 미래의 유능한 인적자본으로 스스로의 역량을 배양토록 도와주기 위해서 다음과 같은 이슈와 과제 해결에 우리의 관심과 노력을 기울여 나가야 할 것이다.

첫째, 우리 청소년이 단순히 게임 공간만으로서의 VR과 AR이 아니라 일상생활의 일부로서 이것이 도래된 연유와 배경, 가치에 대해 정확히 이해하도록 하는 교육 프로그램을 개발하고 교육의 시간도 확보하여 제공해야 한다. 우리가 새롭게 접하는 생태환경과 과학 발전에 대한 이해를 증진시킬 수 있는 프로그램의 개발과 이를 통한 교육 또한 실천적으로 행해져야 한다.

둘째, 기본적으로 우리 청소년의 디지털 리터러시를 제고해야 한다. 디지털 리터러시(digital literacy)란 새롭게 부상하고 있는 인터넷 기기들의 사용 능력을 높여 익숙해질 뿐만 아니라 뉴미디어가 갖고 있는 역기능에 대해 미리 대비할 수 있는 역량을 갖추는 것을 말한다. 아울러 새로운 현실, 즉 VR과 AR 속에서 사회 구성원 간 서로 공존하며 유쾌하게 상호관계를 유지할 수 있도록 돕는 인터넷 예절에 대한 프로그램의 개발과 이를 통한 교육이 실천적으로 행해져야 한다.

셋째, 국제협약과 국내법으로 청소년은 그 시기에 '놀 권리'를 보장받고 있다. 오늘날 사회와 문화 환경에서 볼 때, 청소년들이 야외에서 놀 수 있는 여건과 기회는 점점 취약해지고 줄어들고 있다. 현실적으로 실제 생활환경에서 경험의 기회는 점점 줄어들고 있다. 그렇다면 새로운 현실, 즉 VR과 AR 속에서 청소년들이 즐길 수 있는 새로운 차원에서의 여가활동 프로그램이 공익을 우선하는 정부 지원 청소년활동기관/단체에 의해서 먼저 개발되어서, 이를 중심으로 하는 교육이 실천적으로 행해져야 한다.

넷째, 앞으로 경제적 가치를 창출하는 주요 영역은 문화 산업이 될 것이다. 청소년이 단순히 문화 소비의 장에만 머무르게 할 것이 아니라 청소년 스스로 문화의 내용을 제작하고 경험하여 문화생산자로서 경험을 축적할 수 있는 문화게임 프로그램의 개발과 이를 통한 교육이 실천적으로 행해져야 한다. 그러기 위해서는 청소년의 문화현장 방문과 체험이 필수적이라 하겠다. 이를 위해 우리나라 모든 청소년에게 연간 일정 액수 이상의 '문화체험 바우처(Voucher)'를 일괄적으로 나눠 주는 정책의 도입을 진지하게 검토할 필요가 있다.

추가 수업활동

토의(토론) 주제

1. 청소년의 SNS 사용, 문제로 봐야 하나, 그들만의 문화로 봐야 하나?
2. 청소년들 사이에 익명성을 악용한 악플, 떼카, 방폭 등의 사이버불링이 일어나고 있는데, 이를 개선하기 위한 방안은 무엇인가?
3. 가상현실에서 청소년이 나타내는 삶의 문제점과 대책은 무엇인가?

🔍 **추가 탐구 과제**

1. 돈 탭스콧의 『N세대의 무서운 아이들』(허운나, 유영만 역, 1999)에 나타난 N세대의 특징 13가지 열거하기

2. 포함해야 할 주요 내용
   - N세대의 특징 13가지 모두 열거하기
   - 본인(학습자)과 일치하는 특징 선택 후 그 이유 설명하기

3. 분량: A4용지 3〜5매

📋 **참고자료**

🌐 관련 사이트

한국인터넷진흥원
(www.kisa.or.kr)

한국지능정보사회진흥원
(www.nia.or.kr)

1388청소년사이버
상담센터
(www.cyber1388.kr:447)

청소년미디어중독
예방센터
(www.misocenter.or.kr)

위(wee)프로젝트
(www.wee.go.kr)

📖 관련 도서

서기운 역(2014). **웰컴 투 디지털 월드**(클라이브 기퍼드 저). 중앙M&B.

서지원(2013). **만렙과 슈렉과 스마트폰**. 스푼북.

김덕원(2015). **10대를 위한 미디어**. 커뮤니케이션북스.

김경희 외 7(2018). **디지털 미디어 리터러시**. 한울아카데미.

🎬 관련 영화

〈소셜 네트워크(The Social Network)〉(2010)

감독: 데이비드 핀처

출연: 제시 아이젠버그, 앤드류 가필드, 저스틴 팀버레이크, 아미 해머

키워드: SNS, 인터넷, 페이스북

위밍업 수업자료

청소년 위협하는 '사이버 학교 폭력'
https://www.youtube.com/watch?v=eLwYSeaQA_0

제9장

청소년의 언어문화

주요 내용

　　청소년의 언어는 그들의 삶을 들여다보는 확대경의 하나다. 청소년이 사용하는 음성적 언어를 통해 집단 내 그들 사이의 공동체 의식과 그들의 기성 사회에 대한 인식, 태도, 수용, 비꼼, 반항 의식 등을 파악할 수 있기 때문이다.

　　이 장에서는 청소년 삶에서 그들 나름의 독특한 유형 중 하나인 언어 행태에 대해 살펴보고자 한다.

주요 수업과제

- 언어가 갖는 일반적인 개념과 의미는 무엇인가?
- 청소년의 언어생활 실태는 어떠한가?
- 청소년이 사용하는 언어의 순기능과 역기능 그리고 개선점은 무엇인가?

1. 언어의 개념과 기능

1) 언어의 개념

언어에는 그 언어가 사용되는 특정 사회 구성원들의 생각이나 신념, 성격, 심리상태 등이 담겨 있다. 그래서 언어는 개인뿐만 아니라 집단 구성원이 살아가는 '존재의 집'이자 그 사회의 문화적 정체성과 역사성의 한 상징이기도 하다. 또한 언어는 단순히 정보를 전달하고, 생각을 나누며, 글을 쓰기 위한 도구이기도 하다. 그리하여 사람들은 언어를 통해 소통하기도 하며, 기록을 남기기도 한다.

언어의 범위에 대한 견해는 다양하다. 먼저, 언어를 넓은 의미로 보는 입장에서는 언어는 의사소통을 위한 각양의 상징체계 모두를 포괄한다고 본다. 그래서 언어는 기본적으로 말과 글을 포함하는 것이지만, 더 나아가 의사를 전달하기 위한 어떠한 몸짓이나 표정, 신호 등도 모두 언어에 포함된다고 주장한다. 이 견해에 따르면 동물도 언어를 갖고 있는데, 그들끼리의 의사소통을 위한 소리나 몸짓도 일종의 언어이기 때문이다. 이 관점에서는 우리가 일상에서 사용하는 컴퓨터 작동을 위한 명령어도 언어가 된다.

또 다른 한편, 좁은 의미에서 언어를 정의하는 입장에서는 언어를 사람의 입에서 나오는 소리로서의 말에 한정한다. 즉, 우리가 보통 언어라고 하면 그것은 '인간의 언어'를 말한다. 그중에서도 특히 음성언어를 진정한 의미의 언어라 주장한다. 가장 근원적이고 보편적인 인간의 의사소통 수단이 바로 인간 음성에 의한 언어라는 뜻이다. 이처럼 인간이 사용하는 말로서의 언어가 무엇이냐에 대해서는 다음과 같이 정리할 수 있다.

- **추리를 위한 수단**: 언어는 추상적 사고와 의미를 운반하는 수레로서 고도로 추상화된 의사소통의 기제(mechanism)다. 만일 우리가 순간마다 부딪히는 실재(현실)를 언어로 개념화시켜 놓지 않았다면 우리의 사고는 어둠의 세계에 놓여 있는 상황과 별다르지 않을 것이다. 예컨대, '아버지'는 나를 낳아 준 어버이로서 실체물로 존재하지만, 만약 '아버지'라는 말이 없다면 실체로 존재하는 아버지를 구체적으로 추리할 수 없게 될 것이다.
- **의사소통을 위한 상징적 기호체계**: 언어는 임의적으로 만들어진 상징적 기호체계로서, 이를 통해 사회 구성원 간에 사상과 감정 그리고 욕구 등을 서로 소통시킨다. 즉, 언어는 의사소통을 이루기 위한 기호적 약속인 것이다. 아울러 언어라는 기호적 약속을 통해 서로가 견지하는 분명한 입장 차이를 발견하며, 서로 동감하고 이견을 확인하여 집단별로 사회적 관계를 형성하게 된다. 인간이 사회적 동물일 수 있는 기본적인 조건 중의 하나는 상징적 기호체계로서 언어를 갖고 있다는 점이다.
- **지식과 경험을 축적하는 장치**: 언어는 인간이 오랜 세월을 통해 얻은 지식과 경험을 축적하는 정보의 축적 장치다. 그러므로 언어에는 오랜 역사를 통해 얻은 삶의 지혜와 경륜이 담겨 있다.

2) 언어의 기능

사회 구성원이 저마다 독특하게 사용하는 언어는 다음과 같은 기능이 있다.

- **의미의 전달 기능**: 언어의 일차적 기능은 한 사회 구성원이 공유하는 기호체계를 통해 송신자와 수신자 간의 의사소통을 이루는 데 있다. 이때, 한 세트의 기호체계는 다음과 같이 구성된다.

기표(signifier) + 기의(signified) = 기호(sign)

즉, '기표'는 일정한 물리적 특성(크기와 파장 등을 포함하는 소리, 쓰인 활자체)을 갖는 기표체계를 말하고, '기의'는 송신자가 수화자와 공감을 이루려 하는 일정한 의도(호감, 놀람, 경계 등)이며, '기호'는 기표를 통해 나타난(전달된) 메시지의 결과에 해당된다 하겠다(조애리, 강문순, 김진옥 역, 2008, pp. 85-86). 이 기능은 실제 생활에서 언어를 주 매체로 하여 '말하기' '듣기' '쓰기' '읽기'의 행동으로 나타난다.

- **사고적 기능**: 언어는 개인의 내면세계 속에서 사고활동을 구조화 또는 활성화하는 기능을 갖고 있다. 만약에 우리에게 언어적 개념이 없다면 사고를 진척시킬 수 있는 수단을 잃는 것과 같다. 기억상실증은 과거에 대한 추억뿐만 아니라 그때의 추억을 구성하는 언어 자체의 상실을 의미한다.
- **지시적 기능**: 언어는 우리가 접하는 대상세계를 추상화 혹은 일반화하기도 하고, 이들 세계를 토막토막 분리하고 한계를 그어 범주화하며, 사물, 사실, 현상 하나하나에 명칭을 부여하는 등의 지시적 기능을 갖고 있다(예: 도시문화, 청소년문화, 힙합문화 등).
- **사회적 · 문화적 기능**: 언어는 특정 언어를 사용하는 집단의 공통된 삶의 모습을 나타내는 기능을 발휘할 뿐만 아니라 같은 말을 사용하는 집단 단위별로 사회적 응집력을 나타내기도 한다. 어느 일면에서 볼 때, 이것이 언어를 통해 청자와 화자 사이의 유대 관계를 원활히 하는 친교적 역할이라고도 볼 수 있다(예: "안녕하십니까?" "진지 잡수셨습니까?" "날씨가 참 좋군요." 등).
- **예술적 기능**: 언어가 문학작품 창작에 사용될 때 발휘되는 기능으로서, 미적 가치를 추구하기 위해 언어가 사용되는 경우다. 문학작품 중에서도 운율감 있는 시적 표현에 언어가 사용될 때 이 기능이 두드러지게 발휘된다. 언어의 내용보다는 언어의 형식인 음성이 주는 효과가 중시된다(예: 시, 소설, 수필, 예술작품 등).

2. 청소년의 언어생활

1) 청소년 언어 형태의 특징

길이나 차 안에서 청소년이 서로 나누는 얘기를 들어 보면 그들이 사용하는 언어와 말하는 태도에는 다음과 같은 특징이 있음을 쉽게 발견할 수 있다.

- 집단적 소란 현상: 통제되지 않는 장소나 공공장소에서 청소년이 소집단으로 놀이나 대화를 할 때 필요 이상으로 떠들어 주위를 소란스럽게 하는 현상을 말한다. 청소년이 모인 곳이면 거기가 교실이든 공연장이든 버스 안이든 어디든지 시끄럽다. 통제되지 않는 장소에서 청소년이 소집단으로 놀이나 대화를 할 때에는 필요 이상으로 떠들어 주위를 소란스럽게 한다. 주의해서 관찰해 보면 두 사람 이상이 동시에 말을 하고 청자는 필요에 따라 응답하거나 그냥 무심코 지나치기도 한다.

- 경음화와 고성화 현상: 원래 말이 갖는 부드럽고 온화한 느낌은 줄어들고, 날카롭고 건조한 어감이 증폭되는 경음화와 옥타브가 올라가 흥분케 하는 고성화 현상을 볼 수 있다. 청소년의 대화가 집단적 소란의 성격을 띠게 되면서 그 언어는 자연히 경음화되고 고성화되고 있다. 예를 들면, '작다-짝다' '장-짱' '과방-꽈방' '간다-깐다' '잡새-짭새' 등에서 볼 수 있는 것처럼, 원래 말이 갖는 부드럽고 온화한 느낌은 줄어들고 날카롭고 건조한 어감만이 증폭되고 있다. 또한 대화가 활발하게 진행될수록 옥타브가 올라가 기분을 들뜨게 하고 흥분케 하는 고성으로 변하는 것을 쉽게 볼 수 있다.

- 은어, 속어, 욕설의 증가: 청소년은 끊임없이 새로운 은어와 속어를 만들어 내고, 일상생활에서 이를 자연스럽고도 즐겁게 쓰고 있다. 청소년은 은어

와 속어를 사용하는 것으로 자신들만의 비밀스러운 언어세계를 향유하며, 기성세대를 따돌리고 동지적인 결합을 이루어 내는 데 쾌감을 느끼고 있다. 은어와 속어는 청소년의 독특한 삶을 이루는 한 요소가 되고 있다. 청소년의 일상 언어생활에 욕설이 증가하고 있는 것도 또 하나의 특징으로 지적될 수 있다. 청소년은 일상생활에서 불쾌하고 파괴적이며 강렬한 원색적인 언어를 강하게 내뱉고자 할 때 주로 욕설을 사용한다. 욕설은 인간의 내면에서 끓어오르는 강력한 정서를 언어로 방출하여 정서적 긴장감을 해소해 주기 때문이다. 그런데 일부 청소년(특히 남자 청소년) 중에는 가벼운 욕설이 서로 간의 친밀성과 놀이로 받아들여져 또래세계에 합류하는 도구로 인정되는 경우가 많다.

2) 청소년의 은어와 속어

(1) 은어

은어는 특수한 집단이나 계층 내에서 또는 사회에서 남들이 모르게 자기들끼리 비밀스럽게 사용하는 언어로 정의할 수 있다. 따라서 은어는 주위 환경과의 대립과 갈등이 팽배한 범죄자의 사회에서 생성되어 사용되었다. 하지만 요즈음 은어는 원래의 의미와는 다르게 청소년의 일상 언어로도 사용되고 있다. 현재 10대와 20대는 은어를 '급식체'라고 명하기도 한다. 청소년 사이에 은어는 다음과 같은 필요성과 이유에서 생성되고 보급된다.

- 특수한 집단이나 계층 또는 자기들끼리 비밀스럽게 사용하기 위해서이다. 외부에 알려지는 것을 꺼리는 경우 은밀한 언사로 자기 집단의 이익과 비밀을 유지하려 한다.
- 사회 풍자와 신선한 표현력을 조장하려는 의욕에서다. 일상적인 언어로 표현하면 현실성과 긴박성이 떨어지기 때문이다.

- 금기의 목적에서다. 예컨대, 남녀 간 성적 관계를 나타낼 때는 주로 은어가 사용되는 것이 바로 이 이유에서다.
- 일시적 쾌감의 발로와 욕구불만의 표출, 사회구조의 복잡성에 의해 은어가 생성되어 사용된다. 은어를 사용하는 청소년의 심리적 저변에는 반항심, 은밀한 동경심, 현실에 대한 자조 등이 깔려 있다.
- 2016년을 전후로 인터넷 커뮤니티에서 시작된 새로운 조어법(造語法) 혹은 이전과 다른 읽기 방법(read mode), 또는 텍스트에 대해 새롭게 생겨난 인지 방법(embodied cognition)인 야민정음은 자동화된 검열의 일차적인 시선에서 벗어나고자 하는 맥락과 한글의 시각적 기호성에 대한 인지의 확장이 특징이다.
- 새로운 단어나 새로운 의미를 만드는 신조어도 사용되고 있는데, 자신이 속한 집단에서 동질감을 느끼고 조직에 대한 소속감과 집단의식을 강화시키기 위한 수단에서다. 자기들끼리만 통하는 말을 통해 일체감을 증진시킨다.

표 9-1 오늘날 신조어의 예

배민맛	배달 애플리케이션의 대표 격인 '배달의 민족'과 맛을 합친 신조어로 배달 음식을 자주 시키는 사람이라면 본능적으로 안다는 것을 의미
누칼협	'누가 칼 들고 협박함'의 준말로 '네가 겪고 있는 고통은 네 선택에 따른 책임이니 징징대지 말고 스스로 해결하라'는 의미
어쩔티비	'어쩌라고, 안 물어봤는데'라는 뜻의 신조어로 대화 중 귀찮거나 대답하기 곤란한 상황에서 상대방을 도발하는 듯한 말투
대유잼	'대(大)' '유(有)'와 재미의 합성어로 재미있음을 강조할 때 쓰는 말이다. 재미없다는 것을 비꼬는 '노잼'의 반대 의미로 파생
혜자롭다	'국민 엄마' 배우 김혜자 씨를 내세운 편의점 도시락 마케팅에서 유래한 신조어로 가성비가 좋은 제품을 의미

'무신사'냄새	패션 플랫폼 무신사와 냄새의 합성어로 무신사 인기 아이템들로 코디한 '획일적 패션'을 의미
고블린모드	'고블린 모드(Goblin Mode, 도깨비 모드)'는 사회적 규범을 거부하며 뻔뻔하고 제멋대로 구는 태도를 의미
캐붕	'캐릭터 붕괴'의 줄임말로 영화·드라마 등에서 등장인물이 개연성 없이 원래의 설정이나 성격에 맞지 않게 행동하는 것을 의미
억텐·찐텐	'억텐'은 '억지 텐션', '찐텐'은 '진짜 텐션'의 줄임말로 '텐션'은 사전적인 의미로는 사람 간 긴장 상태를 의미하지만 MZ세대 사이에서는 '흥'을 뜻하는 말로 사용
뇌절	똑같은 말이나 행동을 반복해 상대를 질리게 하는 것을 부정적으로 표현하는 신조어
웃안웃	'웃긴데 안 웃긴다'의 줄임말로 어떤 상황을 접했을 때 헛웃음이 나오지만 마냥 우습거나 재미있지 않은 경우에 사용
마기꾼	마스크와 사기꾼의 줄임말로 코로나19가 장기화되는 시점에 마스크 착용이 일상화된 가운데 마스크를 썼을 때와 벗었을 때 외모 차이가 너무 커 사기 수준이라는 의미

출처: 서울경제 '신조어 사전'(https://www.sedaily.com).

표 9-2 2018년에 유행한 신조어의 예

갑분싸	갑자기 분위기가 싸해짐
혼코노	혼자 코인 노래방에 가다
퇴준생	퇴사를 준비하는 사람
워라밸	일과 삶의 균형
쉼포족	쉼을 포기한 사람
올인빌	집 근처에서 모든 것을 해결할 수 있는 것
TMI	Too Much Information(너무 과한 정보)
일코노미	1인 가구 확산으로 나타나는 경제 현상
문찐	문화 찐따, 문화에 뒤처진 사람
휘소가치	순간적인 자기만족을 위한 가치

가심비	가격 대비 마음의 만족도
마상	마음의 상처
별다줄	별걸 다 줄인다
애빼시	애교 빼면 시체
법블레스유	법이 너를 지켜 주길
자만추	자연스러운 만남 추구
팬아저	팬이 아니어도 저장
롬곡옾눞	폭풍눈물(뒤집어)
톤그로	얼굴에 맞지 않는 색조 화장품 사용

출처: 서울신문(2018. 10. 9.). 신조어 모르면 '갑분싸'…… 그래서 국어학자들도 연구합니다.

(2) 속어

은어가 비밀 유지를 목적으로 주로 사용하는 말이라면, 속어는 반드시 비밀 유지를 필요로 하는 것은 아니다. 속어는 장난기 어린 표현이나 사람들의 주목을 끌기 위한 수단으로 사용되며, 대화에서 신선한 느낌을 주기 위한 말놀이라고 할 수 있다. 속어는 통속적으로 쓰이는 말 또는 낮은말을 지칭한다. 속어는 은어와는 달리 유행어처럼 그 표현이 해학적이고 신선하며, 야유적이고 냉소적인 면을 많이 갖고 있다. 욕설도 넓게는 속어의 범주에 속한다. 속어가 생겨나서 사용되는 이유는 다음과 같다.

- 정상적인 어구의 표현으로는 너무 진부해서 만족을 느끼지 못하는 경우에 유머 있게 말을 하기 위해 사용된다.
- 반항적인 심리와 냉소적인 심리에서 속어가 생겨난다.
- 기이한 표현을 써서 타인을 놀라게 할 심리에서 속어가 생겨난다.
- 사태를 쉽게 표현하면서도 대화 상대 간에 친밀감을 유지하기 위해 속어가 생겨난다.

결국 속어는 정상적이고 엄숙한 분위기에서 행해지는 어구나 문구에서는 당연히 사용되지 않는다. 그러므로 속어의 사용은 생기발랄한 청소년층과 친숙한 사이에서 행해지는 일종의 언어적 유희라고 할 수 있다.

3) 청소년 언어의 실태

(1) 상황에 따른 언어

- **폼미쳤다**: '대단하다' '멋있다' 등을 표현할 때 사용
- **이왜진**: '이게 왜 진짜야'의 줄임말로 놀람을 표현할 때 사용
- **중꺾마**: '중요한 것은 꺾이지 않는 마음'의 줄임말
- **꾸안꾸**: '꾸민 듯 안 꾸민 듯'의 줄임말로 옷차림을 이야기할 때 사용
- **머선129**: '무슨 일이야'의 사투리 '무슨 일이고?'의 뒷부분을 숫자로 변형한 단어
- **킹받다**: '완전'을 의미하는 '킹'과 '열받는다'의 합성어로 완전 열받았음을 의미
- **쌉가능**: '완전'이라는 의미의 '쌉'과 가능의 합성어로 당연히 가능하다는 것을 의미
- **노답**: 'No'와 '답'의 합성어로 상황이 절망적임을 의미
- **알잘딱깔센**: '알아서' '잘' '딱' '깔끔하게' '센스 있게'의 줄임말
- **돼지런하다**: 먹을 때만 부지런하다는 것을 의미
- **열공**: '열심히 공부하다'의 줄임말
- **지대**: '제대로'의 줄임말
- **지름신**: '지르다'와 '신'의 합성어로 충동구매를 부추기는 가상의 신을 말함
- **불펌**: 인터넷에서 남의 자료를 불법으로 가져오는 일을 의미
- **출첵**: '출석체크'의 줄임말
- **도촬**: '도둑촬영'의 줄임말

- **으흣**: 수상쩍은 미소나 매우 흡족한 상태를 의미
- **넷심**: '네티즌 여론'이라는 의미로 인터넷 기사에서 많이 나온 말
- **무플**: 인터넷 게시판 등에 써 놓은 말에 댓글이 없는 것을 의미
- **사바사**: '사람바이사람'의 줄임말
- **좋페**: 좋아요 누르면 페이스북 메시지를 보내겠다는 말
- **소확행**: 소소하지만 확실한 행복의 줄임말
- **고답**: 고구마를 먹은 것 같은 답답한 상황을 의미
- **혼틈**: '혼란스러울 때를 틈타'의 줄임말
- **뽀시래기**: 부스러기의 방언으로 귀여움을 표현하는 단어
- **머쓱타드**: 머쓱한 상황을 의미
- **믿거페**: 믿고 거르는 페이스북
- **핑프족**: 검색도 안 하고 무조건 물어보는 사람을 뜻하는 단어

(2) 실제 대화 속에서의 언어

① 지하철 안에서 두 여학생의 대화

다음은 지하철 안에서 두 여학생의 대화 내용을 녹취한 것이다. 대화의 전체적인 분위기는 파악되나 구체적인 내용을 이해하기는 난해하다.

> 여1: 아…… 기분이 열라 꿀꿀해.
>
> 여2: 왜? 뭐가 띠꺼워서 그러냐?
>
> 여1: 오늘 짝 바꿨는데 우리 반 왕따순이가 내 짝이 된 거야…….
>
> 여2: 진짜 기분 나쁘겠다. 이젠 전교에서 걔 갈군다며?
>
> 여1: 진짜 캡이야. 근데, 걔가 왕따를 자초해. 걔 구라도 캡이고, 한마디로
>   말하면 꼬댕이야, 꼬댕이.
>
> 여2: 걔 진짜 황당띠용하다.

여1: 야, 자꾸 열받으니까 걔 얘긴 그만하자. 아, 너는 니 깔이랑 잘돼 가니?

여2: 당근이지! 걔 빽깔이잖아. 근데 며칠 전에 여의도에서 춤 경연대회가
　　　있었는데 내 깔이 춤췄는데 열라 멋졌다! PD가 명함도 주고 갔어.

여1: 야! 뻥치지 마. 너 그거 구라지?

여2: 어유. 믿기 싫으면 믿지 마. 아무튼 내 깔 열라 멋져.

여1: 깝을 싸라. 근데 니 깔은 니주가리면서 춤은 좀 추더라.

여2: 야! 너 지금 나 갈구냐?

　　　(옆에 앉아 있는 아저씨가 아까부터 계속 째려본다.)

여1: 됐어. 내가 미안해⋯⋯. 야! 근데 저 아저씨가 아까부터 야린다.

여2: 야, 됐어. 한두 번이냐? 그냥 생까.

아저씨: 이놈의 자식들! 너희들, 아까부터 듣자 듣자 하니까 무슨 말버릇이
　　　그 모양이냐? 너희는 학교에서 선생님한테 그렇게 배웠니?

여1: 아저씨가 무슨 상관이에요? 우리끼리 얘긴데.

② 신조어를 사용한 대화

> A: 어제 이별을 해서 롬곡옾눞함.
>
> B: 이생망이라 생각하지 매 누구나 하는 경험이지.
>
> A: 당분간 내 상태는 엄근진일거야. 미리 알아 둬.
>
> B: 댕댕이랑 산책도 하고 그래. 기분이 한결 나아질 거야.

이 신조어를 해석한 문장으로 내용을 재구성하면 다음과 같다.

A: 어제 이별해서 폭풍으로 울었어.

B: 이번 생 망했다고 생각하지 마! 누구나 하는 경험이지.

A: 당분간 내 상태는 엄격, 근엄, 진지한 상태야, 알아 둬!

B: 강아지랑 산책도 하고 그래. 기분이 한결 나아질 거야.

> A: 저번에 지하철에서 진짜 관크족 때문에 기분이 별로였어.
>
> B: 나도 그런 경험 있어. 지하철에서 음악 듣는 게 내 소확행인데⋯⋯.
> 관크족 때문에⋯⋯.
>
> A: 스트레스나 풀러 혼코노 해야겠다. 같이 갈래?
>
> B: 좋지. 가즈아. 혼코노는 좋못사야!

이 신조어를 해석한 문장으로 내용을 재구성하면 다음과 같다.

A: 저번에 지하철에서 다른 사람에게 폐 끼치는 행동을 하는 사람 때문에
기분이 별로였어.

B: 나도 그런 경험이 있어. 지하철에서 음악 듣는 게 내 소소하지만 확실한
행복인데⋯⋯. 다른 사람에게 폐 끼치는 행동을 하는 사람 때문에⋯⋯.

A: 스트레스 풀러 혼자 코인 노래방 가야겠다. 같이 갈래?

B: 좋지, 가자. 혼자 코인 노래방은 좋은 걸 넘어서 사랑이야!

3. 청소년 언어의 순기능과 역기능 및 개선 방향

1) 청소년 언어의 순기능과 역기능

(1) 순기능

- 서로 간에 비밀이 보장된다.
- 의사소통이 빠르다.
- 또래집단 구성원 간에 소속감이 강화된다.

• 스트레스를 해소하는 한 가지 방법이 된다.

(2) 역기능

• 청소년과 기성세대 간의 세대차가 벌어진다.
• 패거리문화를 구축한다.
• 청소년의 사고와 행동이 그들이 사용한 언어에 의해서 물든다.
• 사전에 없는 단어를 많이 사용함으로써 국어체제가 흔들린다.

2) 청소년 언어 사용의 개선 방향

• 청소년 언어의 유음화를 유도한다. 언어는 우리의 사고나 사상의 전달매체
  일 뿐만 아니라 사고와 행동을 규제하기도 한다. 그렇기에 언어가 거칠고
  포악하면 그 사람의 행동도 그렇게 될 가능성이 높다. 따라서 언어의 속
  성을 청소년에게 바르게 알려 올바른 언행을 습득하도록 한다.
• 표준어를 이해한 후에 은어와 속어를 사용하도록 한다. 사용하는 말의 표준 철
  자법이나 정확한 개념을 이해한 후에 그것의 변용으로서 은어와 속어를
  사용해야 상황의 변화에 따라 정확한 낱말의 사용 용도를 이해할 수 있다.
• 스트레스 해소를 위한 문화 공간을 확보해야 한다. 청소년의 언어가 스트레
  스 해소의 한 수단이듯 청소년의 스트레스를 풀 수 있는 문화 공간이 확보
  되어야 한다. 이는 언어뿐만 아니라 미래의 청소년 건강을 위해서도 필히
  사회와 국가가 노력을 경주해야 할 부분이다.
• 대중매체의 언어 사용 품격을 높인다. 언어 사용의 품격을 높이기 위해 외부
  적인 규제보다는 매체 단위로 자율 규제하는 것이 바람직하다.
• 정화된 언어 사용으로 올바른 청소년문화를 조성할 수 있도록 지도한다. 특히
  통신언어에 대한 비판과 자성의 목소리가 커지는 요즈음 우리말의 파괴
  를 바로잡겠다는 언어정화의 노력이 선플달기 캠페인을 하고 있다. 이처

럼 시민단체나 공공단체가 주축이 되어 언어정화활동을 수행하는 노력이
필요하다.
• 청소년이 인쇄매체를 제작 · 발간할 수 있는 기회를 갖도록 지원한다. 청소년
  스스로 매체를 만들어 보는 체험을 하게 함으로써 일상에서 사용하는 구
  어체 언어뿐만 아니라 쓰기에 사용되는 문어체 언어에도 익숙하게 만들
  수 있다.

지금까지 우리는 청소년 언어의 실태와 그 기능에 대하여 살펴보았다. 우리
는 먼저 언어의 개념과 기능에 대해 알아보았고 이를 토대로 청소년 언어의 특
징과 유형, 기능 등을 알아보았다. 그리고 청소년의 언어 사용 실태에 대해서
도 알아보았다. 이러한 조사를 통해 청소년이 사용하는 언어에는 많은 문제점
이 있지만 그들이 사용하는 언어적 특징 또한 그들 삶의 다른 영역을 구축하고
있다는 점을 알 수 있었다. 앞서 말했듯이 언어는 사고나 사상의 전달매체, 즉
표현 수단이다. 다시 말해, 청소년의 언어는 청소년문화의 하나로 그들의 생
각과 감정을 표현하는 수단인 것이다. 줄임말, 은어, 속어 등의 언어는 비단 어
제 오늘만의 현상이 아니다. 오랜 언어의 역사 속에서 당당히 언어의 한 부분
을 차지하고 있는 것이다. 그렇게 본다면 현재 청소년의 언어 사용은 그렇게
심각하게 문제시될 만한 것은 아니다.

오히려 오늘날 청소년의 모습을 자세히 들여다본다면 이해될 수밖에 없는
것이 그들의 언어일 것이다. 입시지옥이라는 무한경쟁의 입시 정책과 그 안에
서 청소년기만의 정서와 에너지를 표출할 수 있는 올바른 방법과 가능한 방법
이 쉽게 잡히지 않는 현실에서 청소년의 유일한 탈출구가 바로 언어인 것이다.
그리고 이 통로 속에서 청소년만의 생각과 감정을 표준어로만 표현한다는 것
은 특정 내용물을 어울리지 않는 그릇에 담는 것처럼 우스꽝스레 보일 뿐이다.
그래서 청소년은 기성세대와의 소통의 어려움과 갑갑한 현실을 감내하면서
그들만의 소통과 그들만의 문화 만들기에 더욱 열중하게 된다. 그 결과가 바로

청소년이 쓰는 은어와 속어, 줄임말인 것이다.

최근 들어 청소년 스스로 언어의 무분별한 남용에 대해 자정 작용을 일으키려는 시도를 하고 있기는 하지만 깨어 있는 기성세대의 관심과 지원이 무엇보다도 필요하다. 청소년의 사고와 판단은 아직 미성숙할 수밖에 없다. 그러므로 지각 있는 소수의 청소년을 제외하고는 청소년 언어의 현 상황에 대해 종합적이고도 거시적인 시각을 갖지 못하는 대다수의 청소년이 별다른 문제의식 없이 은어와 속어, 줄임말 그리고 욕설을 제한 없이 사용하는 것은 분명 우려할 만한 상황이다. 특히 청소년의 무비판적인 욕설의 사용은 청소년의 인격 형성과 올바른 사회인식의 확립을 위해서라도 하루 빨리 적극적이고 구체적인 대책을 세워 지도해 나가야 할 부분이다. 그리고 분명 청소년은 스스로의 존재 가치를 나타내는 도구로서 일정한 언어를 사용하지만, 그들이 사용하는 언어는 또다시 그들의 사고와 성장을 제한하는 '존재의 집'으로 작용하여 누군가에 의해 집 밖의 세상으로 눈을 돌리게 하지 않는다면 영원히 그 집 뜰 안에 머물러 살게 될 것이다.

추가 수업활동

토의(토론) 주제

1. 청소년을 지도하는 청소년지도사는 청소년 언어를 사용해야 하는가?
2. 바람직한 청소년 언어습관 형성을 위한 효과적인 방법에는 무엇이 있는가?

추가 탐구 과제

1. 청소년 언어 100개 모음집(단어, 뜻풀이와 예문 구성)을 A4 용지 1/4 크기의 카드로 정리하기

2. 생각하는 가장 색다르다고 생각되는 청소년의 신조어 50개 모음집을 만들어 보시오.

3. 해야 할 내용

- 단어, 뜻풀이, 예문

- 청소년 신조어 모음집을 만들고 난 후 청소년 신조어에 대한 나의 생각

4. 분량: A4 용지 3~5매

참고자료

🌐 관련 사이트

한국언어문화교육학회 　　국립국어원 　　지식채널e
(www.klaces.or.kr)　(www.korean.go.kr)　(jisike.ebs.co.kr)

📖 관련 도서

최형규(2021). **청소년을 위한 개념 있는 언어생활**: 뜨인돌.

강영배(2018). 급식체를 통해 본 청소년의 언어문화. **청소년문화포럼**, 201-206.

강옥미(2018). 야민정음과 급식체의 해체주의 표현연구. **인문학연구**, 56(0), 325-349.

🎬 관련 영화

〈써니〉(2011)

감독: 강형철

출연: 유호정, 심은경, 강소라, 고수희, 김민영

키워드: 청소년 언어, 학교생활, 우정

〈우아한 거짓말〉(2013)

감독: 이한

출연: 김희애, 고아성, 김유정, 김향기

키워드: 학교생활, 청소년 언어

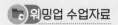 밍업 수업자료

당신의 문해력 제1부-읽지 못하는 사람들
https://www.youtube.com/watch?v=kkz3C7TR7oA

제 **10** 장

청소년의 소비문화

주요 내용

    사회가 경제적으로 성장하면서 현대사회 청소년은 이전 세대와 다른 경제적 풍요를 누릴 수 있는 세대가 되었다. 청소년의 소비 수준도 높아지면서 소비세대로서의 청소년이 기업의 중요한 고객으로 부상되었다. 다만 우리사회의 '부익부 빈익빈' 현상이 청소년의 삶에도 이어지고 있어 일부 청소년은 상대적 박탈감을 느낄 수 있다. 청소년의 소비문화를 이해함으로써 청소년의 삶을 좀 더 자세히 이해해 볼 수 있다.

주요 수업과제

- 소비문화에 대한 관점에는 무엇이 있는가?
- 청소년 소비는 어떠한 특성을 지니는가?
- 바람직한 청소년 소비를 위해 필요한 것은 무엇인가?

1. 소비의 개념과 소비의 문화적 특징

1) 소비의 개념

소비란 물건을 구입하고 없애는 일련의 과정을 말한다. 역사적으로 소비라는 단어가 구체적 의미를 가진 것은 생산과 소비가 분리된 산업사회, 자본주의 경제의 시작과 함께한다. 산업사회 초기에는 소비를 '파괴하다' '낭비하다' '고 갈시키다'라는 개념으로 받아들이면서 소비에 대해 부정적으로 인식했다. 산업사회가 발전함에 따라 이후 생산과 소비의 기능을 분리하게 되면서 소비도 생산과 동등한 개념에서 중요하게 여기게 되었다. 후기 산업사회에 이르러 도시화, 산업구조의 변화, 생산기술의 변화를 겪게 되면서 과거 생산중심적 패러다임을 가진 사회에서 소비중심적 패러다임을 가진 사회로 변하게 되었다. 자본주의 시작단계에서는 풍부하지 못한 생활물자 생산으로 인해 소비 수요를 따라가지 못하면서 양적 소비수준으로 생활수준을 나타냈다. 즉, 소비생활 정도를 높이는 것이 생활의 질을 높이는 것과 동일시되었다. 후기 산업사회로 가면서 시장에서는 생산이 수요를 초과하게 되면서 '얼마나 많이' 소비하는가에 못지않게 '왜, 무엇을, 어떻게' 소비하는가가 중요하게 되었다. 경제적 의미의 소비가 사회적(상징적) 의미의 소비로 바뀌게 된 것이다. 그러면서 소비에 대한 예측은 경제적인 면 외에도 사회적·문화적 맥락의 이해가 필요한 영역이 되었다(이성림, 2006). 소비가 소비를 둘러싸고 형성되는 사회적 관계의 일부로서 파악되는 사회성을 지니게 된 것이다. 이에 따라 소비는 문화 형성의 주된 구성요인으로 자리 잡게 되었다.

2) 소비의 문화적 특징

현대사회는 행복의 지표가 소비로 여겨지고 있을 만큼 경제적 발전과 물질적 풍요를 바탕으로 높은 소비 수준을 목표로 하는 소비사회가 되었다. 과거의 소비는 단순히 자원을 소비하는 행위로 물질적이고 일차적인 소비욕구 만족을 위한 수단으로서의 의미를 지녔다. 반면, 현대사회의 소비는 단순히 자원을 소비하는 행위로 이해하기보다 소비 자체가 상징이고 기호로서의 의미를 갖게 되었다. 그러면서 소비문화라는 용어가 생겨나게 되었다. 소비 욕구와 소비 방식이 사회적·문화적·역사적으로 형성되는 과정과 특정한 소비 취향이 지배적으로 부상하는 과정 혹은 집단적으로 공유·분화되는 모든 과정이(박선웅, 2005) '문화적 기호'로 인식되고 있는 것이다(한국청소년정책연구원, 2015). 소비는 모든 점에서 문화적인 고려에 의해서 형성되고 촉진되며, 또 구속받고 있다. 소비재(일상생활에서 직접 소비하는 재화)를 만들어 내는 디자인 및 생산 시스템은 완전히 문화적인 작업이다. 또한 소비자가 시간 및 소득을 아낌없이 바치는 소비재들은 문화적인 의미로 가득 차 있다(McCracken, 1997). 소비문화는 소비자와 상품, 그리고 이를 둘러싼 환경 사이에서 발생하는 의미다(김선우, 2007).

여러 학문에서는 소비에 대해 다양하게 이해하고 있다. 인류학에서는 문화를 '상징과 의미의 체계'이며, 소비문화라는 특정의 소비형식과 법칙이 어떤 정치적·사회적·종교적·미적 함의를 지니는지를 탐구한다. 인류학에서는 소비 그 자체를 문화적인 과정으로 본다. 맥크레이켄(McCraken, 1988)은 소비문화를 "소비재의 문화적 및 상징적 속성에 대한 체계적인 탐구"라고 정의했다. 사회학에서는 사회관계, 사회구조, 제도, 사회체계라는 측면에서의 소비문화를 바라본다. 사회학에서 소비문화의 핵심 주제는 욕구다. 여기에서 욕구는 사람들이 사회에서 어떻게 살고, 살 수 있고, 살아야 하는가에 관한 사회화 과정의 산물이며, 사회자원과 소속감에 대한 주장이다. 사람들은 옷, 음식, 장신구, 가구, 오락 등을 소비함으로써 내가 누구인가에 대한 생각을 표현할 뿐 아니

표 10-1 다양한 소비문화 정의와 특징

분야	정의	특성	기여점
인류학	소비재의 문화적 및 상징적 속성에 대한 체계적인 탐구	기술적(descriptive): 문화의 내용과 법칙성을 규명하는 기술적인 특성	소비문화 원리와 소비문화 이론 제시
사회학	개별적이고 사회적인 욕구와 사회자원 배분을 상호 규정하는 사회적 조건에 대한 연구	설명적 · 비판적(explanatory & critical): 사회계층과 구조를 소비를 통해 설명하고 비판	사회구조 설명, 사회문제의 성찰 및 비판
소비자학	소비생활양식과 소비가치 및 사고방식의 총체	규범적 · 실천적(normative & practical): 소비자 복지 증진을 위한 건전한 소비문화와 가치 창출	소비문화 발달 방안 마련 및 소비문화 문제에 대한 해결방안 제시

출처: 이성림(2006).

라 내가 누구인가에 대한 정체성 의식을 만들어 나간다는 것이다(Bocock, 양건열 역, 2003; 이성림, 2006 재인용). 소비자학에서는 소비문화를 소비가치와 소비행동양식, 혹은 사고방식과 소비생활양식으로 본다(백경미, 1998; 송인숙, 2002). 소비자학에서는 소비문화에서 나타나는 문제점을 고찰하고 해결방안을 모색하거나 개인의 행복을 위한 건전한 소비가치관 확립에 대해 연구한다.

소비문화는 현대사회의 사회적 관계를 형성하는 중요한 과정으로서 인간과 집단의 행동양식, 개인적이고 집단적인 자기 정체성 형성과정의 핵심적 기제로서 의미를 가지고 있다. 소비자는 단순히 제품이나 서비스의 기능적 사용을 넘어 재화의 의미를 소비함으로써 문화적 범주와 원리를 사용하고 자신과 집단의 라이프스타일을 창조 · 유지하며 자아개념을 형성하고 정체성을 표현한다. 청소년을 포함한 현대인은 자신의 정체성을 표현하고 타인과 구별하기 위해 특정한 생활양식 또는 스타일을 소비하게 된다. 특정한 사물의 소비와 획득을 통해 타인과 자신을 구별하며 사물의 상징을 통해 자신의 정체성을 표현하고자 한다(오윤선, 황인숙, 2016). 또한 오늘날의 문화생활은 소비와 함께 병행되는 행위로 이루어지고 있기에 소비문화를 통해 현대인과 청소년의 문화를 파악할 수 있다.

2. 소비문화에 대한 관점

1) 생산주도적 관점

생산주도적 관점에서 소비문화의 출현은 자본주의 상품 생산 확장에 기초하고 있다고 보며, 자본의 논리, 생산 방식의 특성과 변화에 초점을 두고 있다. 생산주도적 관점에서 소비욕구는 대중을 소비자로 전환시키기 위한 교육과 판매 전략에 의해 인위적으로 창출·조작된 것이라고 설명하고 있다. 예를 들어, 2월 14일 밸런타인데이가 여성이 좋아하는 남성에게 초콜릿을 주는 날로 알려지면서 유행했는데, 이는 초콜릿 생산자 및 판매자의 판매 전략으로 우리 사회에서 하나의 기념일로 자리잡게 되었다. 이를 시작으로 〈표 10-2〉와 같이 매월 14일을 기념으로 하는 포틴데이(14day)가 생겨났다. 이는 어떤 특별한 역사나 유래에서 기인된 것이 아니라 대형 백화점이나 제과 업계, 화원 등에서 대대적인 판촉행사를 통해 편의대로 이름을 지어 만들어진 기념일로 소비자들 사이에서 유행하여 이제는 하나의 문화로 굳게 자리 잡게 되었다. 포틴데이의 성행 이후 업계에서는 각종 기념일을 만들어 홍보하며 소비자의 소비를 부추기고 있다.

생산주도적 관점에서 자본가는 무한한 이윤추구 욕구를 가지고 이를 성취하기 위해 다양한 종류의 상품을 생산하고, 이로 인해 소비의 양식화가 가능하다고 본다. 자본가는 대중을 소비자로 전환시키기 위한 교육과 판매 전략을 양적·질적으로 발전시켰다. 자본주의가 유지되고 발전하기 위해서는 생산된 상품을 판매할 필요가 있기 때문에 인위적인 욕구의 창출이 요구되면서 상품의 포장, 판촉, 광고 등에서 생산자는 사용 가치를 약속한다. 왜냐하면 실제 소비자가 상품을 소비하기 전에는 그 상품의 사용 가치를 알 수 없기 때문에 생산자가 보여 주는 사용 가치를 기대하며 소비하게 되는 것이다. 상품이 그럴듯해 보이지 않는 것은 팔리지 않는 반면 그럴듯해 보이는 것이 잘 팔리기 때문에 생산자는 상품의 외관, 상품미를 더욱 두드러지게 만든다. 소비를 촉진하기 위해 과대포장을 하거나, 특정 지역의 특정 음식을 미화하는 등 상품에 의미를 부여하게 되는 것이다. 생산자는 상품 판매를 위한 상품 포장, 상표 부착, 총체적인 디자인, 판매 점원의 모델 형성, 판매 대화와 행위, 판매 장소의

표 10-2 포틴데이

월별 포틴데이	기념일	의미
1월 14일	헬로우데이	일 년 동안 사용할 다이어리를 연인에게 선물하는 날
2월 14일	밸런타인데이	여자가 사랑하는 남자에게 초콜릿을 선물하며 고백하는 날
3월 14일	화이트데이	남자가 사랑하는 여자에게 사탕을 선물하며 고백하는 날
4월 14일	블랙데이	밸런타인데이, 화이트데이에 고백하지 못한 싱글이 짜장면을 먹거나 블랙커피를 마시는 날
5월 14일	로즈데이	연인에게 장미를 선물하는 날
6월 14일	머그데이	시원하게 음료를 마시는 머그잔을 선물하는 날
7월 14일	실버데이	연인에게 은제품을 선물하는 날
8월 14일	달(doll)데이	보름달이 뜨는 시기에 연인에게 인형(달, doll)을 선물하는 날
9월 14일	포토데이	연인과 사진 찍는 날
10월 14일	레드데이	연인과 레드와인을 마시는 날
11월 14일	무비데이	연인과 영화 보는 날
12월 14일	머니데이	연인에게 돈 쓰는 날

연출, 광고 등을 생산자의 의도대로 포장하여 전달한다. 생산주도적 관점에서 소비문화는 대중의 소비를 증대시키는 역할을 하면서 소비자를 단순히 조작된 대상으로 간주하는 면이 있다.

2) 쾌락주의적 관점

쾌락주의적 관점에서 소비란 소비자가 소비할 때 느끼는 즐거움, 자극, 흥분 등 다양한 정신적 욕구, 즉 감성적이고 주관적인 경험이나 느낌이다. 쾌락적 소비는 소비자에게 감정적이고 감각적인 경험을 제공해 주며, 소비자의 재미, 기쁨, 흥분 등 주관적 의미 부여와 관련된다(Holbrook & Hirschman, 1982). 현대인은 즐거움에 대한 열망과 체험의 끊임없는 순환을 소비행위에서도 나타내며, 소비는 자발적이며 자아지향적이고 창조적인 과정이다(Cambell, 1987).

아놀드와 레이놀즈(Anold & Reynolds, 2003)는 쾌락적 소비 동기 유형을 모험소비, 사회적 소비, 만족소비, 아이디어 소비, 역할소비, 가치소비 등 6가지로 구분하였다(박철 외, 2011 재인용).

첫째, 모험소비란 자극과 모험을 위한 소비로, 소비 시 소비자는 또 다른 세상에 온 듯한 느낌을 받게 되는 유형이다. 모험소비를 하는 소비자는 감각적 자극을 찾고, 흥분과 재미를 위해 소비하는 특성을 가진다.

둘째, 사회적 소비란 가족, 친구, 지인과 함께 소비활동을 하면서 유대관계 속 즐거움을 느끼는 유형이다.

셋째, 만족소비란 자신을 특별히 다루는 것 같은 소비와 스트레스를 풀기 위한 소비를 포함한다. 만족소비를 하는 소비자는 자기만족이나 현실도피, 기분이 저하될 때 하는 소비의 가치를 인식한다.

넷째, 아이디어 소비란 트렌드 유지와 새로운 패션, 신상품, 유행 등의 정보를 얻기 위한 소비유형이다. 아이디어 소비를 하는 소비자 중 일부는 상품 구매 없이 정보 획득으로 끝나는 아이쇼핑을 즐기며 즐거움과 기분전환을 얻기도 한다.

다섯째, 역할소비란 다른 사람을 위한 완벽한 선물을 발견했을 때 소비자가 본질적인 즐거움과 흥분, 기분전환을 느끼는 유형이다. 역할소비는 특정 기념일에 많이 이루어지는데, 이때 소비자는 소비를 사랑의 표현으로 받아들이기도 한다.

여섯째, 가치소비란 특가품이나 할인품을 찾는 소비유형이다. 가치소비는 소비자에게 경쟁에서 성취, 성공과 소망의 발견, 자기존중을 향상시키기 위해 잠재성을 개발하는 것으로 받아들여진다. 가치소비를 지향하는 소비자는 가격비교를 통해 가장 저렴하게 구입하는 과정에서 개인적 만족을 경험하게 된다.

3) 소비양식론 관점

소비양식론의 관점에서는 소비를 개인의 정체성과 사회적 정체성을 표현하고자 하는 욕구의 결과로 본다. 여기에서 말하는 욕구란 특정 물건에 대한 욕구라기보다는 타인과의 차이를 갖고자 하는 욕구를 말한다. 소비양식론은 베블렌과 부르디외의 이론으로 설명할 수 있다.

(1) 베블렌의 관점

미국 경제학자 베블렌(Veblen, 1899)은 자신의 저서 『유한계급론』에서 특정한 소수의 유한계급이 재력을 과시하고 명예를 획득·유지하기 위한 과시적 소비가 다수의 일반계급으로 확대되는 과정을 설명하였다. '베블렌 효과'란 가격이 오르는데도 일부 계층의 과시욕이나 허영심으로 인해 소비가 줄어들지 않는 현상을 말한다. 베블렌은 상류층의 사치스럽고 낭비적인 소비를 일컬어 '과시적 소비'라 하였다. 과시적 소비는 사용 가치를 위한 소비가 아닌 사회적 지위와 상징적 징표로서 상품 소비를 통해 자신의 사회적 지위를 나타내고 인정받기 위한 것이다. 예를 들어, 사회적으로 경기가 불황이라고 하는데도 불구하고 고가의 명품이 잘 팔려 나가는 현상이 해당된다. 이러한 소비는 자신의 사회적 지위 또는 소속된 지위, 성공을 나타내는 수단과 커뮤니케이션의 수단으로 사용된다.

과시적 소비를 배경으로 한 모방소비 현상은 오늘날에도 나타나고 있다. 예를 들어, 평소 관심을 갖지 않았던 가방을 한 방송에서 유명 연예인이 메고 나오면 유행이 되어 사람들에게 인기를 끄는 일이 생기는 것이다.

(2) 부르디외의 관점

프랑스의 사회학자 부르디외(Bourdieu, 1996)는 저서『구별짓기』에서 문화적 위치와 예술적 취향 사이에 상관관계가 있음을 밝혔다. 여기에서 구별짓기는 남들로부터 자신을 구별하여 두드러지게 하는 것으로 계급분화와 계급구조를 유지하는 기본 원리 중 하나이다. 즉, 모든 일상에서 자신의 계급을 얼마나 구분하는지 보여 준다. 부르디외는 사람들은 생활방식과 성향을 통해 계급 사이에 존재하는 사회적 경계를 특징짓고 유지한다고 하였다. 즉, 일상의 소비방식은 개인의 취향에 따른 선택이 아닌 출신 계급과 교육 등 사회문화적 환경에 따라 사회화된 계급적 취향에 따른 상징으로서의 소비라는 것이다.

부르디외는 '아비투스(habitus)'의 새로운 개념을 제시했다. 아비투스는 아리스토텔레스의 'hexis'(토마스 아퀴나스에 의해 'habitus'로 번역됨) 개념에서 발전된 것으로, 원래는 '교육같은 것에 의해 영향 받을 수 있는 심리적 성향'을 가리키는 것이었으나, 부르디외는 사회구조와 개인의 행위 사이의 인식론적 단절을 극복하는 매개적 메커니즘으로 개념화하였다(김만기, 2010). 즉, 자본의 불평등적 배분에 의해 형성되고 구별되는 아비투스는 의식적·무의식적으로 행위자의 판단 및 취향의 문화적 실천(practice) 혹은 관습적 행동이다. '아비투스'는 단순히 경제적인 것이나 문화적인 것 혹은 주변환경적 요건만으로 결정되는 것이 아니라 이 모든 것이 상호작용하면서 결정된다.

3. 청소년과 소비

1) 소비자로서의 청소년

2000년대 이후 태어나 경제적 혜택과 문화적 혜택을 동시에 누리며 성장한 오늘날의 청소년이 새로운 소비자 계층으로 등장하면서, 청소년은 그들만의 소비문화를 형성하고 있다. 청소년 소비자(adolescent consumer)란 연령 또는 생활주기를 기준으로 분류된 소비자 유형 중 하나다. 청소년 소비자는 아동 소비자와 성인 소비자의 중간에 위치하는 과도기 소비자로, 소비행위에 있어서도 과도기를 겪게 된다. 아동 소비자보다는 부모의 영향을 덜 받고 독립적으로 소비행동을 할 수 있으며 과거에 비해 가계의 구매 의사결정에서도 참여도가 높아짐으로써 직간접적으로 영향력이 커지고 있다. 오늘날의 청소년들은 비교적 풍부한 물질적 지원을 받고 자란 세대다. 그들은 서구의 개인주의와 다원주의적 문화를 접하면서 성장했으며, 소득이 없는 계층이면서도 패션에의 열정이 대단한, 자기표현이 적극적인 세대다.

청소년 소비자는 나를 삶의 주인공(main)으로 생각하며, 새롭고 모험적인 경험(moving)을 즐긴다. 또한 다양한 취미와 활동(multi-interest)을 추구하는 특징을 가지고 있다. 또한 자신의 기분이나 생각을 거리낌 없이 표현하며, 일할 때 위험이 따르더라도 새로운 방법을 시도하는 모험적인 성향을 가지고 있다. 하고 싶은 것도 좋아하는 것도 너무 많다. 공부, 봉사활동, 운동 등 다양한 활동에 꿈과 열정을 가지고 열심이며, 유행과 주위의 시선을 중시하고, 외모를 가꾸는 일에 비용을 아끼지 않는다(유진형, 조미현, 2006).

2) 청소년의 소비실태

(1) 용돈 실태

대부분의 청소년은 부모에게 받은 용돈으로 소비생활을 영위한다. 한 금융 기관에서 청소년의 용돈에 대해 조사한 결과, 고등학생의 월 평균 용돈은 6만 4,000원, 중학생 4만 원, 초등학교 고학년(4학년 이상) 2만 2,300원, 초등 저학년 은 1만 7,500원인 것으로 나타났다(세계일보, 2022.01.26.). 그 외에도 평소 친척 이나 주변 어른들이 준 돈을 모으기도 한다. 이전에는 대부분의 청소년이 부 모나 주변 성인들이 주는 용돈으로 소비생활을 하였지만, 최근에는 아르바이 트를 통해 마련한 돈으로 자신이 사고 싶은 물건을 소비하는 청소년이 늘고 있 다. 또한 온라인 플랫폼을 활용한 다양한 활동을 통해 용돈을 마련하기도 한 다. 유튜브 영상 제작이나 SNS 활동을 하기도 하고, 자신이 좋아하는 장난감, 의류 등을 재판매하여 용돈을 벌기도 한다.

(2) 청소년의 소비행태

청소년이 중요하게 여기는 소비항목은 군것질 등의 식료품 구입이다. 청 소년의 용돈 사용 제1순위는 간식비가 42.4%로 가장 많았으며, 이어서 교양 오락비(게임비, 노래방, 영화, 음반, 취미생활비)가 21.8%, 의복비(13.4%), 교통 비(10.9%), 저축(6.9%), 학용품비(3.7%) 등의 순이었다(오다연, 김정숙, 2017). 2021년 식품소비행태조사에 따르면, 일주일에 한 번 외식을 한다고 응답한 청 소년은 26%였는데, 과거에는 외식을 가족과 함께했지만, 61%의 청소년이 홀 로 외식을 하면서 스스로 음식을 구매하는 비율이 높아지고 있다. 청소년은 맛 있는 음식을 먹기 위해서 혼자 외식을 하기도 하지만, 학업이나 근로 등의 이 유로 집에서 식사하기가 어려운 상황이라 외식을 하고 있다.

청소년이 소비에 집중하는 또 다른 영역으로는 문화, 오락, 취미생활 영역이 다(윤미영, 2009). 게임산업의 매출은 날로 증가하고 있는데 온라인게임이 가

장 큰 매출을 나타내고, 그 다음으로는 모바일게임, 비디오게임 등의 순이다
(국가통계포털, 2023). 특히 남자청소년들은 여자청소년에 비해 게임이용 시 유
료 게임 이용률이 높고 아이템 구입에 많은 지출을 한다(최은실, 여정성, 2006).
과거 한국청소년개발원(2003)의 조사결과, 남자청소년은 여자청소년에 비해
오락비와 인터넷 서비스 이용에 대한 지출이 많았다. 여자청소년은 옷, 가방,
화장품, 액세서리에 대한 지출이 남자청소년에 비해 많았다.

　Z세대는 타인의 관심을 끌고 싶어 하는 세대로 이는 청소년의 소비성향에
도 나타난다. 소비행동과 관련하여 사이버문화에 몰입한 청소년은 실용추구
성 소비보다 브랜드지향성, 개성추구성, 유행추구성이 높다(오영희, 2007). 최
근 SNS 등을 통한 마케팅이 늘고 있는데, 사이버문화에 익숙한 청소년일수록
이러한 온라인 마케팅에 익숙해서 소비에 있어 실용성을 중요하게 여기지 않
게 된다. 이들은 타인의 관심을 끌기 위해 기존과는 다른 소비행태를 보인다.
특히 청소년들은 패션과 외모 관리에 사용되는 제품에 관심이 많은데, 자신만
의 뚜렷한 소비 기준과 가치관을 갖고 소비하면서도 타인이나 유행에 동조하
는 소비를 하는 이중적인 성향을 보이기도 한다(송선민, 장성호, 2021). 자신이
추구하는 사회가치를 알리기 위해 친환경 패션 소비를 지향하면서도 고가의
명품을 구매하기도 한다. 청소년이 고가의 명품을 구매하는 주된 이유는 자신
의 경제적·사회적 위치에 대한 과시와 타인의 인정을 얻고자 함이다(박주하
외, 2022). 청소년들은 주로 SNS 등 온라인을 통해 자신의 소비에 대해 과시하
고 인정을 추구한다.

2) 청소년 소비에 영향을 미치는 요인

　청소년은 소비사회에서 소비자의 역할을 배우면서 소비자사회화의 과정을
겪게 된다. 소비자사회화란 인간이 자신의 환경에 적응하는 인지 발달의 과정
이고, 주위 환경요인과 상호작용을 통해 소비사회에 대해 학습하는 과정이다.

그리고 인간이 개인소비자로서의 역할을 수행하는 데 필요한 지식, 태도, 기능을 습득해 가는 과정이다(Ward, 1974).

소비자사회화 과정에서 청소년의 소비는 개인 내적 요인과 자신을 둘러싼 환경(부모, 또래, 대중매체 등) 요인의 영향을 받아 이루어지며, 구체적인 내용은 다음과 같다.

첫째, 청소년 심리적 요인이다. 청소년기의 발달과업 중 가장 중요한 것은 자아정체감 형성이다. 이 시기 청소년은 자신만의 개성 표현에 대한 욕구가 강해 자신의 외모에 관심이 많고 새로움을 추구하면서도 타인이 평가에 민감한 모습을 보인다. 특히 자아존중감이 낮은 청소년일수록 타인지향적이고 외모지향적 소비성향을 보인다(김영옥, 서정희, 2010). 청소년 소비행동에 영향을 미치는 또다른 심리적 요인에는 자기통제력이 있다. 자기통제력은 원하는 결과를 얻기 위해 자신의 내적인 충동을 통제하고 정서나 행동을 변화시키는 것인데(조혜진, 권석만, 2011), 자기통제력이 높은 경우 소비행동을 억제할 수 있으며(Vohs & Faber, 2007), 또한 자기통제력은 충동구매와 강박구매를 감소시키는 억제요인으로서의 기능을 보여 준다(허창구 외, 2020).

둘째, 부모 요인이다. 청소년 시기에는 부모의 소비행동과 가족 간의 의사소통 등이 주변 환경과 함께 서로 상호작용하면서 소비문화가 형성된다. 부모가 물질주의 가치관이 높으면 자녀 역시 물질주의 가치관이 높아져 청소년에서 성인이 된 후에 비합리적인 소비행동으로 이어질 수 있고(백지숙, 박성연, 2004), 부모가 소비에 대한 균형 있고 올바른 가치관을 갖고 있는 경우 청소년의 소비자 문제를 예방하면서 건전한 소비문화 풍토를 이룰 수 있다(박영미, 이희숙, 2015). 특히 가족 간의 의사소통이 촉진적이고 개방적일수록 청소년의 자기통제력이 높아져(송진영, 2016), 청소년의 소비에 긍정적 영향을 미칠 수 있다.

셋째, 또래집단 요인이다. 청소년기는 또래집단과의 상호작용으로 또래의 행동을 모방하고 동조하며 사회화 과정을 겪게 된다. 청소년 소비에 있어 부모의 영향력은 청소년의 연령이 높아질수록 감소하고 또래집단의 영향력이 커진다. 청소년은 또래집단 안에서 서로에게 소비자로서 필요한 지식, 기술, 행동 등의 발달에 영향을 미친다. 이로 인하여 청소년은 친구들이 갖고 있는 물건을 구입하는 동조소비의 경향을 나타낸다. 또한 또래집단의 평가에 민감한 청소년은 또래집단 내에서 소비에 관한 의사소통을 많이 할수록 과시소비 행동을 보이게 된다. 이처럼 청소년에게 또래집단은 소비의 준거집단으로 자리 잡고 있다.

넷째, 대중매체 요인이다. 소비재 광고는 TV, 라디오, 영화 등 기존의 매체와 더불어 온라인에서도 소비를 부추기고 있다. 특히 스마트폰 보급률이 높아지면서 모바일 광고라는 새로운 광고매체가 대두되었다. 문자형보다는 스마트폰의 특성이 반영된 웹과 애플리케이션 형태의 모바일 광고 효과가 입증되면서 기업은 모바일 광고에 더 집중하고 있다(최민학, 임병훈, 2017). 청소년의 경우, 스마트폰 이용 시간이 길고 경기침체에도 불구하고 경기불황을 이겨낼 수 있는 주요한 소비층으로 여겨지면서 이들을 타깃으로 한 모바일 광고는 계속해서 늘어 가고 있다. 청소년은 인터넷 광고에 대한 수용도가 다른 연령대에 비해 상대적으로 높기 때문에 인터넷 광고에 대한 긍정적인 태도를 쉽게 형성하고, 구매를 충동적으로 하는 성향이 있다(박영미, 이희숙, 2015). 또한 다양한 SNS에서는 청소년을 타깃으로 구성한 상업적 광고와 자극적 콘텐츠를 제시하여 청소년에게 소비를 부추기며, 이를 구매하지 않으면 아웃사이더가 된다는 프레임을 만들고 있다. 거기에 스마트폰으로 간편하게 결제가 가능해진 기술의 발전은 청소년에게 손쉬운 소비여건을 조성해 주고 있다.

3) 청소년의 소비특성

청소년은 발달적 특성과 생활양식에 따라 청소년 소비자로서의 독특한 특성을 나타낸다(유하숙, 2009).

(1) 청소년의 부모로부터 독립된 소비자 행동을 보인다

청소년 소비자는 부모에게 의존하던 소비행동에서 벗어나 독자적으로 소비에 대한 의사결정을 하려는 경향이 강해진다. 이에 맞추어 부모도 청소년에게 소비에 대한 독립성을 허용하면서 청소년은 자율적인 구매의 기회를 갖게 되며 선택의 폭이 넓어지게 된다. 청소년기의 구매 의사결정권 향상은 가족 공용 상품이나 서비스에 대한 구매 결정 참여도가 높아지면서 가족 경제생활에도 영향력을 미친다. 청소년기 소비 관련 경험은 성인기 소비행동 유형을 결정하는 중요한 요소가 된다.

(2) 동조소비의 특성을 보인다

청소년기 소비는 또래집단과 대중스타의 영향을 크게 받는데, 이들의 영향력은 동조소비의 형태로 나타난다. 청소년 소비자는 외모에 관심이 많고, 타인의 평가와 패션·유행에 민감하며, 신제품이 나오면 먼저 구매하는 경향이 있다. 특히 패션은 자신이 소속된 집단이나 특정인을 자신과 동일시하는 데 도움을 주기 때문에 청소년은 이들과 같은 패션을 소비한다. 이러한 청소년 소비자의 소비행태는 유행의 속도를 가속화하고 제품의 사용수명을 단축시켜 자원을 과다하게 사용하는 원인이 되고 있으며, 환경에 바람직하지 않은 영향을 미치고 있다(소비자시대, 1999).

(3) 비합리적 소비의 특성을 보인다

청소년은 부모로부터 독립하는 과정에서 자신을 둘러싼 새로운 환경에 노출되는 동시에 부모가 주는 전통적 가치관과 새로운 가치관 사이에서 혼란을 경험하게 된다. 청소년은 새롭게 경험하는 소비자로서의 역할 수행과정에서 자신만의 소비 형태를 갖추지 못한 까닭에 성인 소비자와는 다른 소비갈등을 경험하게 된다. 소비갈등 과정에서 불안을 겪게 되고 이는 청소년의 과시소비, 충동구매, 모방소비 등 바람직하지 못한 소비행동으로 나타난다. 청소년의 용돈의 액수와 사용 기회가 많아지면서 구매 행동의 범위도 넓어지게 되었는데, 최근 청소년 사이에서는 명품 소비 등 소비의 고급화가 나타나고 있다. 사회적으로 L세대(Luxury Generation)라 불리는 명품족이 있는데, 여기에는 일부 청소년도 포함된다. 명품을 소비하는 청소년들은 명품 소비를 통해 정체성을 확인하고, 명품 소비가 자신의 가치를 높여 준다고 믿는다. 자신이 가진 용돈이 풍족하고, 부모의 소득이 높은 경우 과시하기 위해 명품 소비를 더 많이 하는 경향을 보인다(허정경, 2013). 명절에 용돈을 받거나 돈이 생기면 명품을 사겠다는 청소년은 계속해서 늘고 있고, 10대의 명품 구매 계획은 20대보다 높다. 청소년들의 명품에 대한 인식이 과거와 달라진 것에는 기업의 마케팅 방식도 한몫했다. 기업은 10대를 겨냥해 인스타그램 등 SNS를 통한 시즌 컬렉션 홍보와 해시태그를 이용한 마케팅으로 청소년들의 플렉스 문화를 확산시켰다(시빅뉴스, 2020. 10. 21). 이렇게 용돈이나 부모의 도움으로 명품을 사지 못하는 청소년은 명품을 사기 위해 아르바이트를 하거나 절도, 성매매 등 범죄에 가담하는 위험한 행동을 하는 경우도 있다. 하지만 과시소비와 충동구매 등 비합리적 소비는 청소년의 삶의 만족도를 떨어뜨린다(홍은실, 2006).

(4) 소비를 통해 독특성 욕구를 표현한다

독특성 욕구란 개인이 사회와 구분되는 자신만의 차별성을 추구함으로써 본인만의 고유성을 표현하고자 하는 욕구다(추미애, 김성환, 2010). Z세대인 청소년의 독특성 욕구는 패션에서 두드러지게 나타나는데, 이전 세대와 비교했을 때 '스타일리시(stylish)'하고 '독특한(unique)' 스타일을 특히 중요하게 여긴다. 청소년은 독특성 욕구를 해소하기 위해 남들이 사용하는 유사한 제품이나 스타일은 지양한다. 독창적인 제품을 의도적으로 선택하거나 기존의 제품에 자신의 창의성을 더해 새로운 제품으로 만들면서 남들과 차별되고자 한다(박주하 외, 2022).

(5) 온라인 속에서 새로운 소비형태로 소비한다

Z세대인 청소년은 출생 시부터 디지털 환경에 노출되어 성장한 세대로 디지털환경에 익숙하다. 이들은 현실과 디지털의 경계가 모호하여 두 개의 뇌로 세상을 본다. Z세대는 디지털 환경 속에서 이루어지는 소비행동에도 익숙한데, 특히 SNS가 청소년의 소비에 큰 영향을 미친다. 청소년이 가장 많이 사용하는 SNS 중 하나는 인스타그램이다. 인스타그램에서 중요시되는 것은 유통업자, 판매업자, 소비자, 크리에이터가 연결고리를 가지고 있는 SNS에서의 마켓활동이다. SNS 마켓은 소셜미디어를 통해 제품을 판매하는 형태의 새로운 쇼핑 플랫폼인데, 그중 인스타그램을 통한 쇼핑은 이용빈도가 가장 높다. SNS 마켓은 Z세대로 불리는 청소년의 소비생활 특성을 드러내고 있다(이진숙, 2020).

첫째, SNS 마켓 속 소비생활은 여가, 소통, 제품획득이라는 다양한 욕구 충족과 관련이 있다. 청소년은 SNS 마켓 속에서의 소비행위를 습관이나 여가활동으로 인식하고 있으며, 희소제품 획득에 대한 욕구와 준거집단과의 소통의 욕구를 충족시키기 위한 목적으로 SNS 마켓 속으로 유입된다. SNS 마켓 속 소비생활은 동기와 결과라는 이중적 역할을 한다. 청소년들은 제품을 구입하기 위해 SNS 마켓으로 진입하기도 하고, 여가생활이나 준거집단과의 소통을 위해 진입했다가 제품을 구입하기도 한다.

둘째, 소셜미디어를 도구로 활용하는 것에 그치지 않고 플랫폼 자체와 상호작용하며 소비자사회화를 경험한다. SNS 마켓 내에서 소비하는 청소년은 친구나 부모보다 마켓 운영자의 외모, 능력, 라이프스타일에 대한 모방 욕구가 높고 개성 표현이나 희소제품 획득의 만족감이 소비의 강화 요인으로 작용한다. 청소년은 플랫폼 내에서 단순한 소비자가 아닌 생산자의 역할을 병행하고 있다. SNS 마켓을 처음 이용할 때는 주로 운영자의 외모나 라이프스타일을 구경하는 구경꾼이었다가 자연스럽게 마켓의 판매 제품을 관찰하는 관찰자가 되면서 제품 구매의 충동을 느끼게 된다. 이 과정에서 실제 구매를 하기도 한다. 청소년은 구매한 물건을 사진으로 찍어 SNS에 공유하면서 자신을 과시하게 되고, 이러한 사진은 다른 소비자의 소비에 영향을 미치게 된다. 일련의 과정에서 청소년은 SNS 마켓 소비에 대한 지식, 기술, 태도를 학습하게 되고, SNS에 최적화된 소비자가 된다.

4. 바람직한 청소년 소비의 방향

1) 청소년의 녹색소비

소비는 소비자의 필요에 따라 기능적인 측면과 상징적 측면에서 이루어진다고 여겨졌다. 그러면서 소비자 문제를 상품과 서비스의 소비과정에서 발생하는 문제로만 바라보다가, 지구의 환경오염 문제가 심각해지자 소비자 문제를 자연파괴를 야기하는 문제로 인식하게 되었다. 환경문제가 소비자 문제로 부각되는 것은 기존의 물질적 욕망을 충족시키기 위한 소비활동이 환경오염을 유발하고 있기 때문이다. 소비자는 환경오염의 가해자이기도 하고 피해자이기도 하다. 최근 기후변화로 인한 자연재해가 전 세계적으로 일어나고 있고, 이것이 무분별한 소비행태에서 시작된다는 것이 알려지면서 환경문제 해결을 위해 세계 각 국가는 여러 가지 환경정책을 마련하고 있다. 이러한 국가적 차원의 노력도 중요하지만, 소비가 환경문제를 일으킨다는 사실을 인식하고 소비자 개인 차원에서 소비재의 구매, 사용, 처분 과정에서 환경적으로 책임있는 행동을 하는 것이 중요하다. 실제로 환경문제에 대한 심각성을 인식할 때 환경친화적 소비행동을 할 수 있다.

청소년을 대상으로 하는 환경교육이 늘어나면서 녹색소비자를 자처하는 청소년도 늘고 있다. 녹색소비자는 자연을 상징하는 녹색(green)과 소비자(consumer)의 합성어다. 영어로는 그린슈머(greensummer)라 한다. 이들은 소비

가 환경과 사회에 미치는 영향을 고려하여 소비하는 '착한 소비'에 동참하고 있
다. 한 조사에 의하면 96%의 청소년이 '착한 소비에 동참한 경험이 있다.'고 하
며, '추가 비용을 내더라도 환경과 사회에 도움이 된 제품을 구매할 의향이 있
다.'고 응답했다(데일리 팜. 2021. 03. 29.). 착한 소비에 동참하는 이유로는 '사회
에 필요한 행동이라서'(32%)라고 답한 이들이 가장 많았으며, '환경 보호를 위
해서'(28%), '스스로 뿌듯함을 느껴서'(22%) 등의 이유가 뒤를 이었다. 나아가
청소년들은 친환경 가치를 부모세대에게 전파하여 가정 내 구매에 영향을 주
고 있다.

　성인과 청소년의 중고제품 소비성향을 비교해 보면, 환경에 대한 관심은 성
인과 청소년이 동일한 수준이지만, 이러한 문제의식을 가지고 중고거래를 하
는 것은 청소년이 앞섰다. 성인은 경제적인 측면에 집중하는 반면, 청소년은
중고제품 소비가 시대를 앞서는 친환경적 행동이라는 인식을 가지고 중고거
래를 하고 있다(박은아, 김은철, 2021). 과거 1960~1970년대에는 소비절약을
위해 중고거래가 이루어졌다면, 2000년대 이후에는 환경오염에 대한 경각심
이 높아지면서 중고거래가 녹색소비의 하나로 자리 잡게 되었는데, 그러한 시
대적 배경이 성인과 청소년에게 각기 다른 영향을 미치게 되었다. 청소년들은
환경 관련 행사, 환경문제 토론 등 다양한 경로를 통한 환경활동과 환경교육을
받을 기회가 다른 세대에 비해 많아 이로 인해 환경친화적 소비가치를 갖게 되
었다. Z세대인 청소년은 상품의 과도한 포장이나 브랜드가 무분별하게 생산
하는 일회성 의류보다 친환경 패션 소비를 지향하는 세대로 알려져 있다. 자신
이 추구하는 사회적 가치를 알리기 위해 특정 패션 제품이나 브랜드를 지지하
기도 한다. 전 세계적으로 기후변화 등 환경문제가 심각해짐에 따라 청소년에
대한 지속적이고 깊이 있는 환경친화적 소비교육이 요구된다.

2) 소비역량을 갖춘 청소년

소비자정책의 패러다임은 과거 소비자를 보호해야 할 대상으로 인식하는 '소비자보호'의 관점에서 소비자역량 강화를 통하여 시장에서 책임 있는 경제주체로 자리매김할 수 있도록 하는 '소비자역량 강화'의 관점으로 전환되었다. 소비자역량이란 변화하는 소비환경 속에서 현명하고도 지속가능한 소비생활을 영위하기 위해 소비자가 갖추어야 할 잠재적·실천적인 능력을 의미한다(배순영, 천현진, 2010). 청소년에게 요구되는 소비자역량이란 '계속해서 변화하는 환경 속에서 현재뿐만 아니라 전 생애에 걸쳐 직면하는 소비생활에서의 문제를 해결하고 소비자로서의 역할을 효과적으로 수행하는 등, 현명하고 지속가능한 소비생활을 영위하기 위해 청소년기의 발달과정에서 경험하고 길러져야 하는 지식·태도·실천의 총체'다.

소비가치관을 형성하고 정립해 나가는 과도기적 위치에 있는 청소년기는 주체적이며 합리적인 소비생활을 영위할 수 있는 소비자역량을 키워야 하는 시기로, 변화하는 소비환경에 적응하여 적절하게 대응할 수 있도록 교육을 통해 실생활에서 문제해결을 도모할 수 있는 태도와 능력을 길러야 한다(김정숙, 2014). 청소년 대상의 소비자교육은 가정, 학교, 사회 등 다양한 장소에서 이루어질 수 있다. 소비자역량 강화의 측면에서 청소년기는 성인기까지 이어지는 소비가치관 및 행동을 형성하는 소비자사회화가 가장 활발하게 이루어지는 매우 중요한 시기이지만(이기춘, 1999; 정미정, 이연숙, 2007), 이 시기의 청소년들은 불안정한 심리상태와 부족한 경험 및 지식 등으로 인해 비합리적인 소비행태를 표출하거나 소비자문제를 경험할 가능성이 높다. 소비생활 속에서 디지털 및 신기술을 유연히 활용하는 Z세대인 청소년의 소비특성 및 소비생활 변화를 고려한 소비자의 역량을 파악하여 조직적인 소비자교육을 한다면 현재와 미래에 합리적이고 바람직한 소비역량을 갖춘 소비자가 될 수 있을 것이다.

추가 수업활동

🖥 토의(토론) 주제

1. 청소년의 명품소비를 위한 아르바이트에 대한 장점 및 단점은 무엇인가?
2. 청소년의 과시소비를 부추기는 요인에는 어떤 것들이 있을까?

🔍 추가 탐구 과제

1. 나의 소비패턴은 어떤 나를 상징하는가?
2. 포함해야 할 내용
   - 소비의 영역(패션, 음식, 전자기기 등) 중 하나를 선택하여 해당 소비 영역에서의 나의 소비패턴을 분석하기
   - 소비가 나를 어떻게 상징하는지 탐색하여 제시하기
3. 분량: A4 용지 2~3매

📋 참고자료

🌐 관련 사이트

한국소비자원
(www.kca.go.kr)

녹색제품정보시스템
(www.greenproduct.go.kr)

소비자시민모임
(www.consumerskorea.org)

📖 관련 도서

설혜심(2023). **청소비의 역사**. 휴머니스트.

서박하(2022). **소비단식 일기**. 휴머니스트.

🎬 관련 영상

〈100일 동안 100가지로 100퍼센트 행복 찾기〉(2018)

감독: 플로리안 데이비드 핏츠

출연: 플로리안 데이비드 핏츠, 마티아스 슈바이그호퍼

키워드: 물건, 미니멀리즘

웜밍업 수업자료

교복 대신 명품 입는 10대들
https://www.youtube.com/watch?v=sRvtqVQ41iY

제11장

청소년의 성문화

주요 내용

　사회가 발전하고 정보의 홍수 속에 살아가게 되면서 우리는 '성'과 관련한 다양한 정보를 여러 경로로 습득할 수 있게 되었다. 우리나라의 성문화가 과거에 비해 개방적으로 변화되었지만, 아직까지 일상에서 '성'에 대해 공개적으로 논하는 것은 금기시하고 있다. 특히 청소년의 성문화에 대해서 기성세대는 애써 외면하는 것이 현실이다. 청소년기가 되면 성 발달과 함께 자연스럽게 이성에 대한 관심이 증가한다. 청소년기에 느끼는 사랑의 감정은 전 생애에 걸쳐 기억되는 중요한 사건 중 하나가 될 수 있다. 청소년이 건강한 성문화를 향유할 수 있도록 하기 위해서는 우리 사회가 청소년 성에 대한 수용적 태도를 가질 필요가 있다.

주요 수업과제

- 성(性)이란 무엇인가?
- 청소년기 성 발달의 특징은 무엇인가?
- 청소년기 이성교제의 기능은 무엇인가?
- 건전한 이성교제를 위해 필요한 것은 무엇인가?

1. 성의 개념과 성에 대한 관점

1) 성의 개념

우리말의 '성'(性)은 포괄적 의미를 담고 있다. 성이 함축하는 의미를 구분해 보면 섹스(sex), 젠더(gender), 섹슈얼리티(sexuality)로 구분된다.

(1) 섹스

섹스(sex)의 어원은 라틴어 sexus(섹서스)에서 유래한 것으로 이는 '나누다' '구분하다'라는 의미를 갖는 secare(세카레)에서 파생된 것이다. 이는 플라톤 의 「향연」의 내용 중 아리스토파네스의 이야기에서 추론해 볼 수 있다.[1] 섹스 (sex)는 생물학적 의미의 성으로 인간의 출생 시 성별이 남성(male)인지 여성 (female)인지를 구분해 주는 용어다. 18세기에 섹스는 암수 결합에 의한 종족 보존을 뜻하는 성교라는 명사형으로 부각되었고, 19세기부터 쾌락추구의 의 미를 얻게 되었다. 현대사회에서 섹스는 성교를 의미하는 단어로 주로 사용되 지만, 영어권에서는 어떤 아이디어나 프로젝트 등이 흥미롭고, 신나고, 도발적 일 때 sexy(섹시하다)로 표현하기도 한다.

---

1) 아리스토파네스의 사랑이야기: 인간의 조상은 원래 남남, 여여, 남녀가 합해진 존재로 몸은 둥글 고 손발이 각 4쌍, 얼굴이 둘로 등을 맞대고 있었다. 이들은 8개의 손발을 이용해 빠르게 움직일 수 있어 여러 능력이 뛰어났고 신들에게 대들 정도로 자존심이 강했다. 신들은 인간에게 위협을 느꼈고, 제우스는 결국 인간을 약화시키기 위해 그들을 분리했다. 제우스의 지시를 받은 아폴론 은 인간을 반으로 가르고 갈라진 피부를 모아 배 중앙에 묶어 배꼽을 만들었다. 이로 인해 인간은 남, 녀로 분리되었고 이후 인간은 자신의 또 다른 반쪽을 끊임없이 찾게 되었다.

(2) 젠더

젠더(gender)는 사회적 의미의 성을 말한다. 젠더는 라틴어 'genus(제누스)'에서 유래한 것으로 종류, 부류, 유형 등을 의미한다. 젠더는 사회문화적 측면에서의 남녀를 구분할 때 사용하는 용어로 사회와 문화에 따라 기대하는 남성다움과 여성다움을 말한다. 세계보건기구(WHO)는 젠더에 대해 '사회에서 남자나 여자에게 적합하다고 여기는, 사회에 의해 구성된 역할, 행동이나 활동, 태도'로 정의하고 있다.

젠더는 개인이 남성 혹은 여성으로서의 자기를 드러내는 방식이자 개인이 사회제도에서 남성 혹은 여성으로 받아들여지는 방식으로 개인의 환경과 경험에 의해 형성된다. 개인은 남성 혹은 여성의 행동에 대한 사회적 기대와 가치관으로부터 젠더 정체성(gender identity)을 형성하게 된다.

(3) 섹슈얼리티

섹슈얼리티(sexuality)는 성과 관련된 육체적 · 사회적 · 심리적 행동이나 상태를 통칭하는 의미를 갖는다. 19세기에 섹스(sex)의 의미가 변질되면서 성에 대해 구분된 차원에서 등장하게 된 개념이다. 섹슈얼리티는 성행동뿐 아니라 개인이 갖는 성에 대한 행동, 태도, 사고, 감정, 환상, 가치관 등의 모든 것을 포괄한다. 인간의 섹슈얼리티는 태어나면서부터 죽을 때까지 존재한다. 섹슈얼리티는 성기 중심이 아닌 온 마음과 감각적 경험을 하는 인간의 성을 말한다.

동양에서 성(性)은 마음(心)과 몸(生)이 합해져 있다는 것을 뜻한다. 이때의 성(性)은 성행동이나 성적 쾌락만을 의미하기보다 전체적인 인간 자체를 뜻하는 것으로 해석된다. 성적 쾌락 측면의 섹스는 색(色)에 해당되므로, 성(性)을 섹스나 젠더로 사용하는 것은 적절하지 않다. 오히려 섹슈얼리티가 가장 성(性)을 잘 나타낸다고 할 수 있다. 섹슈얼리티는 유전적 측면보다 환경의 영향을 많이 받으면서 개인의 행동에 큰 영향을 주기 때문에 성적인 인격(sexual personality)으로 보기도 한다.

2) 성에 대한 관점

성적 상징과 성 담론(성적 대화와 글)은 그 시대의 성문화를 구성하는 요소라 할 수 있다. 시대에 따라 성이 상징하는 바와 성 담론이 달라짐에 따라 성문화가 다르게 특징지어져 왔다. 우리나라의 경우 1970~1980년대에는 권위주의적 정치체제 속에서 육체와 성이 철저히 억압되었고, 그 결과 육체와 성에 대한 논의는 은밀한 지하 공간에 뿌리내리게 되었다. 이에 따라 사회에 병적이고 불건전한 성문화가 확산되었다. 겉으로는 근엄한 금욕주의와 도덕주의를 내세우지만 내면적으로 대중의 의식을 쾌락주의로 몰고 가서 정치적 무관심을 확산시킬 필요가 있었던 당시의 군부 정권은 이런 은밀한 영역의 성문화에 대해 짐짓 무관심한 자세를 취하였다.

1980년대 말에서 1990년대에 들어오면서 국가 정책적으로 글로벌 시대를 내세웠고, 그에 따라 해외문화가 우리 사회에 급속도로 퍼지게 되면서 변화된 사회 분위기는 육체와 성에 대한 논의에 큰 변화를 가져다주었다. 즉, 권위주의적 정치체제가 부분적으로 해체되면서 금욕주의에 기초했던 가치관에 큰 변화가 일어났고, 제도적 금기의 굴레가 약화하면서 지하에 숨었던 성적 욕망이 밖으로 분출되기에 이르렀다. 그와 함께 1990년대 중반 이후 육체와 성을 중심으로 한 성 담론이 다양성을 띠게 되면서 다음과 같이 네 가지의 관점으로 나뉘어 전개되고 있다(조주현, 1999).

(1) 성 위기 관점

작금에 나타나고 있는 한국 사회의 성적 풍속과 관행은 전통적인 미풍양속을 해치고 가정을 해체시킬 뿐만 아니라 우리나라가 경쟁력 있는 국가로 발돋움하는 데 발목을 잡고 있다고 보는 관점이 성 위기 관점이다. 예컨대, 결혼 기피로 인한 출산율 저하, 편의 위주에 따른 이혼율 급등, 상업적인 성매매 산업의 증가 등은 성 위기를 부채질하고 있을 뿐만 아니라 사회문제를 점점 키우고 있다는 증거다. 이 관점에서는 위기를 타개하기 위해 전통적인 미풍양속을 되돌아보고 효 교육을 강화해야 하며, 나아가 우리나라의 우수한 가족제도를 앞으로의 대안으로 제시하여 세계화시켜 나갈 것을 주장한다. 이는 우리나라 전통사회의 윤리관과 가족주의에 근거하고 있다.

(2) 성 해방 관점

성 해방 관점은 최근의 성문화를 우리 사회 성 규범의 억압성이 느슨해진 결과로 본다. 이 입장은 우리 사회가 개개인이 자연스러운 성 본능을 드러내고 성적 쾌락을 추구하는 것을 더욱 허용해야 한다고 주장한다. 그러기 위해서는 성에 대한 본격적이고 다각적인 논의들이 전개될 수 있도록 해야 한다고 본다. 성의 해방은 곧 인간과 연관되고, 개인적 자아를 구성해 주는 것이며, 가부장의 상징적 권력을 부정할 수 있게 하는 힘이라고 주장한다. 이러한 관점은 근대사회의 윤리관과 개인주의적 가치관에 근거하고 있다.

(3) 성 검열 관점

성 검열 관점은 성의 폭력적 성격에 주목한다. 이러한 입장에서는 한국 사회의 뿌리 깊은 성의 이중규범으로 말미암아 한국의 성문화에서 성은 성폭력과 구분되기 어렵다고 본다. 따라서 성관계(남녀)와 폭력관계(가해자와 피해자)가 구분되지 않는 성문화를 벗어나기 위해서는 먼저 성폭력에 대한 검열이 앞서야 한다. 성폭력에 대한 검열은 법적·제도적 해결을 모색하게 한다. 성 검열 관점은 성의 쾌락을 논의하기 전에 성의 폭력성을 드러내고 제거하려는 노력이 우선되어야 한다고 주장한다. 그리고 이것은 모든 제도 내에서 성 불평등을 제거하려는 노력으로 확대된다.

(4) 여성 해방 관점

여성 해방 관점은 여성이 자기 몸의 주인 되기를 내용으로 하는 관점이다.

여성 해방의 입장은 여성의 경험에 기초해서, 여성의 욕망은 무엇이고 성적 자기결정권은 어떻게 실현될 수 있는가를 모색한다. 몸에 대한 새로운 관심과 여성적 환상을 찾으며 욕망을 드러내고 공유하려고 한다.

지금까지 살펴본 네 가지 관점 중 성 위기 관점과 성 해방 관점은 최근의 성 문화를 위기나 해방으로 보는 차이는 있지만, 남성 경험에 입각한 시각을 보편적 이론으로 만들어 그에 의존해 재구성한 성 인식이라는 점에서 남성 중심적 성 담론을 포함하고 있다. 반면, 여성 해방론의 입장에 서 있는 성 검열과 여성 해방 관점은 여성의 경험에 기반한 성의 폭력적 측면을 중시하고, 그에 대한 저항을 보인다는 점에서 그 저항의 방향은 다르지만 서로 공통점을 지니고 있다.
또한 성에 관한 이러한 관점은 청소년이 이성교제를 경험하는 과정에서 스스로의 행위를 판단하는 기준이 되고 있을 뿐만 아니라 기성세대가 청소년의 이성교제를 판단하는 준거가 되고 있기도 하다.

2. 청소년기 성 발달

1) 사춘기의 발현

신체 변화는 청소년기를 특징짓는 가장 큰 변화다. 청소년기는 사춘기로 시작된다. 사춘기는 영어로 'puberty'라고 하며, 라틴어의 'pubertas', 즉 '성장하다' '발모(發毛)하다'에서 유래되었다. 이는 신체적 성장과 제2차 성징(sex character)의 출현으로 인한 생물학적 변화를 뜻한다. 사춘기는 육체적으로나 정신적으로 어린이에서 성인으로 변화를 시작하는 2차 성징이 나타나는 시기로 이때부터 남성과 여성으로서 생식기능을 갖게 된다. 사춘기에는 성호르몬 분비가 증가함에 따라 성적 성숙이 명확하게 나타나 2차 성징과 성장 급등이 나타나게 된다.

사춘기의 변화는 인간에게 일어나는 보편적 현상이지만 성별 차이와 개인 차가 있다. 남자 청소년은 고환과 음낭의 크기가 증가하고 음모가 발달하기 시작하며 음경의 성장 가속화가 이루어진다. 사춘기 여자 청소년의 첫 성숙의 징후는 보통 유방의 발달로 나타나며, 4~5년 후 유방의 발달이 완성된다. 또한 음모와 겨드랑이 털이 나고 성기 주변 외음부가 발달하게 되며 골반이 발달하면서 어깨 너비보다 엉덩이 둘레가 커지게 된다. 이 시기에 여자 청소년의 신장과 체중도 급성장하게 되는데, 급성장의 최고점이 지난 후 초경을 시작하게 된다.

우리나라 청소년의 신체발육상황은 지속적으로 향상되고 있다. 1972년부터 2020년까지 지난 약 50년간 초등학생의 키를 비교해 본 결과, 남학생의 경우 초등학교 4학년은 1972년에 126.9cm이었던 것이 2020년에는 139.8cm로 12.9cm가 커졌고, 여학생은 같은 기간 동안 125.9cm에서 139.1cm로 13.2cm 커졌다. 중학생도 이전보다 약 10cm 정도 커졌고, 고등학생도 5cm가량 커진 것으로 나타났다. 예전보다 키가 커지면서 체중도 늘어났다(교육부, 2020). 또한 사춘기를 경험하는 시기도 점차 빨라지고 있다. 여자 청소년의 초경연령은 1988년 출생아의 경우 13.0세였던 것이, 2003년 출생아는 12.6세로 15년간 약 5개월 초경 연령이 앞당겨졌다. 성조숙증에 해당하는 조기 초경도 2006년 1.8%에서 2015년 3.2%로 증가하고 있다(매경이코노미, 2020). 사춘기 신체발육의 가속화는 생활수준이 높아짐에 따라 건강, 영양, 심리적 보살핌 등 이전보다 좋아진 환경적 요인의 영향으로 나타나는 현상이다. 청소년의 성 발달이 빨라짐에 따라 성적 관심도 이전보다 빨리 나타나면서 청소년 성문화에 영향을 미치게 되었다.

2) 성 발달이 청소년에게 미치는 영향

사춘기 남자 청소년은 심리적 자극을 받거나 혹은 자극이 없을 때에도 자연스럽게 음경이 쉽게 발기한다. 특히 선정적인 장면, 음악, 소리 등의 성적 자극에 민감하게 반응하게 된다. 간혹 특별한 이유 없이 발기되기도 하는데, 이에 대해 자연스럽게 느끼기도 하지만 통제할 수 없어 걱정하거나 당황하기도 한다. 남자 청소년들은 몽정을 통해 첫 사정을 경험하는 경우가 있다. 성교육이나 인터넷을 통해 성 정보를 접하여 몽정에 대해 알고 있는 경우 걱정을 덜 하지만, 초기 청소년기에 외부로부터 적절한 정보를 얻지 못할 경우 고민을 하기도 한다.

여자 청소년도 사춘기 신체 변화에 대해 준비하지 못한 경우 불편함을 경험하게 된다. 유방이 발달하기 시작하면 외부의 작은 자극에도 통증을 느끼기 때문에 불쾌함과 일상생활의 불편을 겪을 수 있다. 특히 월경을 시작한다는 것은 큰 변화다. 월경은 성적 성숙을 나타낼 뿐 아니라 임신과 출산을 할 수 있다는 증거다. 여자 청소년 중 일부는 월경을 자랑스럽게 받아들이기도 하지만, 수치심이나 위험으로 느끼는 경우도 있다. 특히 부모나 친구들이 월경에 대해 부정적 입장을 취하게 되는 경우 부정적으로 인식하게 된다. 월경을 상처를 입어 피가 나는 현상으로 이해하거나, 월경을 하는 과정에서 월경증후군(두통, 경련, 복통, 요통, 심리적 불안, 식욕증가 등)을 동반하게 되는 경우 여자 청소년은 스스로 여성인 것에 대해 부정적으로 인식하게 될 수 있다. 이런 경우 부모나 교사 등 주변 성인들의 현명하고 이해적인 태도가 부정적 인식을 감소시킬 수 있다. 특히 어머니가 월경에 대해 긍정적 태도를 가지고 월경의 자연스러움에 대해 설명해 주고 성숙에 대한 자랑스러움을 보여 주는 것이 도움이 될 수 있다.

청소년기 성 발달은 신체 변화에만 그치지 않는다. 이 시기의 이성에 대한 호기심은 매우 자연스러운 현상이다. 이전에는 동성 친구에게 집중했던 관계가 이성 친구에게 집중되고, 이성교제에 대한 관심과 시도가 시작되며 사랑의 감정을 경험하게 된다.

3. 청소년의 사랑

1) 스턴버그의 사랑의 삼각형 이론

스턴버그(Sternberg, 1986)는 사랑에 대한 열정적·온정적 태도에 관한 연구를 통해 사랑의 삼각형 이론을 발전시켰다. 스턴버그가 제시한 사랑의 요소에는 열정, 친밀감, 헌신이 있다.

(1) 열정

열정(passion)은 사랑하는 사람에 대한 성적 욕망을 갖게 한다. 열정은 사랑하는 상대를 향한 열정적인 감정, 신체적 매력, 성적 욕구를 증진시키는 동기를 포함한다. 상대에 대한 열정의 감정은 중독과 같아서 열정이 강한 사람은 상대가 곁에 없으면 견디지 못하고 상대를 계속 그리워하게 된다. 사랑하는 사람과 떨어져 있으면 상사병을 갖게 되면서 상대를 갈망하게 하는 것이 열정이다. 사랑하는 사랑과의 결합에는 생리적 차원의 욕구나 흥분이 필요하기 때문에 열정을 사랑의 동기적 요소라고 한다. 열정은 성적 욕구가 주요 부분을 차지하기 때문에 감정이 급속도로 증폭되지만, 쉽게 사그라들 수 있다.

(2) 친밀감

친밀감(intimacy)은 사랑하는 상대와의 정서적인 연결감에 해당한다. 친밀감이 있으면 상대가 나를 지지해 주고, 이해해 준다는 것을 느끼게 되고 함께 행복하고 의지하게 되며 의사소통이 잘되는 사이가 된다. 사랑하는 사람과 친밀감을 갖게 되면 자신의 비밀을 상대와 나눌 수 있고, 서로의 비밀을 지켜 주

고 보호해 줄 수 있다. 친밀감을 갖기 위해서는 일정 시간을 공유하면서 서로
의 정서적 지지자가 되어야 한다. 이러한 차원에서 친밀감을 사랑의 정서적 요
소라고 한다.

(3) 헌신

헌신(commitment)은 사랑의 사고적이고 인지적인 측면으로 사랑을 지속시
키려는 의지에 해당한다. 헌신은 사랑하는 사람과의 어려움이 있더라도 의식
적인 결단을 통해 상대와의 관계를 유지하려는 결단과 책임감이다. 이는 내가
상대방을 사랑해야겠다고 결심하는 것과 그 결심을 지속시키는 의지인데, 여
기에는 상대의 단점을 포용하는 의지도 포함한다. 이러한 결정은 순간적인 감
정이 아닌 의식적인 판단에 의해 이루어지기 때문에 헌신을 사랑의 인지적 요
소라고 한다.

[그림 11-1] 사랑의 삼각형 이론

출처: Sternberg (1986): 채규만(2016) 재인용.

2) 사랑 유형

스턴버그의 사랑의 세 요소의 결합을 통해 여덟 가지 유형을 구분할 수 있다. 시간이 지나면서 변해 가는 것이 사랑의 형태인데, 이는 시간이 지나면서 사랑의 세 요소의 비중이나 강도가 달라지는 것을 의미한다.

표 11-1 스턴버그의 '사랑의 3요소'와 사랑의 형태

사랑의 형태	사랑의 요소		
	정서	동기	인지
	친밀감	열정	책임
우정(friendship)	○	×	×
열정적 사랑(infatuation)	×	○	×
공허한 사랑(empty love)	×	×	○
낭만적 사랑(romantic love)	○	○	×
얼빠진 사랑(fatuous love)	×	○	○
우애적 사랑(companionate love)	○	×	○
완전한 사랑(consumate love)	○	○	○
사랑이 아닌 것(nonlove)	×	×	×

출처: 윤가현, 양동옥(2016).

(1) 비(非:) 사랑(nonlove): 세 가지 요소가 모두 약한 상태

어떠한 사랑이든 세 요소 중 최소 하나라도 강해야 지속된다. 사랑의 요소가 모두 약한 상태는 사랑이 아니다.

(2) 우정(friendship): 친밀감

친밀감 요소만 강한 형태의 사랑은 우정이다. 이런 형태의 사랑은 플라토닉 사랑(plaronic love), 즉 정신적 사랑에 해당한다. 상대를 좋아하는 것은 상대에게 따뜻함을 느끼는 감정이다. 친밀감이 있는 관계는 서로의 일상과 고민을 나

누게 된다. 우정은 주로 친구에게 느끼는 감정에 해당한다.

(3) 열정적 사랑(infatuation): 열정

열정만 강한 사랑을 열정적 사랑이라 한다. 상대를 맹목적으로 사랑하는 것을 열정적 사랑이라 한다. 가장 흔한 예로 첫눈에 반하는 사랑이 열정만 가진 사랑인 경우가 많다. 보통 청소년기 사랑은 상대방에 대한 열정에서 시작되는 경우가 많은데, 이때 상대는 자기에 대한 관심을 보이지 않기 때문에 짝사랑이 되어 버린다. 열정적 사랑을 하게 되면 상대에 대해 이성적으로 생각하기보다 이상적으로만 바라보게 된다.

(4) 공허한 사랑(empty love): 헌신

공허한 사랑은 사랑의 인지적 요소만을 갖고 있다. 오로지 의무감으로 사랑의 관계를 유지하는 사랑이다. 과거에는 얼굴도 모르는 사람과 중매로 결혼하였는데, 이런 경우 공허한 사랑이라 할 수 있다.

(5) 낭만적 사랑(romantic love): 친밀감+열정

낭만적 사랑은 친밀감과 열정만 강한 사랑이다. 첫눈에 반한 사람과 서로 가까워지는 관계를 유지하는 것으로, 흔히 에로스(eros)라고 알려져 있다. 청소년기의 사랑은 대부분 에로스에 속한다.

(6) 우애적 사랑(companionate love): 친밀감+헌신

우애적 사랑은 친밀감과 헌신만 강한 사랑이다. 흔히 오래된 연인이나 부부가 친구처럼 지내는 경우에 해당한다. 오래된 관계에서는 처음 사랑할 때의 열정은 식었지만 친밀감과 헌신으로 관계를 유지할 수도 있다.

(7) 얼빠진 사랑: 열정+헌신

열정과 헌신이 강한 사랑을 얼빠진 사랑 혹은 어리석은 사랑이라고 한다. 처음 만난 지 일주일 만에 결혼을 약속하고 한 달 만에 결혼을 한 경우가 그 예다. 얼빠진 사랑은 열정이나 언약이 매우 빠르게 발달하지만, 친밀감이 주는 안정성이 결여되어 있어 장기적인 관계를 유지하기 힘들다.

(8) 완전한 사랑: 친밀감+열정+헌신

완전한 사랑이란 친밀감, 열정, 헌신이 모두 충분한 사랑이다. 완전한 사랑이 불가능한 것은 아니지만, 완전한 사랑에 도달하는 것이 쉽지는 않다. 완성된 사랑에 도달했다 하더라도 그 상태를 지속하는 것도 어렵기 때문에 완전한 사랑에 이르기 위해서는 두 사람이 끊임없이 노력해야 한다.

처음 시작한 사랑의 모습을 그대로 유지하면서 변하지 않는 사랑은 없다. 즉, 사랑의 유형 중 한 가지에만 머무르는 사랑이 없다. 일반적으로 사랑의 초기에는 열정의 요소가 많지만 시간이 지나면서 친밀감과 헌신의 요소가 많아지게 된다. 많은 사람이 자신이 하는 사랑의 모습이 변한다는 것을 모르기 때문에 시간이 지나면서 변해 가는 관계에 실망하고 사랑을 발전시키지 못한다.

사랑이 시작될 때는 열정이 크지만 시간이 지나면서 함께 공유하는 시간이 많아짐에 따라 친밀감이 커지게 된다. 헌신은 느리게 증가하지만, 한번 커지면 갑자기 커지기도 한다. 친밀감과 헌신은 계속 성장하지만, 열정은 빨리 식어 버리는 경향이 있다. 사랑을 잘 유지하기 위해서는 열정이 식기 전에 친밀감과 헌신을 쌓아 진정한 사랑으로 변화하는 노력이 필요하다. 사랑을 유지하기 위해서는 상대의 감정과 필요에 관심을 갖고 개방적인 자세로 충분히 대화하고, 열정이 식지 않도록 노력하는 자세도 사랑을 유지하는 데 필요한 자세다.

청소년의 사랑에는 열정이 가장 큰 특징으로 꼽힌다. 열정만 가진 사랑은 쉽게 식고, 자신이 기대하는 상대의 모습이 나타나지 않을 때 쉽게 상대를 떠나게 된다. 이로 인해 청소년들은 이성과 교제하면서 상대에게 단기간에 푹 빠져 이성적인 판단을 제대로 못하는 경우가 많고, 교제하는 과정에서 상대에게 실망하면 쉽게 관계를 끝내기도 한다.

3) 청소년 이성교제: 만남과 이별

입시 중심의 우리나라 문화에서는 학생인 청소년의 이성교제에 대해 부정적으로 바라보았다. 우리나라에서는 청소년 연애라는 말 대신 청소년 이성교제라는 표현을 사용한다. 이는 청소년의 사랑을 인정하지 않는 사회적 기준을 드러내는 부분이다. '이성교제'라는 용어는 국어사전에 기재되어 있지 않음에도 불구하고, 청소년의 이성 간의 사랑을 '이성교제'라고 하는 이유는 청소년이라는 특수성 때문이다. 청소년기에는 친근하게 지내는 이성이 있으면 이성교제를 한다고 생각하거나, 자신과 이성 간의 관계가 애인관계인지 우정인지 확신하는 못하는 경우도 있어 그 개념 정의가 모호한 면이 있다(김지하, 정동욱, 2008).

청소년기에는 성 발달로 인해 이성에 대한 호기심이 급증하는 시기이고 많은 청소년이 이성교제를 해 보고 싶어 하며, 청소년 스스로 이성교제에 대해 자연스럽게 받아들이게 된다. 청소년기가 되면 자연스럽게 또래 이성과의 접촉 빈도가 증가하게 되면서(한상철, 2000) 이성교제의 기회도 늘어난다. 이성친구가 없는 청소년들은 스스로를 '모솔(모태솔로)'이라고 칭하며 이성친구가 없는 것 자체가 문제라고 생각하기도 한다. 이성교제를 하지 않는 경우 자신이 신체적 매력이 없다고 평가하면서 자아존중감을 저하시키기도 한다(장미수 외, 2013). 다양한 연구에서 청소년의 이성교제 경험 비율은 50% 내외이고(조승희, 2004; 정유진, 2017), 이성교제를 처음 시작하는 시기는 대략 초등학교 때가 40%, 중학교 때가 47%(김현옥 외, 2007)로 나타나고 있다. 이를 통해 청소년의 이성교제는 이른 시기에 시작되고, 청소년들이 이성교제에 대해 자유로운 문화를 형성하고 있다는 것을 알 수 있다.

(1) 청소년 이성교제의 요소

청소년 이성교제는 근접성, 유사성, 상호성의 요소가 작용할 때 이루어질 수 있다. 이 세 가지 요소는 다음과 같은 특성을 지니고 있다(조아미 외, 2013).

① 근접성

이성교제를 하기 위해서는 사람들을 만날 기회를 가져야 한다. 누군가를 만난다는 것은 그와 한 공간에서 활동했다는 것이다. 청소년들은 대체로 학교, 학원, 종교단체 등에서 이성을 만나게 된다. 같은 공간에서 활동하면 상대에 대해 더 잘 알 수 있고, 상대에 대한 호감을 느낄 수 있는 기회도 갖게 된다. 잦은 만남은 상대의 행동을 예측할 수 있어 상대에 대한 편안함을 느낄 수 있다.

② 유사성

두 사람이 서로 비슷한 생각을 하고 같은 것에 관심을 갖고 있는 것은 서로를 좋아하는 데 중요한 요소가 된다. 서로의 가치관이 유사하거나 같은 취미, 종교를 가지면 함께 시간을 보낼 가능성이 높아진다. 유사한 두 사람은 서로의 감정에 공감하지만, 그렇지 않으면 상대를 이해하기 어려워 갈등이 생길 수 있다.

③ 상호성

청소년이 이성교제를 하기 위해서는 어느 한 사람만 상대를 좋아하는 것이 아니라 내가 상대를 좋아하는 만큼 상대도 나를 좋아한다는 확신이 있어야 하며, 서로에 대해 긍정적으로 생각해야 한다. 서로 좋아하는 감정을 주고받을 때 이성교제의 관계를 시작하고 유지할 수 있다. 한쪽만 좋아하는 감정이 있을 경우 짝사랑으로 끝나게 된다.

(2) 청소년 이성교제의 순기능

청소년의 이성교제는 자신의 정체성을 형성하고 또래들과의 원활한 관계, 성의 발달 등 여러 긍정적인 측면과 관련성을 지니고 있다. 따라서 청소년의 이성교제는 문제행동이나 비행이 아닌 모든 청소년이 성취해야 하는 과업이라 할 수 있다. 청소년기 이성교제는 청소년에게 긍정적인 영향을 미치는 측면이 있다(최지웅 외, 2023).

① 자기 이해 향상

이성교제는 청소년으로 하여금 자아성찰 및 정체성 발달의 계기가 된다. 새로운 이성을 만나면서 기존에 자신이 가지지 못했던 새로운 관점으로 세상을 보기도 하고, 자신이 이성을 어떻게 대하는지도 알 수 있다. 이성교제 과정에서 자신이 좋아하는 것에 대해서도 탐색해 볼 수 있는 기회를 가질 수 있고, 자신의 감정에 대해서도 깊이 있게 바라볼 수 있다. 또한 이성을 통해 심리적 지지 경험을 받게 됨으로써 자존감 증진 및 자아성숙에 긍정적 영향을 받게 된다. 정서적으로 불안한 청소년기에 이성교제를 통해 정서적 안정감을 획득하고, 사랑을 경험함으로써 심리적 안정감을 얻기도 한다.

② 대인관계 역량 향상

청소년은 자신의 이성교제 경험을 동성친구들과 나눔으로써 서로 공감하는 경험을 하게 된다. 이성교제를 통해 또래와 새로운 주제를 나누게 됨으로써 또래관계가 확장되고 동성친구에 대한 이해도 증진한다. 청소년은 이성교제를 하면서 한 사람과 밀접한 관계를 형성하게 된다. 이 과정에서 상대가 나와는 다른 사람이라는 것을 알게 되고, 개개인의 특성을 포용하는 노력도 해 보게 된다. 또한 이성교제 상대는 동성친구와는 다른 특성을 가지고 있기 때문에 이성교제를 통해 이성과 동성의 차이점을 이해할 수 있게 되고 이성과 소통하는 방법을 배울 수 있는 기회를 가질 수 있다. 나아가 이성교제를 시작하면서 부모님에게 이성교제에 대한 조언을 들으면서 대화의 주제가 더 다양해질 수 있다. 이렇듯 이성교제로 인해 청소년은 주변인들과 깊이 있는 관계를 형성할 수 있는 능력이 향상된다.

③ 사랑에 대한 적응성 향상

청소년은 이성교제를 통해 사랑에 대한 가치관을 형성하게 된다. 연애 상대에게 공감하고, 호감을 얻는 방법도 배우게 된다. 이렇듯 이성교제는 청소년에게 적응적인 연애에 대한 태도 및 관점을 습득하고 연애 관계를 유지하는 방법이나 기술을 배울 수 있는 기회를 제공한다. 또한 미래의 연애에 관한 긍정적 참조 체계를 형성하게 한다. 청소년기 이성교제 경험을 토대로 성인이 되었을 때 이성을 선택하는 기준을 갖게 되는 등 이전보다 더 보완된 교제를 할 수 있게 된다.

④ 의사소통 기술 및 역량 증진

이성교제는 청소년으로 하여금 이전과는 다른 의사소통 기술을 요구한다. 이성교제 과정에서 청소년은 자신의 의견을 제시하는 법과 나와 다른 상대의 의견을 수용하는 방법을 배우게 된다. 또한 이성교제 시 갈등을 해결하는 과정에서 문제해결 능력을 키울 수 있다. 이러한 경험은 이성교제 상대와의 관계뿐 아니라 전반적인 대인관계에 긍정적 영향을 미칠 수 있다. 청소년은 이성교제 과정에서 잦은 감정 기복을 경험하면서 자신의 감정을 조절하고 감정을 표현하는 기술도 향상시킬 수 있다. 또한 이성교제 과정에서 애정을 가진 사람과의 대화 경험은 경청 및 공감 능력을 향상시킨다. 이성교제 과정에서의 이러한 경험은 타인과의 의사소통 능력 향상에도 긍정적인 영향을 미치게 된다.

⑤ 심리적 안녕감 향상

청소년은 이성교제를 통해 새로운 여가와 취미의 경험을 갖게 된다. 이성친구와 새로운 여가생활을 하고 새로운 것을 시도해 보는 것은 청소년의 삶에 활기를 더한다. 이성교제 상대가 청소년에게 동기부여를 주는 대상이 될 수도 있다. 청소년기는 특히 학업에 대한 스트레스가 심한 시기다. 이 시기에 자신의 고민을 이성교제 상대와 나누면서 학업 스트레스를 함께 이겨 내기도 한다. 또한 이성교제를 하면 이전보다 외모에 더 신경을 쓰게 된다. 건강한 외모를 갖기 위해 생활 습관을 개선하고, 자신에게 맞는 스타일을 탐색하고, 좀 더 나은 자신을 위해 다이어트, 운동, 피부 관리 등 자기 관리를 하면서 외적 자기계발의 기회를 갖게 된다.

(3) 이성교제를 하는 청소년이 겪게 되는 어려움

① 주변인과의 갈등
청소년들이 이성교제를 하는 데 있어서 가장 큰 주변의 갈등 요소로는 부모와의 관계가 있다. 청소년들은 부모보다 이성교제에 대해 긍정적으로 인식하며, 부모에게 자신의 이성교제를 지지받기를 원한다. 사회가 변화하여 청소년의 이성교제에 대한 인식이 긍정적으로 변했음에도 불구하고, 부모는 자녀의 이성교제의 부정적 측면을 고려하여 우려하는 모습을 보이기도 한다. 특히 이성교제가 자녀의 학업과 대입에 장애물이라고 인식하면서 자녀의 이성교제에 개입하여 자녀와 갈등을 경험하기도 한다(이선영 외, 2013). 이성교제에 관여하는 부모는 긍정적 관여, 부정적 관여, 자율지향적 관여로 구분된다(Kan et al., 2008). 긍정적 관여는 이성교제에 관해 청소년 자녀를 지지해 주는 유형이고, 부정적 관여는 이성교제로 인해 청소년 자녀가 잘못되지 않을까 걱정하여 제지하거나 제한하는 유형이다. 자율지향적 관여는 이성교제에 관해 청소년 자녀에게 자율권을 허용하고 스스로 결정하도록 하는 유형이다.
이성교제를 하는 청소년은 동성친구 집단과의 갈등을 겪기도 한다. 이성과 교제를 하기 시작하면서 함께 어울리던 동성친구 집단과 어울릴 시간이 부족

해지고, 동성친구보다 이성친구를 우선순위에 두게 되면서 동성친구들과 일
시적으로 거리가 멀어지기도 하는데(최지웅 외, 2023), 이 과정에서 동성친구와
갈등을 경험하게 된다.

② 자기계발 저하

이성교제는 청소년으로 하여금 학업에 소홀해지게 만들기도 한다. 이성교
제에 많은 시간과 노력을 쏟다 보니 학업에 부정적 영향을 주기도 하는 것이
다. 또한 여가시간을 주로 이성교제 상대와 보내다 보니 여가생활에 제한을
겪을 수도 있다. 또한 과도한 데이트 비용과 선물비용을 지출할 경우 금전적
으로도 어려움을 경험하기도 한다. 이로 인해 자신에게 투자할 시간과 돈이
부족해지게 된다.

③ 이성교제 상대와의 다툼

이성교제를 하면 누구나 상대방과 갈등을 경험한다. 처음 이성교제를 하는
청소년들은 이성과의 갈등과 다툼에 익숙하지 않아 당황스러움을 경험하게
된다. 이성교제 시 상대가 다른 이성을 만날 경우 크게 다투기도 한다. 청소년
은 이성교제 상대가 다른 이성인 친구들과 만나는 것에 대해 부정적으로 생각
하는 측면이 있다. 이로 인해 이성교제하는 청소년들은 이성인 친구들과의 관
계가 좁아지기도 한다. 이성교제 시 갈등은 누구에게나 일어날 수 있는 일이지
만, 해결방법은 사람에 따라 다를 수 있다.

최근에는 청소년의 데이트폭력에 대한 문제도 심각하게 나타나고 있다. 청
소년이 이성교제 시 갈등 과정에서 물건을 집어 던지거나 때리는 등 신체적 폭
력을 행사한 경우는 20.1%다. 특히 평소 부모 간 폭력을 목격했거나 폭력에
허용적인 청소년일수록 데이트폭력에 대해서도 허용적인 경향을 보인다(신혜
섭, 양해원, 2005). 청소년기 이성교제 시 이성과의 관계를 어떻게 경험하는지
는 이후 성인기 이성과의 관계에도 영향을 미친다.

④ 성행동 갈등

부모와 기성세대가 청소년의 이성교제에 대한 우려의 시각을 갖는 이유 중 하나는 이성교제를 하면서 일어날 수 있는 성행동에 대한 위험성 때문이다. 최근 청소년은 성에 대한 개방적 자세를 보이고 있고, 청소년 성행동에 대해 긍정적인 시각이 늘어나고 있다. 실제 이성교제를 하는 청소년의 47.1%가 성관계 의향을 가지고 있기도 하다(이창식, 김윤정, 2005).

청소년들은 이성교제를 하면 키스 정도의 스킨십은 해도 된다고 생각하는 경우가 많다. 하지만, 모든 청소년이 같은 수준의 스킨십을 원하는 것은 아니며 특히 이성교제 상대와 자신이 생각하는 스킨십 가능 수준이 다른 경우가 대부분이다. 이로 인해 성행동 갈등을 경험하게 된다. 자신이 기대하는 성행동을 할 경우 설레고 환상적인 기분을 느끼기도 하지만, 자신이 원하지 않는 성행동을 할 경우 죄책감을 동반하게 된다(강석형, 2013).

이성교제 시 청소년의 성관계 동기에 있어 남녀의 차이가 있는데, 여자청소년의 경우 정서적 요인인 반면 남자청소년은 쾌락과 재미가 높게 작용한다(이선경, 2000). 이로 인해 이성교제 과정에서 성관계 후 임신에 대한 불안과 위험은 여자청소년의 몫으로 남는 경우가 많다.

⑤ 이별 경험

이별은 실연(lost love)이라고 한다. 이별 후에는 사랑을 통해 얻었던 기쁨과 희망, 설렘 등을 모두 잃어버리게 된다. 이별의 고통과 아픔은 사랑을 잃은 사람이면 누구나 경험하는 일로 우울, 자존감 저하, 집중력 저하, 부정적 정서, 공허감, 고립감 및 불안감을 경험하게 된다. 청소년기 이성교제는 성인에 비해 자주 시작되고 끝나지만, 청소년들은 어떻게 이별을 고하거나 이별을 받아들여야 하는지, 이별 과정에서 나타나는 상실감에 어떻게 대응해야 하는지 잘 모를 수 있다. 사랑했던 이성과 이별한 청소년은 이별로 인한 부정적 감정을 잊기 위해서 술을 마시는 것과 같은 일탈을 하거나 자기의 일을 제대로 하지 못하는 등 무기력한 일상을 반복하기도 한다(신수빈, 2012; Kelly, 1981). 또한 자신의 행동을 후회하거나 자신을 평가절하하는 등 부정적인 인지변화가 나타나기도 한다. 때문에 이별을 경험했던 청소년 중에는 또 다시 이별을 경험할 것이 두려워 새로운 이성교제를 피하는 경우도 있다(차승희, 1993). 특히 이별과정에서 여러 가지 폭력에 노출된 경우 이성에 대한 의심과 불안이 생겨나게 된다. 이별 후 사랑의 상실에 대한 분노, 슬픔, 두려움, 아쉬움을 포함한 충분한 애도가 필요하며 이별의 과정을 잘 거쳐야 일상으로 복귀할 수 있기 때문에 부정적 감정에 대한 수용이 필요하다.

이별에 부정적인 측면만 존재하는 것은 아니다. 청소년에게 이별은 힘든 경험이 될 수도 있지만, 동시에 새로운 능력을 발견하고 도전을 경험하여 결과적으로 한 개인을 성장으로 이끌기도 한다. 이별 후 자기계발이나 일에 몰두함으로써 이별의 아픔을 극복하기도 하고, 이별을 극복하기 위해 사회적 지지 자원을 찾거나 내적 변화를 위해 노력하면 이별 후 삶이 더욱 풍부해지고 단단하게 성장할 수 있다(김윤리, 2014). 청소년은 이별을 통해 자신의 감정을 더 잘 조절할 수 있게 되고 독립심과 자신감이 증가하며, 새로운 파트너를 선택할 수 있는 안목을 가질 수 있다. 이렇듯 청소년의 이별 경험이 자기발전으로 이어지기 위해서는 부모와 주변인의 지지가 필요하다.

4. 건전한 청소년 이성교제의 방향

1) 성공적인 이성교제를 위한 조건

청소년기 이성교제 경험은 개인의 자존감을 향상시킬 뿐 아니라 성인이 된 후 이성과의 관계 시에도 준거 기준이 된다. 청소년기의 긍정적인 이성교제 경험을 위해서는 몇 가지 조건이 따른다.

① 자기 탐색과 자기애

모든 인간관계의 시작은 자신에서 출발한다. 자신의 가치관, 욕구, 강점과 약점 등 자신에 대해 제대로 알고 있는 사람은 타인과의 관계에서 발생하는 다양한 상황에서 보다 잘 대처할 수 있다. 자신을 사랑하지 않는 사람은 타인과의 관계가 불안정하다. 자신을 사랑하는 사람은 자신의 의견을 잘 표현하고 동시에 타인의 의견에 수용적 태도를 갖기 때문에 타인과 건강한 관계를 유지할 수 있다. 자신을 사랑하지 않는 사람은 타인에게 너무 의존하거나 타인을 신뢰하지 못하기 때문에 오해하기 쉽고 이성교제 시 많은 문제가 발생할 수 있다.

② 신뢰하고 배려하기

건강한 인간관계에서 신뢰와 배려는 기본 요소다. 이성교제에서는 특별히 신뢰와 배려가 요구된다. 상대에게 자신을 있는 그대로 개방했을 때 인정받고 수용받으면 상대방을 신뢰할 수 있다. 특히 갈등 상황이나 위기 상황에서 상대를 배려하는 자세를 보이는 것은 신뢰를 갖게 한다. 신뢰는 시간을 두고 서로를 위해 노력하고 희생하면서 키워 나갈 수 있다.

③ 정직하기

이성과의 관계에서 솔직함은 관계 유지의 매우 중요한 요소 중 하나다. 위기를 모면하기 위해 상대방을 속이고 거짓말을 하는 것은 긴밀한 관계의 저해 요인이 된다. 깊은 친밀감을 형성하려면 내적인 모습까지 공유할 수 있어야 하는데, 솔직한 대화가 이뤄지지 않는다면 이성 간에 깊은 친밀감은 형성할 수 없게 된다. 이성교제 시 상대가 거짓말을 했다는 것을 알게 되면 신뢰는 깨지고 이별의 원인이 되기도 한다. 그러나 지나치게 상대방의 사생활에 대해 알려고 캐묻는 것도 관계 유지에 어려움을 줄 수 있다.

④ 갈등 관리하기

이성교제를 하다 보면 항상 좋은 상황만 발생하는 것은 아니다. 이성교제는 각기 다른 삶을 살아온 두 사람이 만나 하나의 팀을 이루는 과정이다. 두 사람 간의 문화적 차이는 당연한 것이다. 어떤 문제 상황에서 서로의 다름을 인정하고 맞춰 갈 때 건강한 관계로 발전할 수 있다.

⑤ 서로의 성장에 관심 두기

건강한 이성교제를 하는 사람들은 각자의 영역에서 활동할 때에도 서로에게 힘이 되어 준다. 학생의 경우 학습에 방해가 되기보다는 학습의 격려자가 되어 주고, 힘들 때 의지할 수 있는 사람으로 존재한다. 이성교제를 하면서 상대방이 나로 하여금 더 성장하고 성숙할 수 있다면 그것은 아주 건강한 이성교제가 된다.

2) 성적 결정권 확립을 위한 성교육

성적 자기결정권이란 개인이 성적 주체성을 가지고, 자신의 성적 욕망에 의한 성적 행위를 자율적으로 선택할 수 있는 권리다(이원준, 이희진, 2023). 즉, 자신의 성적 요구를 상대에게 요청하거나 자신의 의사에 반한 상대의 성적 요청에 대해 거부할 수 있는 것을 말한다. 하지만 이러한 성적 의사소통은 성인에게도 쉽지 않은 일이다. 성을 터부시하는 시기에 교육을 받은 기성세대는 성에 대해 공개적으로 말하는 것을 꺼린다. 성에 대한 정보가 난무하는 사회에서 성에 대한 터부시가 유지되는 우리 사회의 이중성은 청소년에게도 그대로 이어지고 있다. 성에 대해 어려운 기성세대가 청소년에게 성적 자기결정권을 알리기 위해서는 기성세대가 먼저 새로운 패러다임을 받아들이고, 성에 대해 개방적이고 수용적으로 다룰 수 있어야 한다.

사회적으로 청소년의 이성교제를 위험하다고 보는 시선의 이유를 살펴보면 성행동의 위험으로 귀결된다. 이로 인해 사회는 청소년이 성적 존재가 아닌 무성의 존재로 청소년기를 보내기를 바란다. 성이 주는 쾌락을 알고 있는 성인들은 청소년이 쾌락에 빠져 학업에 소홀하여 미래를 망가뜨릴 것에 대해 우려한다. 이로 인해 청소년에게 제공되는 성교육은 주로 성의 위험한 측면에 초점을 맞추고 있다. 성은 분명 청소년에게 위험한 요소일 수 있지만 그것이 전부는 아니다. 모든 인간은 전 생애를 성적 존재로 살아간다. 다만, 성 발달을 경험하게 되는 청소년기에 성적 존재로서의 자기를 처음 마주하게 된다. 그렇기 때문에 청소년 성교육은 청소년이 자신을 성적 존재로 인정하는 것에서 시작해야 한다. 청소년 성교육은 단순히 청소년기 성 위험을 피하는 것에 초점을 맞추기보다는 이후 성인이 되었을 때 행복한 성적 존재로서 삶을 영위할 수 있도록 그것을 준비하는 교육이어야 한다. 그렇기 때문에 성적 자기결정권에 대한 교육은 청소년에게 필수적이다.

타인의 성적 요구나 강제로부터 자신의 성적 자기결정권을 행사할 수 있기 위해서는 자신을 성적 주체로 인정하고 자신의 성적 바람에 대한 이해와 긍정이 필요하다. 그래서 성교육의 목적은 성 건강을 누릴 수 있는 능력을 촉진하는 것으로 개념화 된다. 또한 성교육은 발달과정에 있는 청소년들로 하여금 성에 대해 긍정적인 시각을 발전시키고, 건강하게 성을 누리기 위해 필요한 정보를 제공하고, 성경험을 언제 시작하고 언제 미룰 것인지에 대해 판단 할 수 있는 기술을 얻도록 도와주는 것이 되어야 한다(SIECUS, 2004). 이러한 성교육은 지금의 청소년의 건전한 이성교제에도 도움이 되지만, 지금의 청소년이 성인이 되었을 때 그 시대 청소년과 성에 대해 개방적이고 수용적인 자세로 건강하게 소통할 수 있도록 도울 것이다.

추가 수업활동

토의(토론) 주제

1. 청소년이 이성교제 시 가능한 스킨십은 어디까지라고 생각하는가?

2. 내가 생각하는 이상적인 연애 상대의 기준은 무엇인가?

추가 탐구 과제

1. 나에게 있어 성(性)이란 무엇인가?

2. 포함해야 할 내용

- 나의 성 태도 탐색

- 나의 성 태도에 영향을 미친 요인에 대한 분석

- 앞으로 내 인생에서 갖고 싶은 성 태도

3. 분량: A4 용지 2~3매

참고자료

🌐 관련 사이트

아하청소년성문화센터
(ahacenter.kr)

탁틴내일
(www.tacteen.net)

📖 관련 도서

이창욱, 조지은(2020). **청소년을 위한 연애 심리학**. 라의 눈.

황문수 역(2023). **사랑의 기술**(Erich Fromm 저). 문예출판사.

🎬 관련 영상

〈오티스의 비밀 상담소〉(2019)

제작: 로리 넌

출연: 에이사 버터필드, 질리언 앤더슨

키워드: 청소년, 성, 성상담

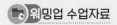

청소년의 '이' 문화, 생각보다 깊고 무궁무진합니다
https://www.youtube.com/watch?v=PrnP5DEKVTk

제**12**장

다문화 사회와 청소년

주요 내용

　우리가 살아가는 사회는 빠르게 변화하고 있다. 과거 우리 사회는 결혼과 혈연을 중심으로 한 가족형태가 대부분이었지만 가족의 형태도 과거 정상가족이라고 불렸던 모습에서 비혼, 이혼, 재혼, 한부모, 딩크, 1인 가구, 다문화 가족 등 다양하게 변하고 있다. 청소년이 앞으로 살아갈 사회에서는 서로의 다름에 대해 이해하고 수용하는 감수성이 매우 중요한 자질이 될 것이다.

　이 장에서는 변화하는 가족의 개념과 유형은 무엇인지, 다문화 사회는 무엇인지 알아 봄으로써 청소년이 살아갈 다문화 사회가 나아가야 할 방향성을 모색해 보고자 한다.

주요 수업과제

- 가족의 개념과 유형은 무엇인가?
- 다문화 사회란 무엇인가?
- 이주배경청소년은 누구인가?
- 다문화 사회와 관련된 정책은 어떤 것이 있는가?

1. 다문화 사회, 다양한 가족의 변화

1) 가족의 개념

'가족'이란 「건강가정기본법」의 정의에 따르면, "혼인 · 혈연 · 입양으로 이루어진 사회의 기본단위"이며, 사회에서도 이렇게 인식되어 왔다.

우리가 살아가는 사회는 빠르게 변화하고 있다. 과거에는 결혼과 혈연을 중심으로 한 가족 형태가 대부분이었다. 하지만 이러한 형태의 가족에서 벗어나려는 움직임과 새로운 방식을 구성하려는 현상이 동시에 발견되고 있다. 개별화의 욕구와 함께 친밀감과 돌봄의 욕구도 공존하기 때문이다. '가족다양성에 대한 국민인식조사'에 따르면, 2019년엔 가족 개념에 있어서 법적 혼인 ·

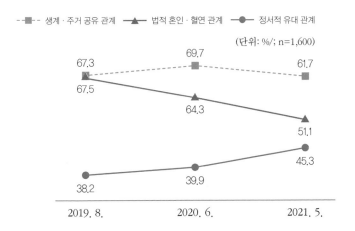

[그림 12-1] 가족 개념에 대한 인식 변화

출처: 여성가족부(2021).

---

* 이 장에서 말하는 다문화 사회는 이주민이 늘어난 사회만을 말하는 것이 아닌 다양한 문화가 증가한 사회를 말한다. 즉, 이주민을 포함하여 사회 전반에서 나타나는 다양성(인종, 국적, 성, 연령, 장애, 국가 등)이 증가한 많은(多) 문화를 말한다.

혈연관계만 가족이라는 응답이 67.5%였으나, 2021년엔 51.1%로 하락된 것을 볼 수 있다. 반대로 정서적 유대관계에 따른 개념은 2019년 38.2%에서 2021년 45.3%로 증가한 것을 통해 우리 사회가 가족 개념에 대한 인식이 매우 빠르게 변화하고 있는 것을 알 수 있다.

2022년도에 발표된 '한국인의 의식·가치관 조사'에 따르면, 과거와 현재의 결혼에 대한 인식을 볼 수 있다. 1996년에는 '결혼은 반드시 해야 한다'가

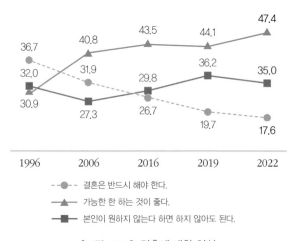

[그림 12-2] 결혼에 대한 인식

출처: 문화체육관광부(2022).

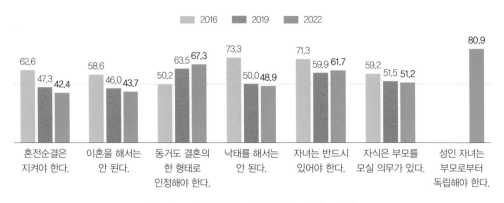

[그림 12-3] 결혼 및 자녀에 대한 인식(그렇다)

출처: 문화체육관광부(2022).

36.7%였지만, 2022년에는 17.6%로 줄어들었다. 또한 '자녀는 반드시 있어야 한다'는 2016년 71.3%에서 2022년 61.7%로 줄어들었으며, '동거도 결혼의 한 형태로 인정해야 한다' 등은 증가한 것을 볼 수 있다.

2021년에 발표된 '가족다양성에 대한 국민인식조사'에선 결혼이 '바람직하고 옳은, 당연히 해야 하는 것'이라는 규범적 태도가 지속적으로 약화되는 추세인 것을 볼 수 있다. 또한 전통적 가족의 모습인 3~4인 핵가족 유지에 대한 규범적 태도도 32.3%만 '가족의 해체를 야기할 수 있는 바람직하지 않은 현상'이라고 하였으며, 67.8%는 '사회변화에 따른 자연스럽고 불가피한 현상'이라고 하였다.

이처럼 가족의 형태가 변화하는 것에 따라 다양한 가족에 대한 인식도 변화하고 있다. 그렇기에 출산 이외에 '외국인과 결혼하는 것'(91.4%), '이혼이나 재혼하는 것'(87.6%), '성인이 결혼하지 않고 혼자 사는 것'(87.0%), '결혼한 부부가 자녀를 가지지 않는 것'(79.4%), '남녀가 결혼하지 않고 동거하는 것'(69.4%) 등으로 수용도가 높아진 것을 볼 수 있다.

이와 같은 다양한 결과를 통해서 우리 사회는 가족에 대한 인식도 매우 빠르게 변화하는 것을 알 수 있다. 그러나 여전히 다양한 가족에 대한 '편견을 가지고 있다'고 85.8%의 응답자가 대답을 하였고, 특히 30대, 학생, 미혼, 자녀 없

(단위: %/; n=1,600)

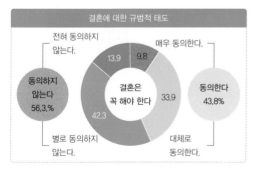

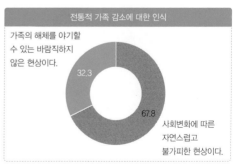

[그림 12-4] 결혼과 가족에 대한 전통적 인식 변화

출처: 여성가족부(2021).

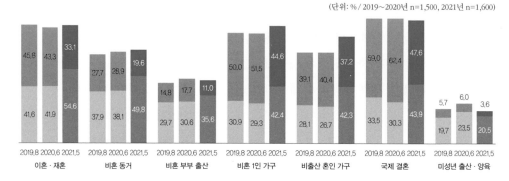

[그림 12-5] 다양한 가족에 대한 사회적 수용도(시계열)

출처: 여성가족부(2021).

음, 경제적 생활수준 낮음 층에서는 '사회적 편견이 감소하지 않았다'는 응답이 상대적으로 높았다.

또한 앞선 다양한 가족에 대한 사회적 수용도는 대체적으로 높은 데 비해 개인적 수용도는 상대적으로 낮은 것을 볼 수 있다. 이처럼 사회가 변화하고 이에 대해 인식의 변화는 있지만, 나와 연결하여 생각했을 때는 조금 더 보수적인 모습인 것을 볼 수 있다.

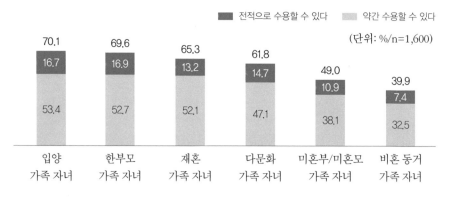

[그림 12-6] 다양한 가족에 대한 개인적 수용도

출처: 여성가족부(2021).

우리 사회가 다양해짐에 따라 가족의 개념뿐만 아니라 가족에 대한 인식도 변화하는 것을 볼 수 있다. 이 사회를 살아가는 청소년도 가족의 변화로 인해 삶의 방식이 변화할 수밖에 없다. 그렇기에 청소년이 살아갈 사회가 어떻게 변화하고 그로 인한 그들의 삶이 방식인 문화가 어떻게 변화하는지 알아보는 것이 필요하다.

2) 다양한 가족의 유형

라포폴트와 라포폴트(Rapoport & Rapoport, 1976)는 다섯 가지 유형의 가족 다양성을 제시하였다.

- **구조적 다양성**: 가정 내외의 다양한 패턴과 변화하는 결혼 추세로 인해 발생하며, 이혼 및 재혼으로 인한 '재구성된 가족'과 맞벌이 가족을 포함함
- **문화적 다양성**: 원주민부터 다양한 지역에서 이주한 가정을 포함함
- **사회계층의 다양성**: 가족의 물질적 자원, 부부간, 부모와 자녀 간의 관계, 자녀의 사회화 및 교육에서 다양성이 나타남
- **라이프 사이클 다양성**: 서로 다른 역사적 시기, 예컨대 대공황의 영향과 전쟁 경험, 최근 코로나19 등을 경험한 가족구성원과 그렇지 않은 가족구성원 사이에 다양성이 존재함
- **가족생활주기의 다양성**: 자녀의 출산, 영유아기, 아동기, 청소년기, 성인기 등 발달단계에 따라 다양성이 존재함(Bernardes, 1993)

김유경 등(2009)은 가족생애주기에 따른 가족 유형을 신혼 및 자녀출산기, 미취학 자녀기, 취학 자녀기, 성인 자녀 및 중년기, 노년기 가족으로 나눈다. 그러나 앞선 다양한 연구를 통해서도 알 수 있듯이, 우리가 살아가는 사회는 보다 더 다양한 형태의 가족이 존재한다. 가족의 유형은 어떠한 것을 기준으로

하여 분류하느냐에 따라 다르게 나타난다.

가족생활주기별로 유형을 나눠 보면, 독신, 자녀가 없는 젊은 부부, 자녀가 있는 젊은 부부, 어린 자녀가 있는 중년부부, 자녀가 없는 중년부부, 노부부 등으로 나눠진다. 가족구성원에 따른 유형을 살펴보면, 1인, 커플(부부, 동거 등), 한부모, 조손, 입양, 위탁, 3세대, 확대 가족 등으로 나눌 수 있다. 문화적 배경에 따른 유형을 살펴보면, 국적, 언어, 종교, 성정체성, 문화정체성, 지역(대도시, 중소도시, 농어촌 등)에 따라서 나눌 수 있다. 사회경제적 특성에 따른 유형을 살펴보면, 소득, 교육, 직업, 지위, 가족원의 근로 형태, 소득자의 수 등에 따라서 나눌 수 있다. 이 외에도 삶의 역사적인 경험(전쟁, 코로나19, IMF 등)을 한 사람과 그렇지 않은 구성원에 따라서 달라지기도 한다.

앞서 언급한 모든 유형들은 기준에 따라 더 세부적으로 나눌 수도 있다. 이처럼 우리가 살아가는 사회는 일일이 나열할 수 없을 만큼 다양한 삶의 형태를 가지게 되었다. 그렇기에 과거에서 말한 가족은 혈연과 결혼으로 이뤄진 단위라고 말하기에는 어려움이 있다. 1인 가구는 급격히 증가(2010년 23.9% → 2019년 30.2%)하였으며, 전형적 가족으로 인식되던 '부부와 미혼자녀' 가구비중은 감소 추세(2010년 37.0% → 2019년 29.8%)다. 가족 개념이 전통적인 혼인·혈연 중심에서 확장되고 있고, 비혼 출산, 동거 등 가족 형성의 다양화에 대한 수용도가 높아지는 경향을 볼 수 있다. 이는 여성가족부(2021)의 연구에서 '혼인·혈연 관계가 아니어도 생계와 주거를 공유하면 가족'이라는 데 대한 동의가 69.7%로 나타난 것을 통해서도 알 수 있다.

3) 가족의 역할과 기능

과거부터 가정에서의 교육은 매우 중요하게 여겨졌으며 다양한 역할과 기능을 가르쳤다. 전통사회에서 가족구성원 간의 역할과 기능은 지금보다 더 다양했다. 많은 활동이 가족을 중심으로 이뤄짐에 따라 물건을 생산하고 자녀들을 교육하는 것 등 많은 기능이 가족 내에서 이뤄졌다. 산업화 이후, 물건 생산 기능은 공장으로 옮겨졌고, 자녀 교육은 학교 공간으로 옮겨졌다.

이에 부모와 자녀의 관계에도 변화가 생겼다. 과거의 부모는 교육자로서 자녀들이 살아가는 데 지켜야 할 규칙을 가르쳤다. 자신이 해야 하는 일을 자발적으로 할 수 있는 태도와 독립할 수 있는 생활력도 가르쳤다. 지도자로서 자녀들의 삶의 목표, 방향 등을 직접 보여 주고 따라올 수 있도록 하였다. 상담자로서 부모는 자녀가 의사표현을 하고 자신의 감정을 표현할 수 있도록 하였다. 가족 안에서 사람과의 관계, 경제, 정신적 안정을 위한 심리적·사회적 관리자의 역할 등을 가르쳤다. 또한 마지막으로 부모는 변해 가는 사회 속에서 전통적인 가치기준과 사회의 관습 등을 아이들에게 전수하는 역할을 하였다. 이러한 부모와 가족의 역할을 통해서 자녀들은 자신에게 주어진 발달과업을 배워가며 성장하였다.

오늘날에는 가족의 형태가 다양하게 변화함에 따라 과거 해 왔던 역할들을 가족 내에서 다 해내기 어려워지게 되었다. 핵가족화, 맞벌이가족, 다문화가족, 한부모가족, 이혼·재혼가족, 조손가족 등 가족의 모습은 점점 다양해졌다.

2. 다문화 사회에서의 청소년의 삶

1) 다문화 사회의 도래

우리나라는 외국인 노동자, 결혼이민자, 유학생의 유입 등으로 국내 체류 외국인이 빠르게 증가하기 시작하였다. 2007년 체류 외국인이 100만 명을 넘어선 이후, 2018년 225만 명으로 전체 인구의 4% 수준으로 증가하였다. 이처럼 우리가 살아가는 이 시대는 국경을 넘는 이주가 매우 보편화되었다. 그러나 단순히 체류 외국인 수가 늘었다는 사실이 다문화 사회로의 진입을 나타내는 지표가 되는 것은 아니다. 다문화 사회라는 것은 인종과 국적 등을 넘어선 다양한 문화가 복합적으로 이루어진 사회를 말하는 것이라 할 수 있다.

다문화 사회에서는 인종, 국적, 성, 연령, 장애, 국가 등을 넘어서 누구나 같은 사람이라는 보편성이 존중되는 것이 매우 중요하다. 그러나 우리나라는 불과 10여 년 전만 하더라도 단일민족이라는 자부심을 가진 민족이라고 배우고 살아왔다. 이에 민족 또는 혈통 차원의 동질성을 기준으로 '국민인 자'와 '국민이 아닌 자'를 구분하는 유연하지 못한 국민 정체성을 오랜 시간 유지해 왔다.

우리나라가 다문화 사회로 이행되어 왔던 과정은 오랜 이민의 역사나 경험의 축적 과정이 없이 비교적 급작스러우면서도 짧은 기간 내에 압축적으로 이루어진 양상을 띤다. 우리 사회는 이주민으로 인한 갈등 경험이 많지 않고, 이민자나 인종과 관련된 사회 문제를 본격적으로 접해 본 적도 거의 없다. 이러한 경험의 부재는 이주민을 국민 또는 사회 구성원으로 받아들이는 데 있어서 소극적이라는 특성을 나타나게 하였다. 단일민족, 단일 혈통으로 한국에서 태어나고 자란 이들에 한해서만 국민 자격이 있는 것으로 인정하고, 이러한 요소들을 갖추지 못한 이들은 '완전한 국민'으로 인정하지 않는 폐쇄적인 태도가 지배적이었다. 그렇기에 우리 사회에서 국민은 함께 살아가야 하는 '시민'이라기보다는 가족을 중심으로 한 내집단에 가까운 관계로 특별한 의미를 지니고 있으며, 외국이주민을 국민으로 인정하는 데에도 소극적인 태도를 갖게 되는 것이다.

이러한 태도로 인해 우리 사회는 외국인에 대한 사회적 거리감이 클 뿐 아니라, 외국인을 동료나 친구, 이웃으로 받아들이는 것과 비교해 혈연이나 가족관계로 받아들이는 데 소극적인 태도를 보이게 된다. 국민 됨의 자격조건으로 혈통적 속성을 중시하는 태도는 민족적·문화적 소수자에 대한 배제와 차별로 이어지는 기저로 작용하기도 한다. 또한 결혼이주여성은 한국인 2세를 낳아 키운다는 의미에서 한국 사회에 동화되어야 할 대상으로 간주하였고, 이에 따른 문제점이 가시화된 결과가 우리 사회에서 다문화 담론이 촉발되는 계기가 되기도 하였다(민무숙 외, 2010). 우리 사회는 스스로 다문화 사회임을 표방하고 있으나, 정작 주로 한국 사회에서 통용되는 다문화의 개념은 문화의 다양성과 여러 문화의 공존이라는 개념보다는 국제결혼이주민 또는 이주 노동자의 복지와 지원이라는 제한된 부분에 초점이 맞춰져 있다는 것이 문제점으로 지적되고 있다(여성가족부, 2015).

2) 다문화 관련 용어 정리

우리 사회에서 '다문화'에 대해 논의가 시작되어 관련 법률과 정책이 나온 지 20여 년이 흘렀고, 이 사회를 살아가는 많은 구성원은 우리 사회가 '다문화 사회'라고 한다. 그럼에도 불구하고 '다문화'라는 말은 말하고 듣는 입장에 따라 그 의도와 해석이 각각 다른 경우가 많다. 다문화 사회를 살아가는 청소년이 건강하게 성장하고 건강한 사회가 되기 위해서는 우리 사회에서 '다문화'라는 말의 의미의 정립이 필요하다.

다문화 사회는 서로 다른 이주배경을 가진 이주민뿐 아니라 다양한 생활양식을 가진 사람들이 함께 어우러져 사는 사회를 말한다. 다문화 사회 속에서 '다문화'란 '문화'는 인간이 살아가는 총체적인 생활양식으로 이해해야 하며, 다양한 문화를 총칭하는 말로 이해해야 한다. 즉, 다문화 사회란 단지 인종이나 국가, 피부색 등에 따른 구분만이 존재하는 것이 아니며, 같은 언어를 사용하고 같은 민족, 국가임에도 서로 다른 생각을 하고 다른 문화를 가지고 공존하며 살아가고 있는 사회를 말한다(최희선, 2018).

우리나라에서는 '다문화'가 마치 대한민국 국민을 제외한 외국인이나 결혼 이민자 가족 등의 특정 소수 집단을 의미하는 경우가 많다. 특히 백인이나 서구의 선진국 출신의 외국인과 결혼하거나 관계를 맺는 것에 대해서는 수용성이 높은 경향을 보이지만, 개발도상국이나 경제적으로 어려움을 겪고 있는 국가 출신 이주민에 대해서는 서구 출신의 이주민과 비교하여 부정적인 태도를 나타내는 경향이 있다(김태홍 외, 2011).

한국인들이 가진 이주민을 바라보는 시각은 출신 국가의 경제적 수준이나 문화적 가치에 등급을 매겨 차별하는 양상도 함께 나타난다. 그러면서 '다문화'라는 의미에 나를 포함시키지 않는 경향이 높게 나타난다. 이처럼 '다문화'라는 용어가 가진 부정적인 의미와 '다문화'라는 용어 자체가 의미하는 범주의 부정확성으로 인해 '이주배경청소년'이라는 용어가 사용되고 있다.

그러나 아직까지는 '이주배경청소년'이라는 용어가 사회에서 일반적으로 사용되지 않기에 의미를 전달하는 데 어려움이 있다. 그렇기에 당장 모든 용어를 바꾸는 것은 현실적으로 한계가 있다. 그러나 그 용어로 대상을 '명명화'하는 것을 조심해야 한다.

우리 사회는 이주배경을 가진 사람들이 지속적으로 증가하고 있으며, 집단의 형태도 다양해지고 있다. 그러나 우리 사회는 다양한 형태의 이주배경을 가진 집단에 대한 일관된 용어가 사용되고 있지 않으며, 학계, 현장 및 정부 부처에서는 각기 다른 개념 정의와 용어가 혼용되고 있다.

다문화 관련 주무부처인 여성가족부는 「다문화가족지원법」에 근거하여 '다문화가족'이라는 용어를 주로 사용한다. 행정안전부는 '외국인 주민'으로 개념화하여 관련 통계를 만들어 공유하고 있다. 한편, 통일부는 북한에서 이주한 집단을 '북한이탈주민'으로 지칭한다.

이주배경을 가진 이주민들의 유형을 구분하고 용어로 정리하는 것은 그들에게 맞는 지원을 하기 위해서는 분명히 필요하다. 예를 들어, 장애를 가진 사람들의 유형을 나누고 등급을 매기는 것은 그들을 부르기 위한 것이 아닌 그들에게 맞는 지원을 하기 위함인 것이다. 다문화와 관련된 용어도 특정 집단을 부르는 호칭으로 사용하는 것은 잘못된 것이다. 그렇기에 '다문화 청소년' '다문화 학생' '다문화 아동' 혹은 심지어 '다문화 ○○'으로 이름을 부르거나 명명화하는 것을 지양하는 자세가 필요하다.

지금 당장 다문화와 관련된 용어가 바뀌는 것은 어렵겠지만, 사회 전반적인

인식이 개선됨으로 정확한 의미와 범주의 명확성을 가진 용어들로 대체되어
야 할 것이다.

3) 이주배경청소년에 대한 이해

이주배경청소년이란 「청소년복지지원법」 제18조에서는 "「다문화문화가족
지원법」 제2조 제1호에 따른 다문화가족의 청소년과 그 밖에 국내로 이주하여
사회 적응 및 학업 수행에 어려움을 겪는 청소년"으로 정의하고 있다. 그러나
모든 이주배경청소년이 어려움을 겪고 있는 것은 아니며, 「청소년복지지원법」
의 특성상 지원이 필요한 경우 지원을 하기 위해 개념을 정리한 부분이 있다.

그렇기에 이 장에서는 '2020년 이주배경청소년 실태조사'에서 개념화한 이
주배경 아동·청소년의 개념을 '본인 또는 부모가 이주의 경험을 가진 9세에
서 24세 연령에 해당하는 자'로 정의하고자 한다. 여기서 '이주'란 국경을 넘은
경우로 외국뿐 아니라 북한도 포함하는 개념으로 간주한다.

표 12-1 이주배경청소년의 정의에 따른 유형 1

부모 배경 ＼ 본인 출생	국내 출생	국외 출생
부모 중 한 명이 한국인	• 국내 출생 국제결혼가정 자녀	• 국외 출생 국제결혼가정 자녀
부모 모두 외국인	• 국내 출생 외국인가정 자녀	• 국외 출생 외국인가정 자녀
부모 배경 ＼ 본인 출생지	남한 출생	남한 외 지역 출생
부모 중 한 명 이상이 북한이탈주민	• 남한 출생 탈북배경 청소년	• 탈북청소년
부모 중 한 명은 외국인, 다른 한 명은 북한이탈주민		• 제3국 출생 탈북배경 청소년

출처: 양계민 외(2020).

이주배경청소년의 7개 유형에 포함되는 대상과 특성은 〈표 12-1〉과 같다. '국내 출생 국제결혼가정자녀'는 부모 중 한 명이 한국인인 국제결혼가정의 자녀로 국내 출생자이며, 일반적으로 '다문화 청소년' 또는 '다문화가정의 자녀'로 지칭되는 경우가 많다. '국외 출생 국제결혼가정 자녀'는 국제결혼가정의 자녀 중 외국에서 출생한 자로 귀화를 통해 한국 국적을 소지한 경우와 외국 국적을 유지하고 있는 경우가 모두 포함된다. 이들은 외국에서의 성장 경험을 가지고 우리나라에 입국하며 '중도입국청소년'이라고 지칭되기도 한다. 부모

표 12-2 이주배경청소년의 정의에 따른 유형 2

유형	포함 대상 및 특성
국내 출생 국제결혼가정 자녀	• 부모 중 한 명은 한국인인 국제결혼가정의 자녀 • 국내 출생자이며 한국인 • '다문화청소년'이라고 지칭하기도 함
국외 출생 국제결혼가정 자녀	• 부모 중 한 명은 한국인인 국제결혼가정의 자녀 • 외국 출생자로 어느 정도 성장 후 한국에 입국 • 귀화를 통한 한국 국적자와 외국 국적자 모두 존재 • '중도입국청소년'이라고 지칭하기도 함
국내 출생 외국인가정 자녀	• 부모 모두 외국 국적인 가정 자녀 • 본인의 국적은 외국 • 미등록, 무국적자, 난민, 유학생 자녀 포함
국외 출생 외국인가정 자녀	• 부모 모두 외국 국적인 가정 자녀 • 본인의 국적은 외국 • 미등록, 무국적자, 난민, 유학생 자녀 포함
남한 출생 탈북배경청소년	• 부모 중 한 명 이상이 북한이탈주민인 가정의 남한 출생 자녀
탈북청소년	• 북한에서 출생한 후 탈북한 청소년
제3국 출생 탈북배경청소년	• 부모 중 한 사람이 북한이탈주민이고 다른 한 사람은 외국인 • 남한, 북한 이외의 제3국에서 출생 • '중도입국청소년'으로 범주화되기도 함

출처: 양계민 외(2020).

가 모두 외국 국적을 가지고 있는 가정의 자녀는 국적 및 체류조건과 무관하게 본인의 출생지(국내 또는 국외)를 기준으로 '국내 출생 외국인가정 자녀'와 '국외 출생 외국인가정 자녀'로 구분된다. 따라서 외국국적자, 미등록자, 무국적자, 난민, 유학생 자녀가 모두 포함된다. '남한 출생 탈북배경청소년'은 부모 중 한 명 이상이 북한이탈주민인 가정의 자녀로 남한에서 출생한 자를 의미하고, '탈북청소년'은 북한에서 출생한 후 탈북한 청소년을 의미한다. '제3국 출생 탈북배경청소년'은 부모가 각각 북한이탈주민과 외국인인 가정의 자녀로 남한이나 북한 이외의 중국 등 제3국에서 출생한 자로 경우에 따라 '중도입국청소년'으로 범주화되기도 한다.

4) 다문화 사회에서의 청소년: 정체성

청소년이 살아갈 사회는 점점 다양해질 것이다. 청소년들의 문화 역시, 점점 세분화되고 개별화될 것이다. 그러나 사회가 변화해 가는 속도에 비해 사람들이 가진 가치 생각들은 쉽게 변화하기 어렵다. '이건 ~이래야지.' '우리는 항상 그렇게 해 왔어.' '이게 정상이야.' 등 우리 사회에는 암묵적인 '~다움'이 항상 존재해 왔다. '학생은 학생답고, 여자는 여자답고, 아이는 아이다워야 한다.' 등의 생각들이다. 오랜 시간 동안 우리 사회에서 유지되어 온 생각들, 그러나 이는 우리 사회에서 만들어진 편견이고 고정관념들이다.

다문화 사회에서 서로가 가진 다양함이 공존하는 것이 어려운 것은 이러한 편견들이 일상에서 적용되기 때문이다. '남자가 머리를 기르다니.' '엄마가 저렇게 짧은 치마를 입어도 되나.' '한국에 왔으면 한국어를 해야지.' '한국 사람이 김치를 먹어야지.' 등등 우리 사회에서 암묵적으로 강요하고 있는 것들이다.

다양함을 인정한다는 것은 앞서 말한 편견의 틀에 누군가를 끼워 넣는 것이 아니다. 각자가 자신의 있는 모습 그대로 살아갈 수 있는 사회여야 한다. 그러기 위해서는 모든 사람이 자신을 하나의 정체성으로 정의하는 것이 아닌, 다채로운 정체성으로 사람들을 보는 연습이 필요하다. 예를 들면, 어머니가 일본인이고 아버지가 한국인인 청소년 A가 있다. 우리나라에서는 A를 「다문화가족지원법」에 따른 다문화 가족의 자녀, 다문화 청소년이라고 부른다. A는 한국 국적을 가지고 있고, 한국에서 나고 자랐기에 한국어도 잘하고 외모도 눈에 띄게 다르진 않을 수 있다. 그렇다고 A가 한국인이기만 한 것은 아니다. A는 한국인이기도 하면서 일본인이기도 하다. 일본 국적을 가지고 있지 않아도 마찬가지다.

다문화 사회가 된다는 것은 '~다움'을 강요하지 않는 사회가 된다는 것이다. 청소년도 학생으로 학생 문화를 강요당하는 것이 아닌, 각각이 나답게, 나다움을 가지며 살아갈 수 있는 사회여야 할 것이다. 그래서 건강한 다문화 사회가 된다는 것은 한 사람이 하나의 문화를 가지고 살아갈 수 있는 사회가 아닐까 생각된다.

3. 청소년이 살아갈 다문화 사회의 방향

우리 사회는 다양한 문화와 인구 구성의 변화에 따른 새로운 질서를 모색해 가야 하는 시대가 되었다. 외국인이 늘어났기 때문만이 아닌, 우리 사회의 삶의 양식이 다양해졌기 때문이다. 우리 사회는 다양한 배경을 바탕으로 한 다양한 형태의 문화가 나타날 것이다. 이에 청소년은 보다 다양한 문화를 배우고 공존하며 살아가야 한다. 이 절에서는 우리 사회에서 다양한 가족, 다문화 사회와 관련된 정책을 통해 청소년이 다(多)문화 사회에서 어떻게 살아가야 하는지 살펴보고자 한다.

첫째, '제4차 건강가정 기본계획(2021~2025)'은 '모든 가족, 모든 가족구성원을 존중하는 사회'라는 비전을 가지고 있다. 그 하위 목표로는 '가족다양성 인정' '평등하게 돌보는 사회'가 있다. 영역별 과제로는 ① 세상 모든 가족을 포용하는 사회 기반 구축, ② 모든 가족의 안정적 생활 여건 보장, ③ 가족다양성에 대응하는 사회적 돌봄체계 강화, ④ 함께 일하고 돌보는 사회환경 조성 등 4개 추진계획을 마련하였다. 이는 우리 사회에서 나타나는 가족다양성 증가를 반영하여 모든 가족이 차별 없이 존중받고 정책에서 배제되지 않는 여건을 조성한다. 또한 가족 유형에 따른 차별을 해소하고 다양한 가족구성원의 권리를 보장하기 위한 것이다. 더불어 혈연을 기반으로 하는 가족구성원의 책임을 사회적 분담으로 확대하기 위해 사회적 돌봄 지원체계를 구축하고자 한다.

둘째, '제4차 다문화가족정책 기본계획(2023~2027)'은 '다문화 가족과 함께 성장하는 조화로운 사회'라는 비전을 가지고 있다. 그 하위 목표로 '다문화·아동 청소년의 동등한 출발선 보장' '다문화 가족의 안정적 생활환경 조성'이 있다. 하위 과제로는 ① 다문화 아동·청소년 성장 단계별 맞춤형 지원, ② 결혼이민자 정착주기별 지원, ③ 상호존중에 기반한 다문화 수용성 제고, ④ 다문화 가족정책 추진기반 강화 등 4개 추진계획을 마련하였다. 이는 장기 거주 결혼이민자가 증가하고, 다문화 가족의 가구유형 역시 다양해지고 있기에 다변화된 수요를 반영하기 위함이다. 이에 정착주기별·가구유형별 지원서비스를 확대하고자 한다.

셋째, '제3차 양성평등정책 기본계획(2023~2027)'은 '따뜻한 동행, 모두가 행복한 양성평등사회'라는 비전이다. 그 하위 목표로 '함께 일하고 돌보는 환경 조성' '안전과 건강권 증진' '양성평등 기반 확산'이 있다. 하위 과제로는 ① 공정하고 양성평등한 노동환경 조성, ② 모두를 위한 돌봄 안정망 구축, ③ 폭력 피해 지원 및 성인 지적 건강권 보장, ④ 남녀가 상생하는 양성평등 문화 확산, ⑤ 양성평등정책 기반 강화 등 5개의 추진 계획을 마련하였다. 이는 맞벌이 가정이 늘어남에 따라 일하는 사람의 돌봄 시간 확보 등 일과 생활의 균형이 이뤄질 수 있도록 지원을 강화하기 위함이다. 더불어 돌봄 안전망을 구축하고, 양성평등정책을 통해 청소년이 살아갈 다양한 사회에서의 인식 격차 해소(편견 등) 및 서로 존중하는 사회로 성장할 수 있도록 하고자 한다.

넷째, '제7차 청소년정책 기본계획(2023~2027)'은 '디지털 시대를 선도하는 글로벌 K-청소년'이 비전이다. 그 하위 목표로 '청소년 성장기회 제공' '안전한 보호환경 조성'이 있다. ① 플랫폼 기반 청소년활동 활성화, ② 데이터 활용 청소년 지원망 구축, ③ 청소년 유해환경 차단 및 보호 확대, ④ 청소년의 참여 · 권리 보장 강화, ⑤ 청소년정책 총괄 조정 강화 등 5개 계획을 만들었다. 이 중 두 번째인 데이터 활용 청소년 지원망 구축을 살펴보면, 가족 형태의 다양한 변화와 다문화 사회로의 전환으로 인해 지원이 필요한 청소년을 지원하는 것을 볼 수 있다. 가족의 형태가 변화함으로써 가정 밖 청소년이 증가함에 따라 후기 청소년을 위한 자립 지원이 중요한 정책 방향이 된 것이다. 더불어 다양해지는 사회에서 나타나는 다양한 청소년의 유형에 맞춰 맞춤형 지원을 실시하려는 시도가 보인다.

다문화 사회의 변화는 점점 더 심화되고 빨라질 것이다. 이러한 정책들은 청소년의 문화에 많은 영향을 줄 것이기에 관련 정책들을 통한 방향성을 살펴보고자 한다.

첫째, 모든 정책에서 언급하는 다양성에 대한 감수성(수용성) 증진이다. 점점 다양해지는 가족 유형으로 인한 삶의 형태 변화, 서로 다름을 존중하는 인식개선 등을 말할 수 있다. 청소년이 살아가게 될 다문화 사회에서는 상호 존중을 기반으로 한 다문화 감수성이 매우 중요한 자질이 될 것이다. 이를 위해 다문화 이해 교육, 다양한 가족 교육, 양성평등 교육, 인권 교육 등을 확대함으로써 모든 국민의 다문화 감수성을 올릴 수 있도록 해야 한다.

둘째, 감수성 향상을 위한 미디어 환경 조성이 시급하다. 방송통신심의위원회의 심의 기능을 강화하고, 다문화 수용성 제고를 위한 콘텐츠 개발 및 가이드라인을 제공하며, 모니터링단의 운영도 필요하다. 또한 언론을 통해 다양한 방법으로 인식개선 홍보 및 캠페인 등을 추진해야 한다.

셋째, 다양한 유형의 청소년의 안정적 성장과 자립지원이다. 이는 증가 추세에 있는 다문화 가족 청소년뿐 아니라, 다양한 가족 형태의 청소년들에게 적절한 지원을 하는 것이 매우 중요하다. 안정적 성장을 위한 환경 조성 및 학업·글로벌 역량 강화를 지원하고 청소년이 안정적으로 자립할 수 있도록 지원한다. 안정적 성장을 위한 환경조성 및 건강하게 자립할 수 있도록 사회적 환경이 변화하는 것이 필요하다.

마지막으로, 친(親 다문화 사회 조성을 위해서 부처 간 협력을 통해 다양한 가족, 다문화 사회가 안정적으로 자리 잡을 수 있도록 추진체계를 강화해야 한다. 각 부처별로 운영되고 있는 사업들을 정리하고, 다양한 배경의 청소년들이 자신들에게 적합한 정책적 지원을 받을 수 있도록 하는 것이 필요하다.

삶의 형태가 다양해지는 것은 더 이상 피할 수 없는 우리 사회의 현실이다. 다문화 사회를 살아갈 청소년은 서로의 다름에 대해 이해하고 수용하는 감수성이 매우 중요한 자질이 될 것이다. 나와 타인, 모든 사람의 삶의 방식인 문화를 있는 그대로 인정하고, 자신의 삶도 인정받는 문화를 향유할 수 있어야 한다. 그렇기에 다문화 사회에 대해 청소년뿐만 아니라, 청소년지도자, 교사 등 우리 사회 모든 구성원이 보다 더 많은 관심을 기울여야 한다.

추가 수업활동

토의(토론) 주제

1. 나에게 '가족'의 정의는 무엇인가?
2. 이주배경청소년은 누구이며, 어떤 유형의 청소년이 있는가?

추가 탐구 과제

1. 우리 사회는 다양성이 인정되는 사회라고 생각하는가?

2. 포함해야 할 내용

- 인정되는 부분과 그렇지 않은 부분
- 내가 가진 생각, 가치, 취향 등 우리 사회에서 불편하게 여겨지는 부분
- 우리 사회가 개인이 갖는 다양성을 인정하기 위해서 해야 할 노력
- 분량: A4, 2~3매

참고자료

🌐 관련 사이트

다문화가족지원포털(다누리)
(www.liveinkorea.kr)

다누리배움터
(www.danurischool.kr)

이주배경청소년지원재단
(www.rainbowyouth.or.kr)

📖 관련 도서

이향규(2018). 후아유. 창비교육.

류승연(2020). 배려의 말들. 유유.

🎬 관련 영화

〈미나리〉(2021)

감독: 정이삭

출연: 스티븐 연, 한예리, 윤여정

키워드: 가족, 이주민

〈헬프(The help)〉(2011)

감독: 테이트 테일러

출연: 엠마 스톤, 비올라 데이비스, 옥타비아 스펜서, 브라이스 달라스 하워드

키워드: 차별&차이, 편견, 다름과 틀림, 피부색

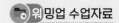

어느 나라 사람일까요? −다문화 가정에 대한 한국인의 편견
https://www.youtube.com/watch?v=zASsZc2k4SM

제**13**장

새로운 청소년문화
창출을 위한 정책적 모색

YOUTH CULTURE

아직도 우리나라에서는 '청소년문화' 하면 성숙치 못한 미숙의 문화, 고급스럽지 못한 하위문화, 규범에서 벗어난 비행문화, 기존의 핵심문화를 위협하는 대항문화쯤으로 보는 경향이 강하다. 그리고 청소년과 함께 공존하며 지낼 수밖에 없지만 그들과 함께 어울리지 못하는 기성세대는 기대와 난망을 동시에 갖고 있기도 하다. 또한 청소년문화에 대한 기성세대의 대책 또한 다면으로 깎은 수정을 통해 사물을 바라보듯 다양하고 찬란하기는 하지만 혼란스럽기도 하다.

이러한 편견과 불안감 그리고 혼란을 극복하기 위해 청소년의 전체 삶을 있는 그대로 모두 받아들이는 단계에서 벗어나 청소년을 일정한 삶의 방향으로 안내하는 정책이 강구되어야 하는 시점에 이르렀다. 청소년을 시대의 돌연변이, 문제아로 보든 아니면 오늘 기성세대가 못다 이룬 꿈을 이어 갈 내일의 꿈나무로 보든, 이제 우리 청소년을 새롭게 이해하고 그들을 새로운 시대적 요구에 맞게 보호·육성해 갈 새로운 정책을 개발, 실천해야 할 상황에 이른 것이다.

먼저 청소년에게 그들이 향유할 수 있는 문화거리와 문화 공간이 제공될 수 있는 구체적인 방안이 강구되어야 한다. 그리고 모든 청소년이 권리로서 당연하게 경험할 수 있는 환경과 요소, 삶의 고매한 질로서의 청소년문화가 확립되도록 지원하고 격려해야 한다.

- 청소년문화정책에 수반되는 주요 개념은 무엇인가?
- 청소년의 문화 공간 확보 실태는 어떠한가?
- 청소년이 향유하고 있는 실제의 문화적 특징은 어떠한가?
- 새로운 청소년문화 창출을 위한 방안은 무엇인가?

1. 청소년문화 개선의 필요성

구성원들 간 합의 가능한 목적과 과정에 따라 정책이 수립되고 운용될 때, 그 결과에 따른 평가와 성과에서도 객관성이 확보될 수 있다. '청소년'이 누구냐에 대해 심리학적으로나 사회학적으로는 다양한 접근이 가능할 수 있지만, 정책의 측면에서는 법률이 정하고 있는 "청소년이란 9세 이상 24세 이하인 사람을 말한다."라는 정의를 포괄적으로 원용할 수밖에 없는 것도 그런 이유에서다.

청소년문화를 개선하기 위한 정책적 대안을 찾는 데 있어서는 사회적인 합의가 중요하므로 객관적이고 법률적인 개념을 확인하는 것이 중요하다 하겠다.

1) 청소년문화의 개념

'청소년문화'란 청소년기를 지나면서 비슷한 공감대를 나누는 특정 부류의 청소년집단이 가치관, 언어, 몸짓, 여가시간 활용, 취향, 인간관계 등에서 다른 연령집단과는 달리 특징적으로 나타내 보이는 그들 나름의 독특한 생활유형을 말한다. 대개의 경우 청소년문화는 중핵문화가 아닌 주변문화의 하나로 간주된다. 하지만 최근 상승세를 타고 있는 한류열풍의 저변에는 소비에서뿐만 아니라 문화 창출과정에서도 막강한 영향력을 발휘하는 집단이 10대라는 점이 적시되면서 신세대에 대한 관심이 새로워지고 있다(조용수, 1996, p. 70).

2) 창조적 문화 창출을 위한 전제

유기체로서의 청소년문화가 창조적인 문화로 유지되기 위해서는 몇 가지의 전제조건이 충족되어야 한다.

• 다수 청소년의 삶이 무조건적으로 모아져서 창조적인 청소년문화가 나타
나는 것은 아니다. 오히려 새로운 청소년문화는 특정 청소년의 행동에 대
한 가치와 목적 그리고 어느 정도의 의도성과 계획성이 전제되어야 나타
난다. 즉, 의도한 행동의 목적, 미리 구성된 행동의 내용, 지도의 전문성
등이 구체적으로 적시되어야 한다. 이를 청소년 육성 영역에서는 청소년
활동이라 한다. 결국 창조적인 청소년문화는 새로운 청소년활동을 통해
구현된다.

  여기서 청소년활동이란 교과 성적과 관련된 학교수업과 보습학원을 제
외한 학교와 지역사회에서 실시하는 청소년활동으로서, 청소년 스스로
목표를 가지고 동아리(소모임) 형태의 프로그램에 참여하는 청소년활동
그리고 시설이나 단체, 학교 등의 지도자에 의해 제공되는 조직적·체계
적 프로그램에 참여하는 청소년활동을 의미한다(임지연 외, 2009, p. 14).

• 문화 창출을 위해서는 최소한의 인프라가 확보되어야 한다. 문화는 인간
사유 속에 내재된 사고와 가치 그리고 고매한 관념의 세계이기도 하지만,
그것이 사회 구성원 간에 동조성과 영향력을 나눠 갖기 위해서는 표현되
어야 하고, 표현의 수단으로 공간과 시설, 의도된 구성물 등을 필요로 한
다. 올바로 표현된 결과로서의 문화만이 진정한 문화라 주장하는 사람들
이 일리가 있다고 여겨지는 이유가 바로 이 때문이다. 마찬가지로 청소년
문화가 더욱 창조적인 것으로 표현되고 구현되기 위해서는 인프라로서
청소년시설과 청소년활동 공간이 확보되지 않고서는 불가능하다. 우리나
라에서 청소년활동을 위한 시설로서 청소년수련관, 청소년수련원, 청소
년문화의 집 등이 강조되는 이유가 바로 여기에 있는 것이다.

• 문화 주체 간의 자율성과 독립성이 전제되어야 창조적 문화 창출이 가능
하다. 물론 삶의 양태로서 어떤 상황에서든지 문화는 나타날 수 있지만 사
고와 경험의 융합, 고뇌와 그 속에서의 진실한 삶으로의 성숙은 마음과 신
체의 완전한 자유로움이 전제되지 않고서는 도달될 수가 없고, 그 자유로

움의 결과는 바로 고매한 문화로 창출된다. 청소년문화도 마찬가지다.

　　청소년에게 주어진 삶의 공간과 시간대에서 그들에게 완전한 자율성이 주어지지 않는다면 이는 청소년문화가 다른 문화와 이종 배합으로 나타나는 잡종의 문화(heterogeneous culture)일 뿐 진정한 순수 청소년문화(homogeneous youth culture)는 아닌 것이다. 청소년이 학생 신분으로 학교에서 많은 시간을 보내고 있지만 학생 신분으로서의 삶이 완전한 청소년문화의 한 단면으로 받아들여지지 못하는 이유가 바로 여기에 있다. 청소년의 학교생활은 자율적인 삶이라기보다는 만들어진 틀 속에서 반은 수긍하고 반은 저항하면서 사는 삶에 가깝기 때문이다. 하지만 방과 후에 자발적으로 모일 공간이 없어 지역 청소년수련관 건물 복도에 이동식 거울을 세워 놓고 비보잉 동아리 활동을 열심히 해내는 청소년의 삶은 그들만의 순수 문화 활동인 것이다.

2. 청소년활동 문화지표 현황

1) 시설 현황

　한 사람의 삶의 질은 보통 그가 향유하는 문화 수준을 잣대로 사용하는 경우가 많다. 그만큼 각 개인이 누리는 문화는 삶의 질을 좌우하는 중요한 척도가 된다. 그렇다면 우리나라 청소년의 문화 수준은 어느 정도나 될까? 우리 청소년의 삶의 질을 알아보는 한 방편으로 그들이 누리는 문화 수준을 파악해 보는 것은 논리적으로 타당하다 하겠다.

　그러나 청소년이 누리는 문화생활을 정확히 수치화하지 않더라도, '치열한 경쟁논리' '지극히 많은 교과목 수' '많은 공부의 양과 공부에 투여하는 시간' 속에서 독특한 삶의 형태로 문화는 있으되 바람직한 삶으로(향유할 권리의 대상으로)의 문화는 없다고 말하는 게 가능하다. 또한 이러한 문제의 원인을 '입시 위주의 획일적인 교육제도'로 돌리고 다른 원인이나 해결점을 찾아보려는 노력을 애당초 시도하지 않는 것도 우리의 현실이다.

'부족한 청소년문화 공간' '청소년문화에 대한 어른들의 몰이해' '인터넷매체 문화' '팬덤활동' 등의 다양한 모순적 표현이 우리 청소년의 삶에 대한 표현이고, 사실상 청소년의 문화생활과 문화 공간을 언급하는 일이 어쩌면 현실감각이 없는 접근일지도 모른다. 그럼에도 청소년문화 공간의 확보는 청소년 스스로가 창조적 문화를 만들어 내기 위한 필수 전제조건이라 할 수 있다.

청소년문화 공간은 '청소년을 위한 문화 공간'과 '청소년이 즐기는 문화 공간'으로 구분한다. 청소년을 위한 문화 공간은 공식적으로 청소년을 위해 사회가 제공하는 공간의 의미가 강하며, 청소년이 즐기는 문화 공간은 그들이 즐겨 가는 대학 주변과 같은 다양한 비공식적인 문화 공간이다. 공식적인 문화 공간은 그 시설 유형과 이용 정도를 말할 수 있지만, 놀이 공간으로서 청소년의 비공식적인 문화 공간은 이용의 정도가 높다는 것만 알 뿐 구체적인 이용 정도와 그 내용을 파악하기란 쉽지 않다. 공식적인 청소년문화 공간의 경우, 전국에는 청소년만을 위한 '전용시설'과 청소년도 이용할 수 있는 '이용시설'이 다양하게 존재한다.

청소년 전용시설의 대표적인 것으로는 청소년수련관, 청소년문화의 집, 청소년수련원, 청소년야영장, 유스호스텔 등이 있다(〈표 13-1〉, 〈표 13-2〉 참조). 이러한 청소년수련시설은 수련활동에 필요한 여러 가지 시설과 설비를 갖추고 청소년지도자가 상주하고 있어 청소년이 자신의 자질 배양, 정서 함양, 취미 개발 등의 다양한 활동을 경험하고 체험할 수 있다. 이러한 시설은 2023년 2월 13일 기준으로 총 830개소가 있다. 이는 2000년도 기준 581개소에 비하면 249개소(142.9%)가 증가한 숫자다.

표 13-1 | 시설종류별 청소년수련시설 설치 현황(2023. 2. 13. 기준)

구분		합계	청소년 수련관	청소년 문화의 집	청소년 수련원	청소년 야영장	유스 호스텔	청소년 특화시설
합계	시설 수	830	197	327	156	32	104	14
	비율(%)	100%	23.7%	39.5%	18.8%	3.9%	12.5%	1.7%

출처: 한국청소년수련시설협회(2023).

표 13-2 | 시 · 도별 청소년수련시설 설치 현황(2023. 2. 13. 기준)

구분	합계	서울	부산	대구	인천	광주	대전	울산	세종	경기	강원
시설 수	830	72	28	19	23	16	15	13	5	172	76
비율(%)	100.0	8.7	3.4	2.3	2.8	1.9	1.8	1.6	0.6	20.7	9.2
구분	충북	충남	전북	전남	경북	경남	제주				
시설 수	44	48	57	58	62	76	50				
비율(%)	5.3	5.8	6.9	7.0	7.5	9.2	6.0				

출처: 한국청소년수련시설협회(2023).

또한 청소년 이용시설은 학생교육원, 국립중앙과학관, 국립서울과학관, 독립기념관 등의 공공시설물과 자연공원, 자연학습원, 심신수련장 등으로 다양하다. 그러나 이런 시설물은 생활권 시설이라기보다는 자연권에 위치하고 있어 청소년의 일상적인 문화활동을 지원하는 데는 그리 큰 역할을 하지 못한다.

그 밖에 청소년 문화기반시설로는 2022년 기준 공공도서관, 박물관 · 미술관, 생활문화센터, 문예회관, 문화원 등의 다양한 시설이 있다(총 3,145개, 〈표 13-3〉 참조).

표 13-3 | 청소년 문화시설기반 현황(2022. 1. 1. 기준)

시도	합계	국립 도서관	공공도서관				박물관				미술관				생활 문화 센터	문예 회관	지방 문화원	문화의 집
			계	지자체	교육청	사립	계	국공립	사립	대학	계	국공립	사립	대학				
계	3,145	4	1,208	949	235	24	909	439	364	106	285	80	190	15	173	267	231	68

출처: 문화체육관광부(2022).

청소년의 비공식적인 문화 공간으로서 놀이 공간을 예로 들면 홍대 앞, 신촌, 돈암동 등의 대학가 주변으로서 실제 청소년이 이용하는 공간은 카페, 패스트푸드점, 당구장, 노래방, 공연장, 만화방 등이다.

2) 이용 현황

청소년은 어떤 공간에서 어떤 문화생활을 누리고 있을까?

2022년 한국청소년활동진흥센터협회에 따르면, 코로나19에 불구하고 최근 1년간 청소년이 가장 많이 이용한 청소년시설은 청소년수련관(24.4%), 청소년수련원(20.5%), 청소년문화의집(19.1%), 청소년특화시설(8.5%), 청소년야영장(7.8%), 유스호스텔(6.0%) 순으로 나타났다(한국청소년활동진흥센터협회, 2022, pp. 27-33). 또한 청소년이 요구하는 시설의 수요를 보면 문화시설의 요구(18.5%)가 가장 높았으며, 그다음으로는 체육시설(18.0%)과 오락시설(17.0%), 놀이터/공원(11.2%) 순으로 나타났다. 따라서 우리나라 청소년은 청소년시설 중에서 청소년수련관의 이용 경험이 가장 많으며, 일상생활 속에서 문화시설과 체육시설의 욕구가 가장 높다고 볼 수 있다(한국청소년활동진흥센터협회, 2017, pp. 29-30).

청소년이 즐겨 찾는 영화관은 2023년을 기준으로 전국 601개, 스크린 수로는 총 3,418개가 있다(〈표 13-4〉 참조). 하지만 영화관은 주로 대도시인 서울과 부산을 비롯한 광역도시에 있으며, 3D 상영관, IMAX 상영관, 4D 상영관은 서울과 경기에 집중되어 있다.

이런 경향과 더불어 청소년의 문화 공간은 자신의 집과 같이 개별적인 영역으로 축소되는 경향을 보이기도 한다. 문화기기의 보유가 개별화되면서 청소년의 문화 향유도 가정 내에서의 활동으로 이루어지는 경우가 많아졌다. 스마트폰과 개인 멀티미디어의 발달과 함께 이들이 구매하는 음원은 한 가수의 작품을 밀리언셀러로 만들어 놓는다. 최근에는 스마트폰을 중심으로 미디어 시

표 13-4   전국 영화상영관 현황(2023. 2. 13. 기준)

지역	영화상영관 수	스크린 수	좌석 수	상영 타입				
				일반(필름)	디지털 2D	디지털 3D	디지털 4D	디지털 IMAX
서울	98	608	97,970	15	605	226	17	3
부산	33	232	38,088	8	232	80	4	1
대구	24	149	21,825	1	147	50	2	1
인천	29	177	25,865	1	177	53	2	1
광주	19	136	20,425	2	136	35	3	1
대전	17	108	17,943	2	108	33	2	1
울산	9	59	10,195	2	59	23	2	1
세종	5	24	3,329	0	24	5	0	0
경기	149	882	121,389	4	882	240	11	6
강원	29	131	15,720	1	131	40	0	1
충북	21	120	15,974	0	120	23	2	0
충남	33	161	20,005	1	160	44	2	0
전북	30	141	19,490	1	141	47	1	1
전남	24	104	14,435	0	104	34	0	0
경북	35	154	17,617	0	154	37	0	0
경남	38	192	25,243	0	192	52	2	1
제주	8	40	4,389	0	40	10	1	0
합계	601	3,418	489,902	38	3,412	1,032	51	18

출처: 영화진흥위원회 통합전산망(http://www.kobis.or.kr).

대의 문화 활동인 컴퓨터의 이용이 급증하고 있다.

결국 이렇게 보면 청소년의 문화 공간으로서 공식적인 시설의 이용률은 상당히 낮은 편이고, 대학 주변 골목의 그들을 유혹하는 공간 속에서 놀이문화를 체험하거나 집에서 친구들과 스마트폰의 다양한 애플리케이션을 이용하면서 자신만의 문화 향유를 통해 성인 아닌 성인의 시간을 보낸다.

3. 청소년문화 향유의 특징

앞에서 살펴본 현황을 중심으로 청소년문화 향유의 내용을 정리하면 다음과 같은 특징과 문제점을 찾아낼 수 있다.

- 청소년이 즐겨 찾는 문화 공간은 청소년을 위해 제공된 공간이기보다는 성인 중심의 상업주의적인 공간이다. 청소년을 위해 제공된 많은 청소년 전용 공간의 이용률이 낮은 점을 고려할 때, 현재 청소년의 문화 공간은 청소년의 욕구를 제대로 반영하지 못하고 있다.
- 문화 향유에서 고급예술문화보다는 대중문화 위주의 편식 현상이 나타난다. 이러한 대중문화 편식은 단순히 대중문화가 고급문화에 비해 질이 낮은 문화라는 염려 때문이 아니라 대중문화가 주는 중독성과, 창작과 같은 능동적인 문화활동보다는 수동적인 수용성이 높은 활동이라는 점 때문에 발달과정에 있는 청소년의 심리적 · 정서적 상태를 고려할 때 문제가 되기 때문이다.
- 청소년의 문화 활동은 대부분 감각 위주의 기호성 문화인 경우가 많다. 이것은 청소년이 즐겨 찾는 공간이 청소년을 위한 전용 시설보다는 성인을 위해 제공되는 공간이거나 대학가와 같은 소비풍조가 많은 곳이라는 것과 관련이 있다. 이러한 공간은 청소년의 순간적인 즐김을 위해 그들의 기호나 성향을 파악하여 그들이 원하는 방향으로 만들어진다. 즉, 청소년이 즐겨서 가는 공간은 그들이 원하는 색상, 그들이 좋아하는 음악, 그들이 좋아하는 상품으로 공간을 장식하고 청소년을 주요 고객으로 삼고 있기 때문에 청소년의 구미에 가장 적당한 문화 공간을 제공한다. 그러나 이러한 공간 속에 빠져 버리면 자신의 문화적 감각을 상실하고 유행 위주의 감각으로 고정되어 창조적인 문화 생산성을 잃어버릴 가능성이 크다

는 문제점을 갖고 있다.

- 청소년의 문화 활동은 생산적인 활동이기보다는 스트레스 해소를 위한 소비성 문화일 가능성이 크다. 노래방이나 피시방, 공연장 등의 공간은 청소년이 공부나 부모와의 대립으로 인해 느끼는 스트레스를 해소하기 위해 찾는 경우가 대부분이다. 특별히 할 일이 없을 경우에는 피시방이나 만화방 등을 이용하는 것으로 나타나, 생산적인 문화활동을 위한 장소라기보다는 단지 시간을 때우기 위한 장소로서 이들 공간을 활용하고 있다.
- 개인 중심의 문화 향유가 점점 늘어나고 있다. 사회적으로는 1990년대 들어 나타나기 시작한 노래방 이후로 비디오방 등의 소집단적인 문화 공간이 제공되고, TV, 컴퓨터, MP3, DVD 및 블루레이 플레이어 등의 문화기기가 개인화되면서 문화활동이 소집단화 또는 개별화되고 있다. 이와 같은 개인 중심의 문화 향유는 2023년 현재 더욱 세분화되어 유튜브, 아프리카TV, 카카오TV 등의 인터넷 방송을 통해 재능 있는 1인이 인터넷으로 방송하는 1인 미디어 방송도 나타나고 있다. 이러한 소집단 또는 개별화된 문화활동은 개인적으로는 자신의 문화 향유를 전문화시킨다는 점에서 긍정적인 측면도 갖고 있지만, 사회성 함양과 같이 시민사회에서 필요한 덕목 형성을 어렵게 한다는 점에서 청소년에게 부정적인 영향을 미친다.

전반적으로 청소년의 문화 향유는 적극적인 창작이나 감상과 같이 문화예술 자체를 즐기는 활동이 부족하고, 능동적으로 자신의 문화를 공유하고 형성해 가는 주도적인 문화활동이 잘 이루어지지 않으며, 사회성 함양 등의 덕목을 유지시킬 수 있는 공동체적 문화활동이 줄어들고 있다고 볼 수 있다.

4. 청소년문화에 대한 새로운 이해와 대책

1) 새로운 접근을 위한 전제

대개 '문화'라 하면 상당한 세련성을 전제로 하고 있으며, 더 나아가 그로 인해 적극적인 수용성 혹은 긍정성을 내포하고 있다. 예컨대, 문화시민, 문화적 소양, 문화 수준, 상류층 문화, 에티켓 문화 등을 보면 알 수 있다.

하지만 '청소년문화' 하면 왠지 문제성과 비행성이 먼저 연상됨과 동시에 어떻게 하면 청소년문제를 해결하여 그들(청소년)을 지도할 것인가 하는 계몽책을 강구하려 든다. 즉, 청소년의 비행(폭력, 음주, 게임방 및 변종 룸카페 등 유해업소 출입, 폭주족, 스마트폰 채팅의 일탈 등)이 바로 청소년문화의 주류를 이루고 있으며, 이의 해결 방안을 강구하는 것이 무엇보다 시급하다는 시각이다.

총체적 관점에서 볼 때 청소년문화는 청소년 세대만의 독립된 문화가 아니라 전체 사회의 문화체제 내에서의 하나의 하위문화로서 그 사회의 더 큰 문화와 밀접하게 관련되어 있고, 그 사회의 큰 문화를 반영하고 있다. 따라서 청소년문화에 접근하는 데 있어서 다음과 같은 몇 가지 새로운 원칙을 전제해 둘 필요가 있다.

(1) 문제의 시각이 아닌 문제 대처의 시각으로 보아야 한다

청소년문화를 문제로 바라보기보다는 문제에 대처해 나가는, 청소년의 문제 대처 방식으로 접근할 필요가 있다. 이는 청소년문화를 지나치게 큰 문제로 보기보다는 청소년이 현재 사회 상황에서 살아가는 적응의 한 방식으로 받아 줄 필요가 있다는 입장이기도 하다.

청소년문화는 청소년이 특정 환경에 반응하여 그 시대 속에서 갖고 있는 유일한 사고와 이념, 장래의 꿈과 이상, 감정 등을 결집시켜 나타낸 결과이기도 하고, 한번 만들어 낸 문화 틀을 통해 자신을 계속해서 표현하는 수단이기도 하다. 그러므로 특정 청소년문화를 처음부터 문제로 보기보다는 그러한 청소년문화가 형성·유지되는 전체적 맥락과 관계성을 이해하면서 '있는 그대로' 바라볼 필요가 있다. 청소년문화를 쉽게 문제로 간주하는 접근은 청소년을 이해하려 하기보다는 그들과의 차별성을 부각시켜 청소년을 일정한 비행집단으로 내몰 가능성이 크기 때문이다.

(2) 의도적 표현이라기보다는 편의를 위한 표현으로 받아들인다

청소년이 청소년문화를 특별한 목적의식에 따라 만들어 낸다기보다는 편의성을 도모하는 과정에서 자연스럽게 형성된다고 바라볼 필요가 있다. 사회는 그 사회의 주요 가치와 신념을 결정하는 중핵집단이 있고, 그 중핵집단으로부터 영향을 받을 수밖에 없는 다양한 층의 주변집단으로 구성되어 있다. 청소년문화는 주변집단의 하나인 청소년기에 있는 젊은 세대가 중핵집단인 기성세대가 만들어 놓은 중핵문화에 나름대로 반응해서 나타내는 생활양식이다. 청소년의 말투가 그렇고, 옷차림이 그렇고, 또한 그들의 몸짓이 그렇다.

그러므로 청소년문화는 청소년이 상황을 꿰면서 지키려 하는 자신의 신념체제나 이념에서 비롯된 것이 아닌, 상황에 대한 자연스러운 표현 양식의 하나로 형성된 것이다. 이로써 대화를 통해 청소년에게 다른 문화에 대해 관심을 갖게 해 줄 수가 있다.

(3) 총체적 협력 과정을 통해 변화되어야 한다

청소년문화를 바람직하게 변화시키는 데는 청소년집단의 힘만으로는 되지 않고 여타의 사회 구성원 모두에게 그 역할을 돌리는 다원적 접근이 필요하다. 문화를 한 집단의 독특한 삶의 양식이라 할 때 청소년문화는 분명 청소년의 생활양식이라 할 수 있다. 그렇다고 바람직한 청소년문화로의 이행이 그 청소년문화의 주체인 청소년의 노력만으로 이루어지는 것은 아니다. 왜냐하면 청소년문화는 전체 사회의 테두리 속에서 중핵문화의 영향을 받으며 하나의 독특한 생활양식을 발전시키는 하위문화이기 때문에 기성세대 문화의 일면도 반영하기 때문이다. 따라서 청소년문화를 변화시키기 위해서는 이것에 영향을 주는, 다른 여타의 문화도 똑같이 변화시키려는 노력이 동시에 경주되어야 한다.

2) 뉴노멀 시대의 청소년문화에 대한 이해

2000년대 후반 이후 우리가 사는 시대는 뉴노멀(new normal) 시대라고 한다. 뉴노멀 시대는 저출산, 기술의 변화 그리고 세계화 및 경제적 저성장 등이 주요한 특징이며, 이는 불확실성이라는 단어로 설명된다. 이에 우리는 뉴노멀 시대라는 사조 속에서 청소년문화를 이해할 필요가 있다.

(1) 뉴노멀 시대의 대두

뉴노멀 시대의 가장 핵심적 현상은 저출생, 메타버스, 인공지능의 발달과 기술변화, 경제적 저성장의 심화 등이다. 실제로 2018년을 기점으로 청소년 인구는 900만 명이 채 안 되며, 챗 GPT의 등장은 새로운 인공지능의 시대를 예고하고 있다. 또한 점차 심화되는 청년실업 문제는 청소년의 건강한 성인으로의 이행을 지연시키고 있다.

이와 같은 뉴노멀 시대의 환경에 대응하기 위해서는 무엇보다도 유연성과 다양성 그리고 혁신성이 필요할 수 있다. 이 중에서 혁신성이라는 것은 새로운 것을 만들어 내는 것만을 의미하지 않는다. 혁신이론의 주창자라고도 할 수 있는 슘페터(Schumpeter, 1947)는 혁신을 "the doing of new things or the doing of things that are already being done in a new way"라고 설명한다. 즉, 새로운 것을 만들어 내는 것뿐만 아니라 이미 존재하는 것을 새로운 방법으로 활용하는 것을 모두 포함하는 개념인 것이다(구교준, 이용숙, 2016). 이와 같은 혁신성에서 새로운 것을 만들어 내는 능력은 창의성과 바로 연결된다고 할 수 있다.

(2) 뉴노멀 시대와 청소년문화의 특징

요즈음 청소년이 나타내는 특성은 뉴노멀 시대의 측면에서 볼 때 다음의 두
가지 시사점을 던져 주고 있다.

- 청소년문화는 다양성의 삶을 지향하고 있다. 급속하게 변화하는 정책 환
  경에서 청소년의 문화는 그 답을 찾는 방향으로 진화하고 있는데, 그것은
  바로 다양성이다. 다양성은 불확실한 미래 사회에 문제해결 능력을 높여
  주는 원천이다. 이는 청소년뿐만 아니라 성인에게도 일치하는 부분이다.
  뉴노멀 시대 이전의 청소년문화는 전통적 가치의 강조와 통제를 통한 불
  확실성의 관리가 가능하였지만, 이제 뉴노멀 시대의 청소년문화는 다르
  다. 즉, 앞으로 청소년문화는 편견이나 하나의 추세보다는 청소년 개개인
  의 삶의 가치와 패턴이 존중받는 방향으로 자리 잡게 될 것이다.
- 인공지능 시대의 4차 산업혁명을 맞이할 우리 청소년을 향해 교사, 학부
  모, 청소년지도사가 도움을 줄 수 있는 방식은 무엇인가? 이제 청소년에
  게 획일적인 사고와 특정 가치관을 주입하는 문화와 생활양식을 내세우
  는 것은 안 된다. 뉴노멀 시대와 4차 산업혁명 시대의 청소년지도는 다양
  성에 기반한 창의성과 혁신성을 높일 수 있는 사고를 배양하는 방식이어
  야 한다. 그러기 위해서 교사, 학부모, 청소년지도사는 청소년에게 전달
  하는 의사소통에서 소통의 내용보다는 전달의 수단(언어)에 더 관심을 기
  울여야 한다. 그러므로 그들의 언어와 생각, 어느 감각기관보다도 시각을
  우선시하는 청소년의 특성, 그리고 정해진 규범과 기준을 지키려 하기보
  다는 거기에서 벗어나서 나름의 독특한 삶의 유형을 정립하려는 그들의
  경향성을 이해해야 한다.

3) 청소년문화의 이해를 넘어서

새로운 청소년문화를 창조하는 데 있어서는 청소년지도사의 역할이 중요하다. 청소년지도사로서 청소년문화를 이해함으로써 청소년과 새롭게 만나기 위해서는 다음과 같은 사항에 유념할 필요가 있다.

- 궁극적으로 문제만을 갖고 있는 청소년이 없는 것과 마찬가지로 청소년만의 문제는 없다. 특정 상황 속에서 청소년의 문화가 존재할 뿐이다. 우리는 사과나무에서 사과가 열리고 배나무에서 배가 열린다는 사실은 결코 부인하지 못한다. 사과 한 개가 스스로 존재할 수 없듯이 청소년 개개인이 혼자 자신의 삶을 만들어 낼 수는 없다. 청소년 개인의 행동이라 할지라도 우리는 그 행동이 나타나는 집단적(친구, 이웃, 가족, 학교, 기성세대) 특성을 먼저 알아차리려고 노력해야 한다.
- 청소년은 새로운 문화적 기계에 대한 적응력이 기성세대보다는 분명히 빠르다. 이는 그만큼 그들의 삶이 흡인력이 크다는 사실을 말하는 것이다. 기성세대는 현상 유지에 집착하지만, 청소년은 변화에 관심을 쏟는다. 기성세대는 단선적 사고를 하지만, 청소년은 입체적 상상력을 발휘하기도 한다. 따라서 청소년의 사고의 풍유함을 인정해 줘야 한다. 특히 학교와 청소년시설은 지난 코로나19로 확대되었던 비대면 기술의 발달에 따른 청소년의 변화에 보다 능동적으로 대응하여야 한다. 2022년 한국청소년정책연구원의 결과, 메타버스와 같은 비대면 방식은 청소년들의 창의성과 진로개발의 도움을 주는 동시에 외향적 성향도 증가한다는 연구 결과를 발표하였다. 즉, 현재 청소년들은 오프라인 또래 중심으로 성장한 기성세대와 다르게 온라인 또래문화의 영향도 많이 받으며, 온-오프라인에서 또래관계의 의사표출을 서로 다르게 할 가능성도 높다. 따라서 우리 사회는 MZ세대 다음의 알파세대의 주축인 우리 청소년들의 이와 같은 특

징을 먼저 이해할 필요가 있다.

- 청소년이 자신의 행동 유형을 스스로 문제라고 인지하게 해 주는 인내를 경주해야 하고, 그런 다음 행동의 변화를 유도해야 한다. 그러기 위해서는 먼저 그들 청소년의 문화에 대한 이해와 존중이 필요하다. 강요된 변화는 오래 지속되지 않을 뿐만 아니라 변화에 참여한 그 누구도 성취감을 갖지 못한다.
- 청소년을 지도하는 위치에 있는 사람은 어느 정도의 리더십을 가져야 한다. 자기 자신에 대한 리더십을 갖고 있는 사람만이 청소년에 대해서도 성공적인 청소년지도사로서의 역할을 해낼 수 있다. 삶에 대한 분명한 비전(자신을 포함한 사회 공동체가 장래에 어떠한 상황에 이르러야 하는가에 대한 분명한 확신), 본인과 상대방이 처한 현재 상황을 긍정적으로 받아들이는 적극성 그리고 현재를 새로운 발전의 전기로 통찰해 내는 창의력 등이 리더십의 핵심 요인이라 할 수 있다. 그러나 무엇보다도 청소년에게 무언의 자극을 줄 수 있는 열정과 열의가 리더십의 가장 중요한 요인이 된다.

교육 현장에서의 참여자를 보통 교사와 학생으로 구분하면서 교사는 말하고 가르쳐 주는 사람, 학생은 조언을 듣고 배우는 입장에 있는 사람이라 쉽게 말하기도 한다. 하지만 청소년지도 현장에서 진정한 청소년지도사란 청소년으로부터 그들이 처한 상황을 듣고 전체적인 청소년문화를 헤아려 보며, 다시 그들에게 자신의 삶의 위치를 깨닫게 해 주는 불굴의 정신을 지닌 노련한 선장의 역할을 해내는 사람이라 하겠다. 그런데 선장의 궁극적 역할은 선원들을 경유지 항구에 쉽게 귀착하게 하는 데 있는 것이 아니라 임시로 귀착하게 한 다음에, 다시 어느 항구로 배를 이동시켜야 하는가를, 선장의 필요에 의해서가 아닌 선원들의 필요와 기대에 기초해서 파악하는 데 있다.

5. 새로운 청소년문화 조성을 위한 제안

지금까지 우리 사회에서 청소년을 둘러싼 환경은 그들이 문화감수성과 문화적 정서를 누릴 수 있는 기회를 박탈해 왔고 심지어 죽여 왔다고까지 할 수 있다. 아울러 우리 청소년의 문화 향유는 문화 정서나 감수성을 키우기보다는 모방적이고 수동적인 방향으로 나타나고 있다. 그러므로 앞으로 지향해야 하는 청소년문화생활의 특성은 청소년 각자가 자신이 원하는 문화적 향유가 가능하도록 도움을 줄 수 있는 문화감수성을 길러 주는 것이어야 한다. 이와 관련한 몇 가지 제언을 하면 다음과 같다.

- 청소년에게 적합한 우리의 문화를 다양하게 제공하여 청소년의 문화 접촉 경험을 늘려 주어야 한다. 단순히 청소년의 문화 공간을 확충하여 시설이 '여기 있다'라고 제시하는 것이 아니라, 청소년을 위한 다양한 문화 환경을 구성하여 가까이에서 즐길 수 있는 다양한 기회를 많이 제공하자는 것이다. 이를 위해서는 지방자치단체 단위의 지역 문화제에서 청소년 동아리 축제나 청소년을 위한 소축제 등을 지원하여 청소년이 직접 참가하거나 공연을 관람할 수 있는 기회를 제공해야 한다.
- 자유학기제의 도입을 기해서 청소년의 문화활동을 활성화시킬 구체적 프로그램을 더욱 확대하여야 한다. 지금까지 청소년이 다양한 문화활동을 못하는 이유로 시간의 부족을 들었다. 하지만 자유학기제의 도입과 주말 시간의 여가활동 등 청소년이 체험과 문화활동을 할 수 있는 시간은 점차 늘고 있다. 사실 입시 위주 교육제도하의 청소년에게 문화생활을 요구하는 것은 초인적인 활동을 기대하는 것과 같다. 따라서 일본의 경우 주 5일의 학교 수업을 통해 학생들에게 시간적 여유를 제공함으로써 문화활동 시간을 확보해 주고 있으며, 미국이나 유럽 등의 국가에서도 이러한 경향

이 강하다. 하지만 우리나라의 경우에는 주 5일제 수업조차 '놀토(노는 토요일)'로 폄하되고 있고, 학교를 가지 않는 '놀토'로 인해 청소년의 학업부담은 더 늘고 있다는 주장도 있다. 주 5일제 수업에 이어서 자유학기제 도입을 통하여 청소년이 문화활동에 더 진력할 수 있도록 시간과 공간의 여건을 확보해 주어야 할 것이다.

• 청소년의 문화활동에 대한 정부 지원의 한 형태로 프랑스와 같이 청소년 할인카드 등을 제공하여 청소년이 문화활동을 하는 데 있어 경제적인 부담을 느끼지 않도록 도움을 줄 필요가 있다. 청소년은 대부분 음악회나 뮤지컬과 같은 고급스러운 문화활동을 즐길 경제적 여유가 많지 않다. 간혹 공연에서 청소년을 위하여 뒤쪽의 자리를 '청소년석'이라 하여 싼 가격으로 제공하기도 한다. 그러나 이러한 뒷자리는 감상의 느낌이 다르며, 그 공연이 주는 생생한 현장의 감동을 전달받기에 어려움이 있다. 그러므로 청소년이 생생한 느낌을 공감할 수 있는 좌석을 값싸게 이용할 수 있는 지원 방안이 있어야 할 것이다. 최근에 세종문화회관에서 자원봉사활동을 한 청소년에게 공연을 무료로 관람할 수 있게 한 것도 이러한 지원의 한 모형이 될 수 있다.

• 청소년이 스스로 자신의 생활문화를 표출할 수 있는 공간을 제공해야 한다. 최근 들어 청소년은 대중매체의 영향으로 패션이나 음악을 통해 자신을 표현하는 것에 별로 두려움이 없고 그런 활동을 선호하는 경향을 보인다. 그러므로 청소년의 이러한 성향을 양성하기 위해서 학교나 지역사회에서 청소년의 생활문화와 관련해서 자신을 드러낼 수 있는 청소년 노래자랑마당이나 청소년 패션쇼 등을 실시해 볼 수 있다. 단지 이런 활동만 독립적으로 실시하기보다는 청소년 예능 콩쿠르, 청소년 문학마당 등의 활동과 연계하여 실시한다면 긍정적인 청소년문화의 새로운 방향을 제시하면서 청소년은 자신의 생활문화도 표출시킬 수 있는 이중적인 효과를 가질 수 있다. 아울러 청소년에게 그들이 스스로 기획하고 운영해 볼 수

있는 전용 공간을 확보해 줄 필요가 있다.

- 청소년에게 문화 생산과 관련된 현장을 공개할 필요가 있다. 앞으로 경제
의 주역은 문화 사업이다. 청소년이 앞으로 살아가야 할 시대에 그들이
행할 문화 사업의 국가 경쟁력이 약화되지 않도록 문화 사업에 관심 있는
청소년에게 문화 관련 산업 현장을 공개하고 그들을 전문적으로 키우는
작업이 이루어져야 한다. 단순히 청소년이 문화 소비의 장에만 있도록 하
는 것이 아니라 청소년 스스로 문화의 내용을 제작하고 경험하도록 하는
문화 생산자로서의 역할을 할 수 있는 현장을 제공해야만 한다. 그리하여
문화의 생산과 소비 모두에서 주역이 될 때 우리 청소년의 문화 환경은 진
정 풍부해질 것이며, 이들의 문화적 정서 또한 확장될 것이다.

추가 수업활동

토의(토론) 주제

1. 문화 시설 베스트 1, 2, 3은 무엇인가?

2. 내가 경험했던 청소년문화 동아리 베스트 1, 2, 3은 무엇인가?

3. 내가 여성가족부 장관이라면 도입하고 싶은 청소년문화정책 1, 2, 3은 무엇인가?

4. MZ세대의 정책수요를 반영하기 위하여 최근 추진되는 청소년정책 1, 2, 3은 무엇인가?

추가 탐구 과제

1. 선진국(특정 1개 국가만 선택하여)의 청소년문화정책을 기술하기

2. A4 용지 3매

참고자료

🌐 관련 사이트

한국청소년연맹
(www.koya.or.kr)

국제청소년연합
(www.iyf.or.kr)

대한민국청소년의회
(www.youthassembly.or.kr)

한국직업능력연구원
(www.krivet.re.kr)

한국청소년상담복지개발원
(www.kyci.or.kr)

한국청소년정책연구원
(www.nypi.re.kr)

📖 관련 도서

구정화(2014). 청소년을 위한 사회문화 에세이. 해냄출판사.

이효건(2013). 청소년 정치의 주인이 되어 볼까. 사계절출판사.

최용환 외(2022) 메타버스를 활용한 청소년정책 혁신모델 구축방안 연구. 한국청소년정책연구원.

한국청소년정책연구원(2022). 청소년, 참여의 새 시대를 열다. 도서출판 살림터

한국청소년활동진흥센터협회(2017). 2017 전국청소년정책지표 기초조사 보고서. 한국청소년활동진흥센터협회.

🎬 관련 영화

〈날씨의 아이(Weathering With You)〉(2019)

감독: 신카이 마코토

출연: 다이고 코타로, 모리 나나, 키류 사쿠라, 오구리 슌, 혼다 츠바사

키워드: 청소년 중심의 세상, 청소년문화

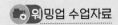

'새로 생긴 청소년문화 TOP5'-30대 회사원에게 물어봤습니다
https://www.youtube.com/watch?v=-b-RVA_FvJ0

참고문헌

강석형(2013). 청소년 이성교제 질적분석 결과발표: 사이버상담 사례와 개별인터뷰 중심으로. 30회 특수당삼 사례연구발표회. 한국청소년상담복지개발원.

강현구, 김종태(2003). 대중문화와 뉴미디어. 월인.

강현두(2000). 현대사회와 대중문화. 나남출판사.

강희천(1989). 교육에서의 평등: 긍정적 차별화. 사회이론, 7, 90-113.

계보경, 서정희, 박연정, 이동국, 신윤미, 한나라, 김은지(2021). 메타버스(Metaverse) 교육적 활용 방안 연구. 한국교육개발원.

고선영, 정한균, 김종인, 신용태(2021). 메타버스의 개념과 발전 방향. 정보처리학회지, 28(1), 7-16.

고정곤, 김소영, 김의석, 손현숙, 시옥진, 이정순, 임영심, 최철용(2014). 부모교육. 양서원.

곽은섭(2002). 청소년 여가활동과 또래관계가 생활만족도에 미치는 영향. 대전대학교 대학원 석사학위논문.

교육부(2020). 학생 건강검사 표본통계.

교육부(2022). 2022년 학생 희망조사 결과.

권석만(2004). 젊은이를 위한 인간관계의 심리학. 학지사.

김경복(2005). 겸손의 리더십. 랜덤하우스.

김규수 역(2002). 인간행동과 사회환경 (C. Zastrow 저). 나눔의 집.

김동훈(1999). 여간내기의 영화교실. 대경출판.

김만기(2010). 한국적 거주집단의 문화 간 커뮤니케이션 문화연구. 커뮤니케이션학연구, 18(3).

김상균, 신병호(2021). 메타버스 새로운 기회. 베가북스.

김선우(2007). 소비문화의 차원화와 국제비교: 서울, 뉴욕, 스톡홀름의 소비자를 대상으로. 서울대학교 대학원 박사학위논문.

김세희(2013). 청소년이 지각한 SNS 특성과 사이버 집단지성 유형별 참여정도 간의 관계에서 심리 사회적 특성의 매개효과. 순천향대학교 대학원 박사학위논문.

김영옥, 서정희(2000). 청소년소비자의 자아존중감 및 인구사회적 변수가 소비주의성향에 미치는 영향 울산고 아역시를 중심으로. 소비문화연구, 3(3), 21-42.

김유경, 최현미, 김가희, 성수미(2009). 한국가족의 위기변화와 사회적 대응방안 연구. 한국보건사회연구원.

김은주(2012). 인터넷 규제의 거버넌스적 접근에 관한 연구. 성균관대학교 대학원 박사학위논문.

김인설(2020). 방탄소년단(BTS) 팬덤을 통해 본 청소년 문화. 청소년 문화포럼, 64, 233-241.

김재영(2001). 그랜빌 스탠리 홀의 종교이론: 청소년기의 회심분석을 중심으로. 청소년학연구, 8(1), 67.

김정숙(2014). 학교 소비자교육의 내용 분석: 2009 개정 교육과정의 기술 · 가정교과서의 '청소년의 소비생활'
　　　단원을 중심으로. 한국생활과학회지, 23(1), 63-84.

김지하, 정동욱(2008). 이성교제의 경제학: 이성교제가 학업성취도에 주는 영향력 분석. 교육재정경제연구, 17(3),
　　　49-84.

김진희, 이기문(1999). 열림 교육학 최신경향. 지구문화사.

김창남(1998). 대중문화의 이해. 한울.

김태홍, 안상수, 박선영, 김난주(2011). 국격제고를 위한 차별없는 사회 기반구축. 한국여성정책연구원 보고서.

김형주(2004). 주5일 수업에 대한 교사들의 여가활동 조사연구. 한국체육대학교 교육대학원 석사학위논문.

김혜영, 유승호(2020). 게임 디스티그마. 커뮤니케이션북스.

노영(2016). SNS 이용동기가 몰입과 중독에 미치는 영향 연구. e-비즈니스연구, 17(3), 301-320.

농촌경제연구원(2022). 2022 식품소비행태조사 통계보고서.

다문화가족지원법.

문화체육관광부(2022). 2022 한국인의 의식 · 가치관 조사.

민무숙, 안상수, 김이선, 김금미, 류정아, 조영기(2010). 한국형 다문화 수용성 진단도구 개발연구. 사회통합위원회.

민무숙, 안상수, 김이선, 김금미, 류정아, 조영기(2010). 한국형 다문화 수용성 진단도구 개발연구. 사회통합위
　　　원회.

민희식 역(1992). 에밀. (Rousseau, J. J. 저). 육문사.

박영미, 이희숙(2015). 청소년소비자의 성장단계별 소비자사회화 수준 및 소비자사회화 작용인이 소비자사회
　　　화에 미치는 영향. 소비자문제연구, 46(2), 133-163.

박은아, 김은철(2021). 그들은 왜 중고제품을 구매하는가: 청소년과 성인의 중고거래 관련 요인 비교. 사회과학
　　　연구논총, 37(1).

박은정, 안성아(2019). 청소년의 팬 활동에 다른 굿즈 구매행동 연구. 문화경제연구, 22(1).

박주하, 권기용, 전재훈. (2022). Z세대의 독특성 욕구와 유행 선도력이 패션 제품의 상징적 소비에 미치는 영
　　　향. 한국패션디자인학회지, 22(4), 19-35.

박주현, 최덕경(2012). 다문화 사회의 이해와 실천. 창지사.

박진규(2003). 청소년문화. 학지사.

박진규(2016). 새로운 현실에서 청소년문화와 '포켓몬 GO'. 보건복지부.

박진규, 박용성(2009). 청소년언어사용실태연구. 한국청소년학연구, 16(11).

박철, 강유리, 김병철(2011). 국내 소비자들의 쾌락적 쇼핑동기에 관한 연구. 지역산업연구, 34(1), 47-76.

배규한, 김민, 김영인, 김진호, 김호영, 문성호, 박진규, 송병국, 이춘화, 조아미, 조혜영, 최창욱, 한상철, 황진구
　　　(2007). 청소년학개론. 교육과학사.

배순영, 천현진(2010). 소비자역량의 측정 및 평가. 소비자정책연구, 한국소비자원.

백경미(1998). 현대소비문화와 한국소비문화에 관한 고찰. 소비자학연구, 9(1), 17-32.

백지숙, 박성연(2004). 어머니의 물질주의 가치관 및 양육태도가 청소년의 물질주의 가치관에 미치는 영향. 대한가정학회지, 42(7), 119-129.

법무부(2023). 출입국 · 외국인정책 통계월보. 2023년 3월호.

사이 間 편집부 편(2000). 10대가 보인다. 사이 間.

서울시교육청(2018). 2018학년도 다문화교육 지원 기본 계획.

선승주(2015).아이돌 연예인이 청소년에게 미치는 영향에 관한 연구. 한국엔터테인먼트산업학회 학술대회논문집, 85-87.

성열준, 오진석, 강병연, 이채식, 강세현, 황수주, 김종찬, 김재원(2016). 청소년문화론. 양성원.

손진희, 김지민(2020). 청소년 여가활동 활성화 방안에 관한 연구. 한국청소년활동학회, 6(4), 71-94.

송선민, 장성호(2021). 패션 명품 확장 브랜드의 코스메틱에 대한 MZ세대의 양면적 소비 의도에 미치는 영향 변인에 관한 연구. 한국콘텐츠학회 논문지, 21(3), 47-67.

송인숙(2002). 소비문화에 관한 연구의 현황과 전망. 대한가정학회지. 40(2), 39-56.

신소라(2015). 청소년의 긴장과 사이버블링 가해 행동의 관계에 대한 연구. 동국대학교 대학원 박사학위논문.

신수빈(2012). 대학생들의 이별 후 성장에 관한 질적 분석 연구. 아주대학교 대학원 석사학위논문.

양계민, 장윤선, 정윤미, 한지형(2020). 2020 다문화청소년종단연구: 총괄보고서. 한국청소년정책연구원.

여성가족부(2015). 국민 다문화수용성 조사 연구.

여성가족부(2015). 전국다문화가족실태조사.

여성가족부(2018). 제3차 다문화가족정책 기본계획(2018~2022).

여성가족부(2021). 가족다양성에 대한 국민인식조사

여성가족부(2022). 가족다양성에 대한 국민인식조사.

여성가족부(2022). 전국다문화가족실태조사.

여성가족부(2023). 제4차 다문화가족정책 기본계획(2023~2027).

오다연, 김정숙(2017). 제주지역 청소년소비자의 용돈관리행동에 관한 연구. 금융소비자연구, 7(1).

오세섭(2016). 영상미디어를 통한 청소년의 자기표현. 중앙대학교 첨단영상대학원 박사학위논문.

오영희(2007). 청소년의 사이버문화와 학습태도, 대인관계 및 소비행동과의 관계 연구. 청소년 문화포럼, 16, 80-114.

오윤선, 황인숙(2016). 청소년문화론. 양서원.

오익수, 박한샘, 김선남(1998). 비행청소년 상담프로그램 개발IV.

유진형, 조미현(2007). 세대별로 본 소비자 특성-MOSAIC. 2007소비자트랜드보고서. 제일기획.

유하숙(2009). 청소년의 소비행동 특성이 브랜드 이미지 및 브랜드 애호도에 미치는 영향. 청소년 문화포럼, 22, 40-70.

윤가현, 양동옥(2016). 성 문화와 심리. 학지사.

윤미영(2009). 청소년과 부모의 소비성향 및 의생활통제에 따른 용돈관리 및 의복구매행동연구. 경희대학교 교육대학원 석사학위논문.

윤진(1991). 대중매체의 폭력성이 청소년에게 미치는 영향. 한국형사정책연구원.

이경숙, 정영희 공역(2009). 문화연구사전. (C. Baker 저). 문예출판사.

이명숙(2004). 청소년의 게임물 접촉현황 및 개선방안 연구. 소년보호연구, 3, 245-268.

이상률 역(1996). 문화와 소비. (McCrackenm G. 저). 문예출판사.

이상배 역(1989). 제3의 물결. (Toffler, A. 저). 영광출판사.

이상호(2013). 청소년의 스마트폰 이용 어떻게 볼 것인가. 세미나 자료.

이선경(2000). 고등학생들의 이성교제 실태에 관한 연구. 연세대학교 대학원 석사학위논문.

이수자(2003). 사이버공간에서 분절화되는 젠더의식과 몸 개념. 여성연구논총. Vol. 4(2003), pp. 63-85.

이영선, 김은영, 강석영, 김래선, 유준호, 최영희, 윤민지(2013). 청소년 이성교제 질적분석 결과 발표. 한국청소
년상담복지개발원 청소년상담문제보고서, 57(1), 18-71.

이원준, 이희진(2023). 기혼 남녀의 부부간 성적 자기결정권에 영향을 주는 다양한 요인들에 대한 탐색. 한국콘
텐츠학회논문지, 23(4), 550-562.

이종한, 조미라(2005). 애니메이션과 스토리텔링. 글누림.

이주배경청소년지원재단(2021). 이주배경청소년실태조사.

이지아, 서승희(2022). 아이돌 팬의 아이돌 이미지 수용 과정−BTS를 중심으로. 패션 비즈니스, 26(3), 98-115.

이지원(2023). 청소년의 SNS 이용수준이 대인관계만족도와 대인관계유능감에 미치는 영향. 명지대학교 대학
원 석사학위논문.

이진숙(2020). Z세대 10대 청소년의 가치관 및 소비생활 특성. 제35차 청소년정책포럼.

이창식, 김윤정(2005). 청소년들의 성관계의향 수준과 예측변수에 관한 연구. 한국청소년연구. 16(2), 345-367.

이현영(2011). 사이버 공간에서 청소년의 젠더의식. 홍익대학교 대학원 박사학위논문.

임영식(2002). 대중 스타에 대한 청소년의 우상화 현상과 심리사회적 적응. 청소년학연구 9(3), 57-78.

임우영(2016). 이주배경청소년의 한국사회 정착에 관한 연구−학교사회 적응을 중심으로. 건국대학교 대학원
박사학위청구논문.

장미수, 이지연, 이지연(2013). 마음쓰기의 이해와 청소년 이성교제의 적용. 한국심리학회지: 학교, 10(3), 367-388.

장휘숙(2001). 인간발달. 박영사.

정대용(2018). 사이버 공간에서의 증거수집과 기본권 보장에 관한 연구. 고려대학교 대학원 박사학위논문.

정동빈 외 공역(2004). 문화교육. (P. R. Moran 저). 경문사.

정미정, 이연숙(2007). 청소년의 소비자지식과 소비행태 및 관련변인. 한국가정과교육학회지. 19(3): 1-17.

정보통신정책연구원(2022). 세대별 SNS 이용 현황, KISDI STAT report, 20-8.

정유진(2017). 청소년의 이성교제 여부 변화와 관련 요인. 한국산학기술학회 논문지, 18(2), 660-671.

조민식(2012). 인터넷과 청소년 일상문화의 변형: 청소년 온라인 게임문화를 중심으로. 청소년문화포럼. 30, 84-99.

조승희(2004). 청소년 이성교제 실태 조사에 관한 연구. 명지대학교 대학원 석사학위논문.

조아미, 한영희, 지수연, 조승희, 조선경(2013). 성교육의 이론과 실제. 정민사.

조애리, 조애리, 강문순, 김진옥, 박종성, 유정화, 윤교찬, 최인환, 한애경 공역(2008). 문화코드, 어떻게 읽을 것인
가? (E. Baldwin 외 공저). 한울아카데미.

조용수(1996). "다시 보자 10대". 한국의 신세대혁명. LG경제연구원.

조주현(1999). 20세기 한국사회 성담론과 여성의 지위. 정신문화연구, 22(4), 53-77.

조혜진, 권석만(2011). 자기조절과 정서가 폭식행동에 미치는 영향. 한국심리학회지: 임상, 30(4), 963-983.

차승봉, 박성열, 구병두(2014). SNS 환경이 대학생의 무형식 학습에 미치는 영향에 관한 구조 관계 분석. 교육정보미디어연구, 20(4), pp. 675-705.

차승희(1993). 대학생의 이성관계 문제 해결을 위한 집단상담의 효과 분석. 동아대학교 대학원 석사학위논문.

청소년복지지원법.

최명구, 김누리(2007). 청소년의 이해. 학지사.

최민학, 임병훈(2017). 스마트폰 모바일광고 유형에 따른 광고의 정보성 인식과 구매의도에 미치는 효과에 관한 연구. 예술인문사회융합멀티미디어논문지, 7(7), 701-714.

최보미, 박민정, 채상미(2016). SNS 상의 대인관계에서 나타나는 감정적 요소와 청소년의 온라인 다중정체성 간의 영향관계. *Information Systems Review*, 18(2), 199-223.

최승훈(2021). 메타버스의 유형.

최영순, 조병준(2012). 여가태도가 여가만족과 직무만족에 미치는 영향, 관광저널연구, 26(1), 249-266.

최유형(2009). 저소득가정 아동·청소년의 여가활동실태와 개선방안에 관한 연구. 동국대학교 대학원 석사학위논문.

최은실, 여정성(2006). 온라인게임을 이용하는 청소년들의 소비자불만 및 온라인게임서비스 유보가격에 영향을 미치는 요인 연구. 소비문화연구, 9(3), 133-153.

최지웅, 이은설, 최병섭(2023). 청소년기 이성교제 경험의 영향에 대한 대학생의 주관적 인식. 한국청소년연구, 34(1), 31-57.

최효선 역(2000). 문화를 넘어서. (E. T. Hall 저). 한길사.

최희선(2018). 한국의 다문화 의미에 대한 해석학적 현상학 연구. 호서대학교 대학원 박사학위논문.

최희선(2018). 한국의 다문화 의미에 대한 해석학적 현상학 연구. 호서대학교 대학원 박사학위논문.

추미애, 김성환(2010). 소비자 독특성 욕구가 자기표현 욕구 및 구매의도에 미치는 영향. 경영논총, 31, 73-93.

통계청(2014). 한국통계연감(제61호).

하숙례(2014). 여가태도 및 여가정체성과 심리적 행복감의 관계. 한국여가레크리에이션학회지, 38(2), 86-102.

하춘매(2011). 한국 여가·레크리에이션 사상 연구. 고려대학교 대학원 박사학위논문.

한국소비자원(1999). 소비자시대.

한국언론진흥재단(2019). 2019년 10대 청소년 미디어 이용조사. 한국언론진흥재단.

한국언론진흥재단(2022). 한국언론진흥재단, 〈10대 청소년 미디어 이용 조사〉 주요 결과 발표.

한국지능정보사회진흥원(2022). 2021 인터넷이용실태조사.

한국청소년개발원 편(2005). 청소년문화. 교육과학사.

한국청소년정책연구원(2014). 다문화 청소년 종단조사 및 정책방안 연구 II: 총괄보고서.

한국청소년정책연구원(2017). 다문화 청소년 종단조사 및 정책방안 연구 V: 총괄보고서.

한글학회(1995). 우리말큰사전. 어문각.

한상철(2000). 청소년의 이성관계에서의 갈등협상전략과 사회적 유능성과의 관계에 대한 탐색적 연구. 한국교육심리학회. 15(1), 25–47.

행정안전부(2021). 2021 지방자치단체 외국인주민현황.

허은나, 유영만 역(2000). N세대의 무서운 아이들. (Tapscott 저). 물푸레.

허정경(2013). 청소년의 명품소비행동에 영향을 미치는 요인에 관한 연구. 지속가능연구, 4(3), 83–102.

허창구(2020). 대학생의 작은 사치동기가 역기능적 소비행동에 미치는 영향. 한국심리학회지: 소비자 광고, 21(2), 215–235.

홍은실(2006). 청소년의 재정적 태도와 소비행동의 재정만족도. 가정과 삶의질 연구, 24(2), 73–92.

황인선(2010. 4. 19.). KISTI 과학향기 칼럼 제1071호, '상상 그 이상의 증강현실'.

Bennett, M. J. (1993). Towards ethnorelativism: A developmental model of intercultural sensitivity, In Paige, R. M. (Eds.), *Education for the intercultural Experience* (2nd ed.), Yamouth, ME: I ntercultural Press Inc.

Bermardes(1993). *Responsibilities in Studying Postmodern Families.* journal of Family issues, Vol. 14.

Berry, J. & Kalin, R. (1995). Multicultural and ethnic attitudes in Canada: An overview of the 1991 national survay. *Canadian Journal of Behavioral Science, 27*(3), 301–320.

Campbell, C. (1987). *The Romantic Ethic and the Spirit of Modern Consumerism.* Cambridge, MA: Blackwell

Holbrook, M. B., & Hirschman, E. C. (1982). The experiential aspects of consumption: Consumer fantasies, feelings, and fun. *Journal of Consumer Research, 9*(2), 132–140.

Jenkins, H. (1992). *Textual Poachers: Television Fans & Participatory Culture.* New York: Routledge.

Kan, M.L., McHale, S.M. & Crouter, A.C.(2008). Parental involvement in adolescent romantic relationships: pattern and correlates. Journal of Youth and Adolescence, 37(1), 168–179.

Leppo. (1987). *Hoppes Intercultural Learning Process.* National Association of Campus Activities. (Original work from Hoopes, 1979, in M. D. Pusch (Ed.). *Multicultural Education: A cross-cultural training approach,* 1979, pp. 17–20. Copywrite 1979 by Intercultural Press. Adapted with permission of Intercultural Press, Inc. Yarmouth, MA).

Naisbitt, J. (1999). *High tech high touch.* New York: Broadway Book.

Rapoport, R. Papoport, R. N.(1976). *Dual-career families.* Harmondsworth England: Penguin.

Scott Ward(1974). Consumer Socialization. *Journal of Consumer Research, 1*(2), pp. 1–14

Sternberg, R. J. (1986). A triangular theory of love. *Psychological Review, 93*(2), 119–135.

Stofoff, R. (1978). *Adolescence.* New York: Chelsea House Publishers.

Tyler, E. B. (1958). *The Origin of Culture.* New York: Harper & Row. (Orginally 1871).

Vohs, K. D., & Faber, R. J. (2007). Spent resources: Self-regulatory resource availability affects impulse buying. *Journal of Consumer Research, 33*(4), 537–547.

뉴스&뉴스(2019. 3. 28.). 연습생 제도와 불공정 계약이 초래하는 아이돌 인권문제. 한국국제문화교류진흥원 kofice.or.kr/b20industry/b20_industry_03_view.asp?seq=7991

데일리팝(2021. 3. 29.). 착한 소비자들이 온다! 청소년 96% "착한 소비 동참 경험". https://www.dailypop.kr/news/articleView.html?idxno=50029

매경이코노미(2020. 12. 30.). 한국 여아 초경연령 15년간 계속 빨라져…조기초경 평균 연령 10.5세. https://www.mk.co.kr/economy/view.php?sc=50000001&year=2020&no=1336738

세계일보(2022. 1. 26.). 아이들 월 평균 용돈은 얼마? 고교생 6만4000원, 중학생 4만원대. https://m.segye.com/view/20220126517107

시빅뉴스(2020. 10. 21.). 10대들의 '플렉스(flex)' 열풍… 너도 나도 명품 구매에 부모들은 등골 빠져. http://www.civicnews.com/news/articleView.html?idxno=29989

시사저널(2020. 4. 26.). '코로나19 기부' 아미, 큰 팬덤이 커다란 변화를 만들었다. https://www.sisajournal.com/news/articleView.html?idxno=198780

연합뉴스(2020. 7. 16.). "BTS 아미, 단순 팬덤 넘어 사회·경제세력"… 외신 집중조명. https://www.yna.co.kr/view/AKR20200716040100009

중기이코노미(2022. 1. 26.). 소신대로 소비한다… MZ세대 '미닝아웃' 확산. https://www.junggi.co.kr/article/articleView.html?no=28034

헤럴드경제(2017. 11. 1.). 소개팅 어플 "범죄만 생겨요" 사랑을 빙자한 적나라한 실체.

국가통계포털(https://kosis.kr/index/index.do)

김포검단심리상센터(https://mindlabcounsel.modoo.at/)

두산백과(I세대 정의, https://www.doopedia.co.kr/doopedia/master/master.do?_method=view&MAS_IDX=120711001329281)

시립마포청소년센터(http://www.youthnaroo.or.kr)

이주배경청소년지원재단(http://www.rainbowyouth.or.kr/)

한국사이버보안협회 공식 블로그(https://blog.naver.com/dnwls871/)

한국사이버보안협회(http://csa-korea.com)

동아일보(www.donga.com)

https://www.internetworldstats.com (전 세계 인터넷 사용자, 2020년 12월 기준)

SIECUS(미국 성정보교육위원회, 2004). Guidelines for comprehensive sexuality education: kindergarten through 12th grade, The Sexuality Information and Education Council of the United States. 2004. https://healtheducationresources.unesco.org/organizations/sexuality-information-and-education-council-united-states-siecus

찾아보기

인명

Beard 119
Bronfenbrener, U. 58

Coleman, J. 90

Erikson, E. 49

Gibson, W. 193

Kestenberg, J. 48
Naisbitt, J. 191

Ogburn, W. 23

Ragheb 119
Riesman, D. 89

Toffler, A. 191

Williams, R. 11

Zastrow, C. 49, 54

김유경 303

내용

8단계 발달이론 49
I세대 195
L세대 261
SNS 98, 201
SNS 마켓 262
Z세대 157

가상현실 193
가족 299

가족의 기능 304
가족의 역할 304
가족의 유형 303
가치 31
가치소비 253
간접효과 모델 48
경음화와 고성화 현상 230
경험적 문화 15
과시적 소비 253

저자 소개

박진규(Dr. Jinkyu Park)
고려대학교 교육학 박사
전 한국청소년학회 회장
　　미국 UC 버클리 교환교수
　　호서대학교 청소년문화 · 상담학과 교수
현 청(소)년글로벌비전포럼 대표
　　호서대학교 명예교수

윤여숭(Dr. Yeosoong Youn)
명지대학교 교육학 박사
전 일본청소년교육진흥기구 파견 근무
　　한국청소년활동진흥원 소속 근무
현 천안시 태조산청소년수련관 관장

조승희(Dr. Seunghui Cho)
명지대학교 교육학 박사
전 명지대학교 청소년지도학과 객원교수
　　광운대학교 상담복지정책대학원 겸임교수
현 총신대학교 중독상담학과 외래교수
　　청소년가족성문화연구소 대표

최용환(Dr. Yonghwan Choi)
고려대학교 행정학 박사
전 서울시교육청연구정보원 교육정책연구소 선임연구원
현 한국청소년정책연구원 연구위원
　　한국청소년정책연구원 청소년인성교육연구센터 센터장

최희선(Dr. Heesun Choi)
호서대학교 철학 박사
전 호서대학교 청소년지도학과 외래교수
　　한국국제협력단(KOICA) 라오스 사바나켓주청 청(소)년국 파견근무
현 나다움 다양한사람연구소 대표
　　한국건강가족진흥원 가족다양성 전문강사

하중래(Dr. Joongrae Ha)
명지대학교 교육학 박사
현 서울특별시립 마포청소년센터 관장
　　명지대학교 청소년지도학과 겸임교수
　　(사)한국청소년지원네트워크 상임이사

청소년문화(2판)
Youth Culture (2nd ed.)

2019년 3월 20일 1판 1쇄 발행
2023년 1월 20일 1판 4쇄 발행
2024년 3월 30일 2판 1쇄 발행

지은이 • 박진규 · 윤여숭 · 조승희 · 최용환 · 최희선 · 하중래
펴낸이 • 김진환
펴낸곳 • ㈜**학지사**
　　　　　　04031 서울특별시 마포구 양화로 15길 20 마인드월드빌딩
대표전화 • 02-330-5114　　팩스 • 02-324-2345
등록번호 • 제313-2006-000265호

홈페이지 • http://www.hakjisa.co.kr
인스타그램 • https://www.instagram.com/hakjisabook

ISBN 978-89-997-3095-5　93370

정가 20,000원

출판미디어기업 **학지사**

간호보건의학출판 **학지사메디컬** www.hakjisamd.co.kr
심리검사연구소 **인싸이트** www.inpsyt.co.kr
학술논문서비스 **뉴논문** www.newnonmun.com
교육연수원 **카운피아** www.counpia.com
대학교재전자책플랫폼 **캠퍼스북** www.campusbook.co.kr